Web 애플리케이션 개발 환경 구축 노하우

Docker
도커 실전 가이드

사쿠라이 요이치로, 무라사키 다이스케 저 | 박현태 역

YoungJin.com Y.
영진닷컴

Docker 도커 실전 가이드
: Web 애플리케이션 개발 환경 구축 노하우

TAMESHITE MANABU Docker CONTAINER KAIHATSU by Yoichiro Sakurai, Daisuke Murasaki
Copyright © 2018 Yoichiro Sakurai, Daisuke Murasaki
All rights reserved.
Original Japanese edition published by Mynavi Publishing Corporation
This Korean edition is published by arrangement with Mynavi Publishing Corporation, Tokyo
in care of Tuttle-Mori Agency, Inc., Tokyo, through Amo Agency, Seoul
이 책의 한국어판 저작권은 AMO 에이전시를 통해 저작권자와 독점 계약한 영진닷컴에 있습니다.
저작권법에 의해 한국 내에서 보호를 받는 저작물이므로 무단 전재와 무단 복제를 금합니다.

ISBN 978-89-314-6527-3

독자님의 의견을 받습니다.

이 책을 구입한 독자님은 영진닷컴의 가장 중요한 비평가이자 조언가입니다. 저희 책의 장점과 문제점이 무엇인지, 어떤 책이 출판되기를 바라는지, 책을 더욱 알차게 꾸밀 수 있는 아이디어가 있으면 팩스나 이메일, 또는 우편으로 연락주시기 바랍니다. 의견을 주실 때에는 책 제목 및 독자님의 성함과 연락처(전화번호나 이메일)를 꼭 남겨 주시기 바랍니다. 독자님의 의견에 대해 바로 답변을 드리고, 또 독자님의 의견을 다음 책에 충분히 반영하도록 늘 노력하겠습니다.

이메일 : support@youngjin.com
주 소 : (우)08507 서울시 금천구 가산디지털1로 128 STX-V타워 4층 401호
파본이나 잘못된 도서는 구입하신 곳에서 교환해 드립니다.

STAFF

저자 사쿠라이 요이치로, 무라사키 다이스케 | **원서 편집** 株式会社三馬力 | **원서 편집부 담당** 角竹 輝紀 |
역자 박현태 | **총괄** 김태경 | **진행** 김민경, 이민혁 | **표지디자인** 이주은 | **내지디자인·편집** 김효정 |
영업 박준용, 임용수, 김도현 | **마케팅** 이승희, 김근주, 조민영, 김예진, 채승희, 김민지 | **제작** 황장협 | **인쇄** 제이엠

시작하기

전작인 [Docker 응용 프로그램 개발 환경 구축 가이드]에서는 Docker는 어떤 기술이며 Docker 커맨드의 사용법이나 자신이 좋아하는 Docker 이미지를 생성하는 Dockerfile 작성, 그리고 여러 Docker 컨테이너를 이용하기 위한 도구로 docker-compose 및 Kubernetes 소개 등 Docker를 사용하면 무엇을 할 수 있는지에 대해 초점을 맞춘 내용이었다.

이 책에서는 Docker를 이용하여 평소 수행하는 Web 애플리케이션 개발 환경 구축 노하우와 또 그 환경을 Docker로 구축 후 어떻게 효율적으로 개발하는지에 초점을 맞춘 내용으로 구성했다.

따라서 이 책을 통해 배움으로써 여러 개발 언어의 주요 프레임워크의 개발 환경을 구축할 수 있기 때문에 평소 경험한 적이 없는 언어라도 쉽게 배울 수 있는 계기가 되었으면 좋겠다.

이번에도 함께 집필에 참가해 주신 무라사키 씨는 이 책에 나오는 여러 장을 집필했다.

그의 다양한 언어 지식과 경험을 존중함과 동시에 깊이 감사드린다.

사쿠라이 요이치로

전작인 [Docker 응용 프로그램 개발 환경 구축 가이드]에 이어 두 번째 Docker 책을 집필할 수 있게 되었다.

Web 애플리케이션과 머신러닝 영역에서 사용되는 것부터 PHP의 Laravel, Node.js의 Nuxt.js, Ruby의 Sinatra와 Ruby on Rails, Python의 PyTorch를 대상으로 했다.

각각의 설명은 따로 되어있기 때문에 자신이 경험하지 않은 언어와 프레임워크를 문제 없이 따라할 수 있다.

PyTorch는 NVIDIA Docker로 GPU를 사용하는 것이 목적이지만 가능한 NVIDIA Docker 없이 시험할 수 있는 구성이 되도록 유의했다.

Docker의 기본적인 사용 방법은 전작에서 자세하게 해설하고 있으므로 적절히 참조하길 바란다.

공동 저자인 사쿠라이는 Laravel과 Nuxt.js 부분 등을 주로 집필했고, 서로의 전문 분야를 보완하여 알찬 내용이 되도록 노력했다.

이 자리를 빌려 깊이 감사드린다.

무라사키 다이스케

역까의 말

역자가 처음으로 개발을 시작했을 때 애플리케이션을 배포한 환경은 베어 메탈이었습니다. 신입 시절 베어 메탈 서버를 배당받는다거나 기본적인 설정을 수동으로 설정하는 데 며칠씩 걸렸는데 이러한 추억은 저뿐만 아니라 클라우드가 아직 트렌드로 자리 잡기 전에 애플리케이션을 배포한 사람들은 누구나 한 번쯤은 겪어봤을 것입니다.

하지만 그 이후 Amazon Web Service, Azure, Google Cloud를 필두로 한 클라우드 컴퓨팅의 도입으로 애플리케이션 배포 환경이 베어 메탈에서 가상 머신으로 트렌드의 변화를 현장에서 피부로 느끼고 있습니다.

서버 할당이나 기본 설정에 필요한 시간이 베어 메탈보다 가상 머신이 훨씬 빨랐고, 이렇게 절약한 시간을 애플리케이션의 개발에 좀 더 투자할 수 있었습니다. 이러한 클라우드의 도입은 저뿐만이 아니라 당시 애플리케이션, 인프라 종사자들에겐 트렌드로 자리 잡았습니다.

하지만 당시 엄청난 트렌드로 자리 잡았던 클라우드와 같은 엄청난 센세이션을 몇 년 전부터 또 한 번 느끼고 있습니다. 그것은 바로 Docker를 필두로 한 컨테이너의 도입입니다. 컨테이너, 특히 Docker를 기반으로 한 애플리케이션 개발은 개발 환경뿐만 아니라 프로덕션 환경 구축에도 정착 중이며 대규모 환경에서의 운영 사례가 점점 늘어나고 있습니다.

신입들이 입사해서 처음으로 애플리케이션을 배포하는 환경이 베어 메탈이 아닌 가상 머신이라는 소리를 들은 것이 엊그제 같은데 이젠 신입들이 배포하는 환경이 가상 머신이 아니라 컨테이너 환경이라는 소리를 현장에서 심심찮게 듣고 있습니다.

그렇지만 한편으론 Docker의 기본적인 사용법은 알고 있지만 실제로 어떻게 활용하면 좋은지, 어떻게 애플리케이션을 구현하면 좋을지에 대한 궁금증을 해소하기 위해 이 책을 번역하게 되었습니다.

이 책에서는 기본적인 Docker의 사용법뿐만이 아니라 실제로 제3자가 배포한 Docker 이미지의 활용법, 그리고 실제로 운영 시에 고려해야 할 Docker 이미지 사이즈의 경량화 같은 실전에 필요한 부분도 다루었습니다.

초보자뿐만 아니라 현장에서 Docker를 사용하시는 분들도 꼭 이 책의 내용을 활용해 보시길 바랍니다.

박현태

Chapter 3   개발 작업에 적합한 Docker 환경 구축하기

Chapter 4   제 3자가 배포한 Docker 이용하기

Chapter 5 Docker 기능 활용하기

Chapter 1

Docker의 기본

이 챕터에서는 이 책에서 다룰 Docker와 Docker Compose에 대해 쉽게 설명하고, Docker 환경의 설치 과정에 대해 살펴봅니다.
챕터 후반부에는 Docker에서 사용할 수 있는 기능을 한눈에 알아볼 수 있도록 Docker CLI 및 Docker Compose에서 사용할 수 있는 커맨드 목록을 정리합니다.

1-1

시작하기

이 책은 가상화 기술 중 하나인 Docker 사용에 대한 해설서이며, 이미지 빌드에 중점을 두고 있습니다.

챕터2 이후부터는 여러 언어와 프레임워크를 대상으로 Docker 이미지를 빌드하거나 Docker 컨테이너상에서의 동작 확인, 개발 작업을 진행하기 위한 과정을 튜토리얼 형식으로 소개합니다.

Docker를 사용하면 개발에 필요한 환경을 쉽게 제공할 수 있습니다. 그냥 읽어 보는 것이 아니라, 꼭 시도해보고 Docker의 세계관을 체험해 보는 것을 권장합니다.

1-1-1 이 책의 목적

이 책은 스스로 개발한 애플리케이션을 Docker 컨테이너 환경으로 움직여보거나 그 환경을 사용하여 개발 작업을 할 수 있게 되는 것을 목적으로 하고 있습니다.

....
이 책의 독자 대상

이 책은 컴퓨터 소프트웨어 개발자 및 운영자 중 Linux나 Mac과 같은 UNIX 계열 환경을 대상으로 한 소프트웨어, 특히 Web 애플리케이션의 개발에 종사하는 기술자(엔지니어)를 대상으로 하고 있습니다.

앞에서 말했듯이, Docker는 컨테이너형 가상화 기술 중 하나이며, 서비스 운영 영역에서 화제가 되는 소프트웨어 기술 중 하나입니다. 그러나 소위 DevOps라고 하는 운영(Ops : Operations)과 개발(Dev : Development)을 고도로 연계시켜 쌍방의 경계를 애매하게 만드는 수단으로도 Docker가 이용되기도 합니다.

지금까지의 개발 및 운영에 있어서 각각의 개발자와 운영자가 지침에 따라 커맨드를 수동으로 실행해야 하는 경우가 종종 있거나 환경에 따라 절차대로 되지 않아 문제 해결에 고생하는 경우도 있을 것입니다.

Docker는 그러한 절차나 과정이 스크립트로 되어있으며, 애플리케이션은 가상화된 동일한 환경에서 실행되기 때문에 문제 해결에 용이합니다.

개발에 가까운 영역에서는 애플리케이션을 빌드하기 위한 환경 및 절차를 Docker 이미지 구축 방법과 같은 방식으로 제공하는 사용법도 많아지고 있습니다.

또한 개발 환경의 구축 절차 및 운영 환경의 구축 단계가 분리된 경우도 있을 것입니다.

미리 적절한 환경(이미지)을 Docker로 구축해 놓음으로써 개발 환경의 절차도 [이미지를 취득하여 컨테이너(인스턴스)를 시작]이라는 간단한 스텝으로 통일할 수 있습니다.

Linux 환경의 프로비저닝 및 배포까지 스스로 해낼 능력을 갖춘 개발자라면 지금까지 운영자의 영역이었던 운영 환경 구축 및 프로덕션 환경의 흐름에도 깊게 관여할 수 있을 것입니다.

또한, Web Services는 여러 서비스를 연계하여 동작하는 것이 일반적입니다.

예를 들어 데이터베이스 및 캐시용 온 메모리 데이터베이스에 접속하거나 마이크로서비스 설계된 애플리케이션은 애플리케이션 자체가 여러 서비스로 동작하는 경우도 있을 것입니다.

이러한 부분은 Docker Compose를 사용하면 여러 서비스를 한꺼번에 관리할 수 있습니다.

Docker Compose는 프로젝트라는 단위로 컨테이너를 관리할 수도 있기 때문에, 예를 들어 프로젝트 단위로 별도의 데이터베이스 컨테이너를 준비해 놓음으로써 쉽게 구현할 수 있습니다. 그 결과 여러 애플리케이션을 동시에 개발하더라도, 각각 간섭하지 않는 환경을 준비할 수 있습니다.

이 책에서는 여러 언어와 프레임워크를 채택해 Docker 환경에서 이를 이용한 개발 작업을 할 수 있도록 설명하고 있습니다.

1-1-2 들어가기에 앞서

이 책에서는 튜토리얼 형식으로 Docker의 사용법을 설명하고 있습니다. 내용을 잘 이해하기 위해서 앞으로 배울 내용을 직접 따라해보며 진행하는 것이 도움이 될 것입니다.

이제 이 책에서 튜토리얼로 설정해놓은 PC 환경과 미리 알아두면 좋은 주변 지식에 대해 알아봅니다.

....
PC 환경

이 책에서 진행되는 튜토리얼은 Windows용 WSL2 환경에서 Docker를 사용하고 있습니다.
PC 환경에서 Docker 환경을 사용하기 위한 도입 단계를 포함하여 알아봅니다. 이 책에서는 다음
과 같은 환경에서 실습을 진행합니다.

- Linux - Ubuntu 20.04 (LTS) 64bit
  : Linux 환경에서 Docker를 사용하기 위한 최소 사양은 다음 링크에서 확인할 수 있습니다.
  https://docs.docker.com/engine/install/#server
- Windows - Hyper-V가 작동하는 Windows 10 Pro 64bit
  : Windows 환경에서 Docker를 사용하려면 Docker Desktop for Windows의 최소 사양을 지원해
  야 합니다. 또한 WSL2 환경을 사용하기 위해서는 1903 버전 이상의 업데이트를 설치해야 합
  니다. 자세한 사항은 다음 링크에서 확인할 수 있습니다.
  https://docs.docker.com/docker-for-windows/install/#system-requirements
- macOS - macOS 16.0 (Big Sur)
  : macOS의 경우 10.14 (Mojave) 이상의 OS에서 Docker를 사용할 수 있습니다.

Docker 환경을 설치하기 위해서는 관리자 권한이 필요하며 Docker 설치 및 Docker의 이미지 파
일 다운로드를 위해서 인터넷 접속이 필요합니다.

....
주변 지식에 대해서

튜토리얼은 구체적인 절차나 과정 등을 설명하지만 보통의 Web 애플리케이션에 필요한 지식은
이미 숙지하고 있다는 전제하에 설명합니다.
따라서 다음과 같은 부분에 대해서는 설명을 생략하겠습니다.

- PC 환경, 특히 Web 브라우저의 조작 방법(URL로 페이지에 접속하는 방법 등)
- 인터넷 연결에 대한 설정 방법(프록시 서버 설정 방법 등)
- 커맨드 라인 조작 방법, 예를 들어 셸(특히 Bash)과 터미널 사용법
- 텍스트 에디터 사용법(파일을 만들어 편집할 필요가 있기 때문에)

이러한 주변 지식에 대해서는 별도의 도서 및 Web 사이트를 참조하길 바랍니다.

....
커맨드 라인 꼬짝에 대해서

이 책에서는 Docker를 커맨드 라인(docker 커맨드 등)으로 작업하는 것을 전제로 설명합니다. 여러 번 같은 커맨드를 실행하기 때문에 다음과 같은 키 조작의 사용에 적응하는 것이 수월할 것입니다.

커맨드 이력 호출(Bash의 경우는 위아래 화살표 키 ↑, ↓ 또는 Ctrl+P, Ctrl+N, Ctrl+R 등), 실행하려고 하는 커맨드의 편집(Bash의 경우 왼쪽 또는 오른쪽 화살표 키 ←, →, Ctrl+B, Ctrl+F, Meta와 B, Meta-F, BackSpace 키나 Delete 키 등) Meta+B와 Meta+F키는 단어 단위로 커서를 이동하는 키 조작이지만 Windows 콘솔 또는 Mac 터미널에서 다른 작업에 할당된 경우도 있으므로 주의합니다.

1-2

Docker란

Docker는 Docker, Inc.(https://www.docker.com/)가 개발 중인 컨테이너 환경을 제공하기 위한 소프트웨어입니다.

Docker는 애플리케이션이 움직이는 환경을 컨테이너라는 단위로 가상화하고, 이 컨테이너형 가상화뿐만 아니라 컨테이너의 베이스가 되는 이미지를 효율적으로 만드는(빌드) 기능과 이미지를 배포하기 위한 구조(Docker Hub과 같은 저장소 서비스)도 갖추고 있는 것이 특징입니다.

여기에서는 Docker의 구조에 대해, 특히 컨테이너형 가상화와 이미지에 관한 부분에 대해 간략하게 설명하겠습니다.

1-2-1 컨테이너형 가상화

Docker가 제공하는 가상화의 장점 중 하나가 효율성입니다.

효율성은 컨테이너형 가상화라는 기술에 의해 실현되고 있습니다.

지금까지는 가상화의 주류였던 하이퍼바이저형 기술에서는 가상화 환경의 단위가 하드웨어 전체(VirtualBox나 VMware Fusion 등) 및 OS 전체(Xen 및 Hyper-V 등)였습니다.

Windows 또는 macOS나 Linux 등 다양한 OS를 그대로 움직일 수 있지만, 하이퍼바이저라는 프로그램이 가상화를 위해 개입되어야 했습니다.

하이퍼바이저 사용에 따라 성능 저하가 발생하거나 메모리 혹은 디스크와 같은 리소스를 가상 환경에 확보할 필요가 있어 리소스 소비량이 많아지는 단점이 있었습니다.

이에 비해 Docker는 컨테이너라는 단위로 환경을 가상화하고 있습니다.

컨테이너의 실체는 호스트 OS상의 프로세스로써 각각 컨테이너의 형태로 격리된 상태로 움직입니다. 격리된 컨테이너의 프로세스에서 다른 컨테이너나 호스트 환경의 프로세스에 접속할 수 없습니다.

컨테이너에 대해 별도의 루트 디렉터리(접속 가능한 파일 범위)이 할당되어 호스트 환경과는 별도의 네트워크와 IP 주소를 할당할 수 있습니다. 또한, 각각의 컨테이너에서 실행되는 프로세스에 대해 사용할 수 있는 호스트 환경의 CPU나 메모리 자원의 제한량을 설정할 수 있습니다.

프로세스 격리는 호스트 OS에서 실행되는 커널 기능이 사용되며, 프로세스의 실행에 따라 하이퍼바이저와 같은 프로그램이 개입하지 않고, 컨테이너마다 커널이라는 OS 기능이 각각 별도로 실행되지도 않습니다.

Linux에서 실행 중인 Docker의 경우 프로세스를 격리하기 위해 Linux 커널이 제공하는 cgroups(control groups)이 사용되며, 루트 디렉터리를 격리하는 데 chroot가 사용됩니다.

Docker는 컨테이너 내에서 볼 수 있는 파일은 이미지 형태로 처리되며, 실제로는 호스트 환경의 파일 시스템에서 파일로 추출됩니다.

파일 시스템의 기능(Linux에서는 Aufs와 OverlayFS 및 Device Mapper)을 사용함으로써 동일한 이미지와 함께 실행 중인 컨테이너가 같은 파일에 기록되지 않으면 동일한 파일을 참조합니다.

이러한 이유로 Docker에서 사용하는 컨테이너형 가상화는 하이퍼바이저형 가상화보다 성능이 저하되는 소비 자원이 적다는 장점을 가지고 있습니다.

1-2-2 Docker 이미지

Docker에는 immutable infrastructure(불변 인프라)라는 개념이 도입되어 있습니다.

구체적으로는 일단 이미지로 만들어진 환경을 변경하지 않고, 컨테이너가 움직이는 동안은 파일을 변경해도 오리지널 이미지가 변경되지 않습니다.

통상적인 서버 관리에서 행해지는 애플리케이션이나 패키지의 업데이트도 Docker에서는 그것들이 적용된 이미지를 만들고, 새로운 이미지를 바탕으로 한 컨테이너를 다시 시작하여 수행합니다. 이렇게 함으로써 컨테이너의 구성을 고정화 할 수 있습니다.

또한 정상적인 환경에서 서비스가 실행 중인 상태에서 패키지 설치 등이 실행되지만, Docker 이미지를 빌드할 때는 서비스가 움직이지 않은 상태에서 커맨드 자체만이 실행됩니다.

따라서 Docker 이미지 빌드에 필요한 과정은 간단하게 마칠 수 있습니다.

예를 들어 패키지 버전을 최신으로 업데이트하는 경우를 생각해 봅니다.

이미 서비스가 실행 중인 일반적인 환경에서는 업데이트 시 기존 패키지가 이미 설치되어 있는지를 고려하거나, 기존의 설정 파일을 섣불리 변경하지 않는 등의 주의가 필요합니다.

Docker 이미지의 빌드는 항상 이전 단계의 이미지에 변경 사항을 저장하는 형태로 실행되기 때문에 항상 새로운 환경에서 새로운 패키지를 넣는 형태로 실행됩니다.

또한 서비스가 실행되는 시점은 빌드가 아닌 컨테이너가 실행되는 시점이므로 빌드 때 변경된 설정을 다시 읽어 들이거나 재시작하는 과정도 필요 없습니다.

1-2-3 Docker를 개발 운영 개선의 솔루션으로 고려하기

Docker를 사용하여 개발 환경과 운영 환경의 차이를 줄일 수 있는 장점을 소개했습니다. 이러한 것들을 발전 시켜 개발과 운영의 흐름을 개선하기 위한 솔루션으로 Docker를 이용할 수도 있습니다.

애플리케이션을 컨테이너화함으로써 각각의 환경에서 애플리케이션 고유의 설정 및 프로비저닝을 해야 할 필요가 (거의) 없습니다.

이러한 작업 대부분은 OS 내부의 패키지와 파일을 제공함으로써 이미 이미지를 빌드하는 시점에 포함되기 때문입니다.

배포에 필요한 절차나 과정도 새로운 이미지를 취득하여 컨테이너를 실행하면 되기 때문에 프로덕션 환경의 운영 절차도 간소화할 수 있습니다.

이전의 이미지를 남겨둠으로써, 그 이미지를 사용하여 컨테이너를 실행하는 것만으로도 배포를 롤백할 수 있는 것도 장점입니다.

1-2-4 Docker Compose

Docker Compose는 여러 컨테이너로 실행되는 애플리케이션을 정의하고 관리하기 위한 도구입니다. Docker Compose로 이러한 여러 컨테이너를 프로젝트와 서비스라는 단위로 관리할 수 있습니다.

프로젝트 및 서비스의 설정은 YAML 파일에 의해 정의되고 Docker Compose가 YAML 파일을 읽는 방식으로 컨테이너를 조작합니다.

1-3

Docker 설치

이번 챕터에서는 Linux(Ubuntu), Windows, macOS을 대상으로 Docker의 설치 과정에 대해 설명합니다.

Docker에는 Enterprise Edition(Docker EE)와 Community Edition(Docker CE)가 있지만, 여기에서는 Docker CE를 설치해보겠습니다.

1-3-1 Linux(Ubuntu)인 경우

Linux인 경우 Ubuntu 20.04 LTS를 대상으로 하고 있습니다.
다른 Linux 환경과 최신 설치 과정은 다음 URL에 있는 지침을 참고하길 바랍니다.

Ubuntu :
https://docs.docker.com/install/linux/docker-ce/ubuntu/
CentOS :
https://docs.docker.com/install/linux/docker-ce/centos/
Debian :
https://docs.docker.com/install/linux/docker-ce/debian/
Fedora :
https://docs.docker.com/install/linux/docker-ce/fedora/

....
이미 설치된 Docker 삭제하기

Docker는 Ubuntu 본체 레포지토리(저장소) 등에서도 일명 패키지로 제공되고 있습니다.
이미 이러한 패키지가 설치되어 있다면 제거하도록 합니다.

커맨드 1-3-1-1

```
$ sudo apt-get remove docker docker-engine docker.io containerd runc
Reading package lists... Done
Building dependency tree
Reading state information... Done
Package 'docker-engine' is not installed, so not removed
Package 'containerd' is not installed, so not removed
Package 'docker' is not installed, so not removed
Package 'runc' is not installed, so not removed
Package 'docker.io' is not installed, so not removed

0 upgraded, 0 newly installed, 0 to remove and 0 not upgraded.
```

Docker 레포지토리 추가하기

패키지 정보를 갱신합니다.

커맨드 1-3-1-2

```
$ sudo apt-get update
Hit:1 http://archive.ubuntu.com/ubuntu bionic InRelease
Get:2 http://security.ubuntu.com/ubuntu bionic-security InRelease [88.7 kB]
Get:3 http://archive.ubuntu.com/ubuntu bionic-updates InRelease [88.7 kB]
Get:4 http://archive.ubuntu.com/ubuntu bionic-backports InRelease [74.6 kB]
Get:5 http://security.ubuntu.com/ubuntu bionic-security/main amd64 Packages [295 kB]
Get:6 http://archive.ubuntu.com/ubuntu bionic-updates/main amd64 Packages [572 kB]

                              ... 중략 ...

Reading package lists... Done
```

Docker 레포지토리는 HTTPS를 통해 제공되고 있습니다. apt 커맨드로 필요한 패키지를 미리 설치합니다.

커맨드 1-3-1-3

```
$ sudo apt-get install -y apt-transport-https ca-certificates curl gnupg lsb-release
Reading package lists... Done
Building dependency tree
Reading state information... Done
lsb-release is already the newest version (11.1.0ubuntu2).
lsb-release set to manually installed.
The following additional packages will be installed:
    dirmngr gnupg-l10n gnupg-utils gpg gpg-agent gpg-wks-client gpg-wks-server gpgconf gpgsm gpgv
libcurl4
Suggested packages:
    pinentry-gnome3 tor parcimonie xloadimage scdaemon
The following NEW packages will be installed:
    apt-transport-https
The following packages will be upgraded:
    ca-certificates curl dirmngr gnupg gnupg-l10n gnupg-utils gpg gpg-agent gpg-wks-client gpg-wks-
server gpgconf gpgsm gpgv
    libcurl4
14 upgraded, 1 newly installed, 0 to remove and 168 not upgraded.
Need to get 3106 kB of archives.
After this operation, 160 kB of additional disk space will be used.
Get:1 http://ap-northeast-2.ec2.archive.ubuntu.com/ubuntu focal-updates/main amd64 gpg-wks-
client amd64 2.2.19-3ubuntu2.1 [97.6 kB]

                                  ... 중략 ...
Setting up gpg (2.2.19-3ubuntu2.1) ...
Setting up gnupg-utils (2.2.19-3ubuntu2.1) ...
Setting up gpg-agent (2.2.19-3ubuntu2.1) ...
                                  ... 중략 ...
```

Docker가 제공하는 패키지의 서명을 검증할 수 있도록 GPG 키를 추가합니다.

커맨드 1-3-1-4

```
$ curl -fsSL https://download.docker.com/linux/ubuntu/gpg | sudo apt-key add -
```

앞서 추가한 GPG 키가 제대로 설정되지 않았을 경우 Docker 설치 시 오류가 발생합니다. 키가 제대로 설정되었는지 확인하기 위해 다음 명령어를 입력해 Docker의 지문(fingerprint)을 검색해 봅니다.

커맨드 1-3-1-5

```
$ sudo apt-key fingerprint 0EBFCD88
pub    rsa4096 2017-02-22 [SCEA]
       9DC8 5822 9FC7 DD38 854A E2D8 8D81 803C 0EBF CD88
uid               [ unknown] Docker Release(CE deb) <docker@docker.com>
sub    rsa4096 2017-02-22 [S]
```

Docker 레포지토리를 추가합니다. Ubuntu 환경이 amd64(x86_64) 아키텍처에서 실행되는 경우 다음 커맨드를 실행합니다. 여기에서는 stable 채널을 사용하고 있습니다.

커맨드 1-3-1-6

```
echo
   "deb [arch=amd64 signed-by=/usr/share/keyrings/docker-archive-keyring.gpg] https://download.
docker.com/linux/ubuntu \
   $(lsb_release -cs) stable" | sudo tee /etc/apt/sources.list.d/docker.list > /dev/null
```

Docker 설치하기

패키지 리스트를 갱신해 둡니다.

커맨드 1-3-1-7

```
$ sudo apt-get update
Hit:1 https://download.docker.com/linux/ubuntu bionic InRelease
Get:2 http://security.ubuntu.com/ubuntu bionic-security InRelease [88.7 kB]
Hit:3 http://archive.ubuntu.com/ubuntu bionic InRelease
Get:4 http://archive.ubuntu.com/ubuntu bionic-updates InRelease [88.7 kB]
Get:5 http://archive.ubuntu.com/ubuntu bionic-backports InRelease [74.6 kB]
Fetched 252 kB in 2s(112 kB/s)
Reading package lists... Done
```

Docker CE를 설치합니다.

커맨드 1-3-1-8

```
$ sudo apt-get install -y docker-ce docker-ce-cli containerd.io
Reading package lists... Done
Building dependency tree
Reading state information... Done
The following additional packages will be installed:
  aufs-tools cgroupfs-mount libltdl7 pigz
The following NEW packages will be installed:
  aufs-tools cgroupfs-mount containerd.io docker-ce docker-ce-cli libltdl7 pigz
0 upgraded, 7 newly installed, 0 to remove and 116 not upgraded.
Need to get 50.7 MB of archives.
After this operation, 243 MB of additional disk space will be used.
Get:1 https://download.docker.com/linux/ubuntu bionic/stable amd64 containerd.io amd64 1.2.5-1
[19.9 MB]
Get:2 http://archive.ubuntu.com/ubuntu bionic/universe amd64 pigz amd64 2.4-1 [57.4 kB]
Get:3 https://download.docker.com/linux/ubuntu bionic/stable amd64 docker-ce-cli amd64
5:18.09.4~3-0~ubuntu-bionic [13.2 MB]

                               ... 중략 ...

Setting up docker-ce(5:18.09.4~3-0~ubuntu-bionic) ...
update-alternatives: using /usr/bin/dockerd-ce to provide /usr/bin/dockerd(dockerd) in auto
mode
Created symlink /etc/systemd/system/multi-user.target.wants/docker.service→/lib/systemd/system/
docker.service.
Created symlink /etc/systemd/system/sockets.target.wants/docker.socket→/lib/systemd/system/
docker.socket.
Processing triggers for ureadahead(0.100.0-20) ...
Processing triggers for libc-bin(2.27-3ubuntu1) ...
Processing triggers for systemd(237-3ubuntu10.9) ...
```

Docker가 설치되었는지 확인합니다.

▌커맨드 1-3-1-9

```
$ sudo docker version
Client: Docker Engine - Community
Version:        20.10.5
API version:    1.41
Go version:     go1.13.15
Git commit:     55c4c88
Built:          Tue Mar  2 20:18:20 2021
OS/Arch:        linux/amd64
Context:        default
Experimental:   true

Server: Docker Engine - Community
Engine
 Version:       20.10.5
 API version:   1.41 (minimum version 1.12)
 Go version:    go1.13.15
 Git commit:    363e9a8
 Built:         Tue Mar  2 20:16:15 2021
 OS/Arch:       linux/amd64
 Experimental:  false
containerd:
 Version:       1.4.4
 GitCommit:     05f951a3781f4f2c1911b05e61c160e9c30eaa8e
 runc:
 Version:       1.0.0-rc93
 GitCommit:     12644e614e25b05da6fd08a38ffa0cfe1903fdec
 docker-init:
 Version:       0.19.0
 GitCommit:     de40ad0
```

hello-world 컨테이너를 실행하고, 이미지 인식 및 컨테이너 실행 여부를 테스트해 봅니다.

커맨드 1-3-1-10

```
$ sudo docker run hello-world
Unable to find image 'hello-world:latest' locally
latest: Pulling from library/hello-world
1b930d010525: Pull complete
Digest: sha256:2557e3c07ed1e38f26e389462d03ed943586f744621577a99efb77324b0fe535
Status: Downloaded newer image for hello-world:latest

Hello from Docker!
This message shows that your installation appears to be working correctly.

To generate this message, Docker took the following steps:
 1. The Docker client contacted the Docker daemon.
 2. The Docker daemon pulled the "hello-world" image from the Docker Hub.
    (amd64)
 3. The Docker daemon created a new container from that image which runs the
    executable that produces the output you are currently reading.
 4. The Docker daemon streamed that output to the Docker client, which sent it
    to your terminal.

To try something more ambitious, you can run an Ubuntu container with:
 $ docker run -it ubuntu bash

Share images, automate workflows, and more with a free Docker ID:
 https://hub.docker.com/

For more examples and ideas, visit:
 https://docs.docker.com/get-started/
```

Docker Compose 설치하기

다음으로 Docker Compose를 설치합니다.
최신 설치 방법에 대해서는 다음 URL을 참고하길 바랍니다.

https://docs.docker.com/compose/install/

커맨드 실행 파일을 다운로드합니다.

커맨드 1-3-1-11

```
$ curl -L "https://github.com/docker/compose/releases/download/1.29.0/docker-compose-
-$(uname -s)-$(uname -m)" -o /usr/local/bin/docker-compose
  % Total     % Receive  % Xferd  Average Speed  Time     Time      Time Current
                                  Dload  Upload  Total    Spent     Left  Speed
  100   617     0    617  0     0    988       0  --:--:-- --:--:-- --:--:--   987
  100  11.2M 100  11.2M  0     0   1603k      0  0:00:07 0:00:07 --:--:-- 2272k
```

여기에서는 최신 stable 버전인 1.29.0을 설치했습니다.(21년 4월 기준) 이전 버전의 Docker Com-
pose를 설치하고 싶다면 명령어에서 1.29.0을 원하는 버전의 번호로 수정하면 됩니다.

실행 파일에 실행 권한을 부여하여 docker-compose가 설치되었는지 확인합니다.

커맨드 1-3-1-12

```
$ sudo chmod +x /usr/local/bin/docker-compose
$ docker-compose version
docker-compose version 1.29.0, build 07737305
docker-py version: 5.0.0
CPython version: 3.7.10
OpenSSL version: OpenSSL 1.1.0l 10 Sep 2019
```

Docker 커맨드를 sudo 없이 실행되도록 하기

설치 직후 상태에서는 docker 커맨드를 sudo 없이 실행하면 다음과 같은 오류가 발생합니다.

커맨드 1-3-1-13

```
$ docker version
Client: Docker Engine - Community
 Version:      20.10.5
 API version:  1.41
 Go version:   go1.13.15
 Git commit:   55c4c88
 Built:        Tue Mar  2 20:18:20 2021
 OS/Arch:      linux/amd64
 Context:      default
 Experimental: true
```

```
Got permission denied while trying to connect to the Docker daemon socket at
unix:///var/run/docker.sock: Get http://%2Fvar%2Frun%2Fdocker.sock/v1.24/version: dial unix
/var/run/docker.sock: connect: permission denied
```

Docker 커맨드를 sudo 없이 실행하려면 해당 사용자를 docker 그룹에 추가해야 합니다.
그러나 일반적으로 Docker 서버는 root 권한으로 동작하며, 컨테이너의 기동 방법에 따라 호스트
환경의 root 권한을 사용해야 실행할 수 있습니다.
따라서 docker 그룹에 추가할 경우 호스트 환경의 root 권한을 제공하는 것과 같다는 점에 주의하
도록 합니다.

현재 로그인한 사용자를 docker 그룹에 추가하려면 다음 커맨드를 실행합니다.

커맨드 1-3-1-14

```
$ sudo usermod -aG docker "$(id -nu)"
```

일단 여기서 로그아웃 후 다시 로그인합니다.
로그인 후 id 커맨드를 실행하여 docker 그룹이 추가되어 있는지 확인합니다.

커맨드 1-3-1-15

```
$ id -nG
ubuntu adm cdrom sudo dip plugdev lxd lpadmin sambashare docker
```

커맨드를 sudo 없이 수행할 수 있는지 확인합니다.

커맨드 1-3-1-16

```
$ docker version
Client:

                            ... 중략 ...

Server: Docker Engine – Community

                            ... 중략 ...
```

1-3-2 **Windows인 경우**

Windows의 경우 Docker Desktop for Windows를 설치하면 Docker와 Docker Compose을 사용할 수 있습니다. Windows에서 움직이게 하기 위해선 64bit 버전인 Windows 10 Professional 또는 Enterprise가 필요합니다.

최신 설치 방법은 다음 URL을 참고합니다.

https://docs.docker.com/docker-for-windows/install/

....
Hyper-V 설정 활성화

Docker Desktop for Windows를 사용하기 위해서는 미리 Hyper-V를 활성화해야 합니다.
Hyper-V를 사용하려면 관리자로 PowerShell 콘솔을 열고 다음 커맨드를 실행합니다.

커맨드 1-3-2-1

```
Enable-WindowsOptionalFeature -Online -FeatureName Microsoft-Hyper-V -All
```

커맨드가 실행될 때 Hyper-V가 유효하지 않으면 Hyper-V를 사용하기 위해 컴퓨터를 다시 시작해야 합니다.
다음과 같은 메시지가 나타나면 "Y"를 입력하고 다시 시작합니다.

이미지 1-3-2-1 : Hyper-V 활성화

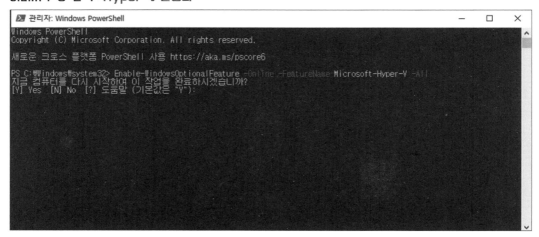

####
설치 프로그램 다운로드

Docker Desktop for Windows는 Windows 설치 프로그램으로 제공되며 다음 URL에서 다운로드 할 수 있습니다.

https://hub.docker.com/editions/community/docker-ce-desktop-windows

화면 오른쪽에 있는 [Get Docker] 버튼을 클릭하여 파일을 다운로드합니다.
화면 오른쪽의 버튼이 [Please Login To Download]라고 되어 있다면, 미리 Docker Hub의 계정을 만들어 로그인합니다.

이미지 1-3-2-2 : Docker Desktop for Windows 다운로드 페이지

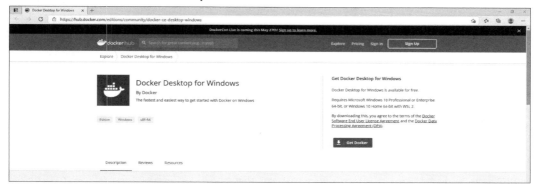

집필 시점에서는 다음 URL에서 설치 파일을 직접 다운로드할 수 있었습니다.

https://desktop.docker.com/win/stable/Docker%20Desktop%20Installer.exe

....

Docker Desktop 설치하기

다운로드한 설치 프로그램을 실행합니다.

이미지 1-3-2-3 : Docker Desktop 설치 프로그램 실행

사용자 계정 컨트롤(UAC) 설정에 따라 디바이스 변경 허가를 묻는 대화 상자가 표시되면 [예]를 선택합니다.

이미지 1-3-2-4 : Docker Desktop 설치 프로그램 실행

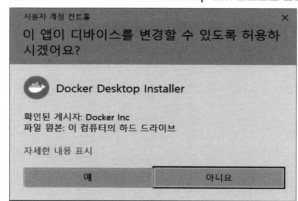

설치 프로그램은 초기에 필요한 패키지를 다운로드합니다.

이미지 1-3-2-5 : 설치 프로그램 초기 화면

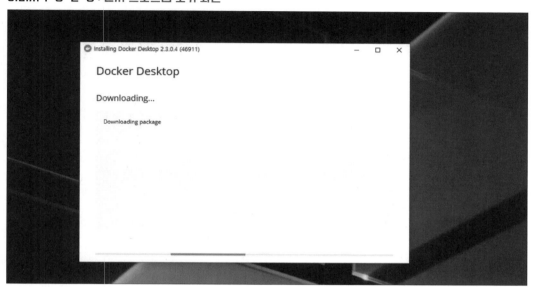

설치 시 설정을 확인합니다. 첫 번째 체크 박스는 Windows의 Hyper-V 기능 활성화 여부이고, 두 번째 체크 박스는 바탕 화면에 바로 가기 아이콘을 생성할지 여부를 설정합니다.
모두 체크를 하고 [OK] 버튼을 클릭합니다.

이미지 1-3-2-6 : 설치 설정 화면

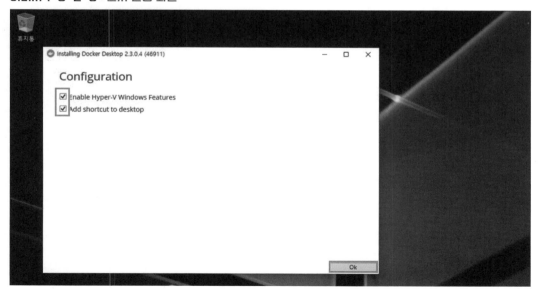

설치가 완료될 때까지 기다립니다.

이미지 1-3-2-7 : 설치 중

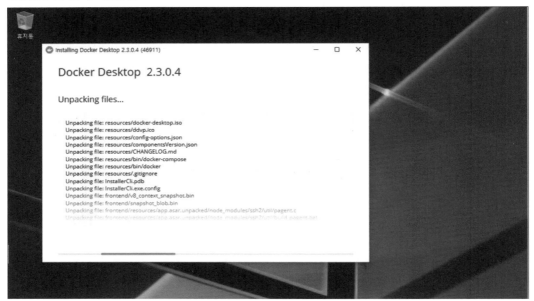

설치가 완료되면 [Close] 버튼을 클릭합니다.

이미지 1-3-2-8 : 설치 완료

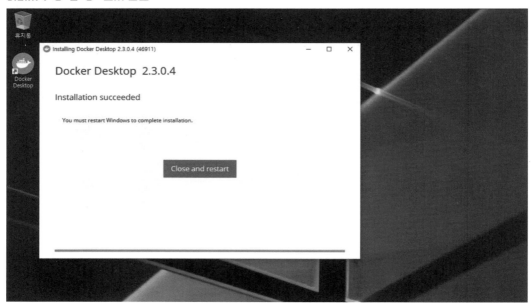

스타트 메뉴에서 Docker Desktop을 선택한 후 실행합니다.

이미지 1-3-2-9 : Docker Desktop 실행

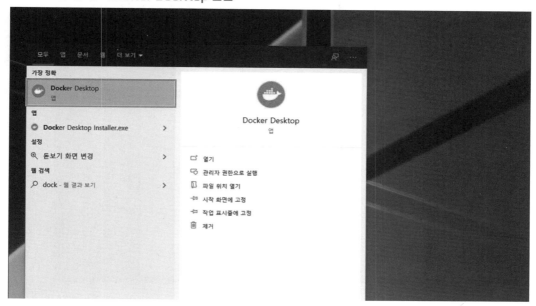

작업 표시줄 알림 영역에 Docker 아이콘이 표시됩니다.

시작 직후에는 아래 그림과 같이 [Docker Desktop is running]라는 도움말이 표시됩니다.

이미지 1-3-2-10 : 알림 영역에 표시된 Docker 아이콘

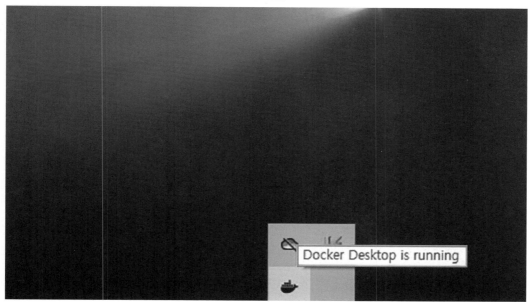

도움말 메뉴에서 Dashboard 메뉴를 선택하면 다음과 같은 화면이 나타나고 하단에 녹색의 표시와 [Docker running]라는 메시지를 확인할 수 있습니다.

이미지 1-3-2-11 : Docker Desktop 팝업(실행 중)

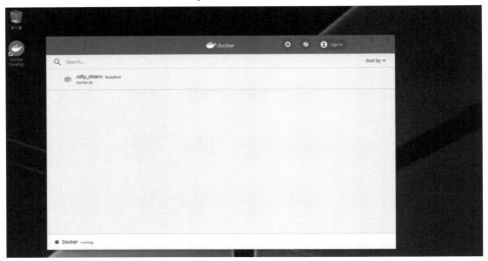

커맨드 라인에서 Docker Desktop의 설치 및 실행이 완료되었음을 확인해 봅니다.

PowerShell 콘솔을 열고 docker version 커맨드를 실행해서 다음 그림과 같이 Client 및 Server의 두 버전이 표시되면 정상적으로 설치가 완료된 것입니다.

WSL2 환경을 이용하려면 설정에 들어가 [Use WSL 2 based engine] 옵션에 체크한 후 Resources 〉 WSL Integration 메뉴에서 사용할 WSL 이미지를 선택하면 됩니다.

이미지 1-3-2-12

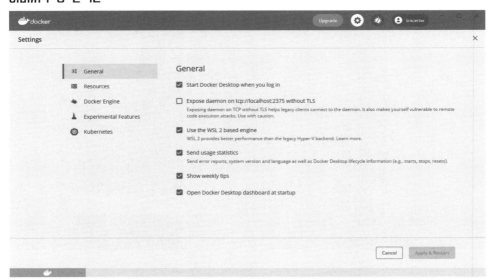

커맨드 1-3-2-2

```
PS> docker version
Client: Docker Engine - Community
Cloud integration: 1.0.9
Version:        20.10.5
API version:    1.41
Go version:     go1.13.15
Git commit:     55c4c88
Built:          Tue Mar  2 20:14:53 2021
OS/Arch:        windows/amd64
Context:        default
Experimental:   true

Server: Docker Engine - Community
Engine
 Version:        20.10.5
 API version:    1.41 (minimum version 1.12
 Go version:     go1.13.15
 Git commit:     363e9a8
 Built:          Tue Mar  2 20:15:47 2021
 Built:          Tue Mar  2 20:15:47 2021
 Experimental:   false
containerd:
 Version:        1.4.3
 GitCommit:      269548fa27e0089a8b8278fc4fc781d7f65a939b
runc:
 Version:        1.0.0-rc92
 GitCommit:      ff819c7e9184c13b7c2607fe6c30ae19403a7aff
docker-init:
 Version:        0.19.0
 GitCommit:      de40ad0
```

마찬가지로 PowerShell 콘솔에서 docker-compose version 커맨드를 실행해서 Docker Compose 버전을 확인합니다.

커맨드 1-3-2-3

```
PS > docker-compose version
docker-compose version 1.28.5, build c4eb3a1f
docker-py version: 4.4.4
```

```
CPython version: 3.9.0
OpenSSL version: OpenSSL 1.1.1g 21 Apr 2020
```

마지막으로, 설치 시에 설정한 Linux용 컨테이너가 사용되는지 확인하기 위해 docker info 커맨드를 실행합니다.

커맨드 1-3-2-4

```
PS> docker info -f '{{.OSType}}'
linux
```

그 밖에도 busybox 컨테이너 등에도 포함된 uname 커맨드를 사용하여 컨테이너 내부에서도 환경을 확인할 수 있습니다.

커맨드 1-3-2-5

```
PS> docker run busybox uname -a
Unable to find image 'busybox:latest' locally
Trying to pull repository docker.io/library/busybox ...
latest: Pulling from docker.io/library/busybox
df8698476c65: Pull complete
Digest: sha256:d366a4665ab44f0648d7a00ae3fae139d55e32f9712c67accd604bb55df9d05a
Status: Downloaded newer image for docker.io/busybox:latest
Linux 234908asld12 4.11.127-linuxkit #1 SMP Tue May 12 16:57:42 UTC 2020 x
```

이렇게 Windows에서 Docker Desktop 설치가 완료되었습니다.

1-3-3 macOS인 경우

macOS의 경우 Docker Desktop for Mac을 설치함으로써 Docker와 Docker Compose를 사용할 수 있게 됩니다.
Docker Desktop for Mac은 macOS 10.14 Mojave 및 이후 버전에 대응하고 있습니다.
최신 설치 방법에 대해서는 다음 URL을 참고하길 바랍니다.

https://docs.docker.com/docker-for-mac/install/

설치 프로그램 다운로드

Docker Desktop for Mac은 macOS 용도로 디스크 이미지 파일(dmg 파일)로 제공되고 있으며 다음 URL에서 다운로드할 수 있습니다.

https://hub.docker.com/editions/community/docker-ce-desktop-mac

화면 오른쪽에 있는 [Get Docker] 버튼을 클릭하여 파일을 다운로드합니다.
화면 오른쪽의 버튼이 [Please Login To Download]로 되어 있다면, 미리 Docker Hub의 계정을 만들어 로그인합니다.

이미지 1-3-3-1 : Docker Desktop for Mac 다운로드 페이지

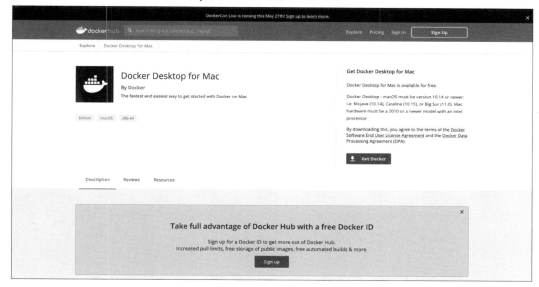

또는 다음 URL에서 dmg 파일을 직접 다운로드할 수 있습니다.

https://download.docker.com/mac/stable/Docker.dmg

Docker Desktop 설치

다운로드한 dmg 파일을 열어봅니다. dmg 파일을 열고 다음과 같은 창이 표시되면 Docker 아이콘을 Applications(애플리케이션) 폴더에 드래그 앤 드롭합니다.

이미지 1-3-3-2 : Applications 폴더에 드래그 앤 드롭

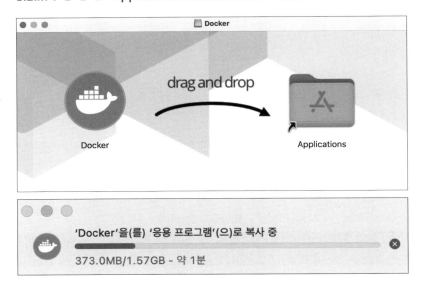

애플리케이션 폴더에 복사한 후 애플리케이션을 실행합니다.

Applications 폴더를 더블 클릭하면 애플리케이션 폴더가 열리고, Docker 애플리케이션 아이콘을 더블 클릭합니다.

인터넷을 통해 다운로드한 애플리케이션 때문에 초기 시작할 때 경고 표시도 함께 표시되지만, 계속 [열기] 버튼을 클릭합니다.

이미지 1-3-3-3 : 초기 시작할 때의 경고 표시

특권 접속(privileged access)이 필요하다는 대화 상자가 표시되면 [OK] 버튼을 클릭합니다.

이미지 1-3-3-4 : 특권 접속이 필요하다는 메시지

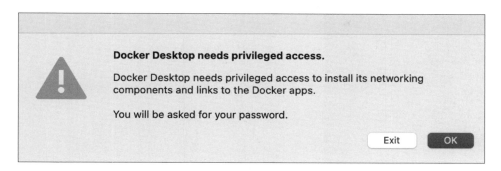

Docker Desktop needs privileged access.

Docker Desktop needs privileged access to install its networking components and links to the Docker apps.

You will be asked for your password.

Exit   OK

특권 접속을 승인하기 위해 관리자 권한이 있는 계정의 암호를 묻습니다.

암호를 입력하고 [보조 프로그램 설치] 버튼을 클릭합니다.

이미지 1-3-3-5 : 특권 접속 인증 화면

Docker이(가) 새로운 보조 프로그램을 설치하려고 합니다.

허용하려면 암호를 입력하십시오.

사용자 이름:

암호:

취소   보조 프로그램 설치

여기까지 완료되면 Docker Desktop이 시작되고 상태 표시 줄에 Docker 아이콘이 표시됨과 동시에 다음과 같은 팝업이 표시됩니다.

시작 직후의 팝업 대화 상단에 노란색 상태와 [Docker Desktop is starting...]라는 메시지가 표시됩니다.

이미지 1-3-3-6 : Docker Desktop 팝업(기동 중)

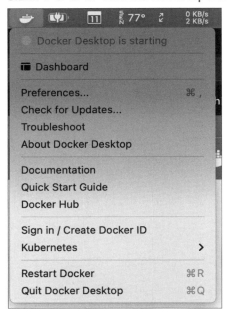

시간이 지나면 노란색으로 표시된 상태 표시가 녹색으로 바뀌고, 메시지가 [Docker Desktop is running]으로 표시됩니다.

이미지 1-3-3-7 : Docker Desktop 팝업(실행 중)

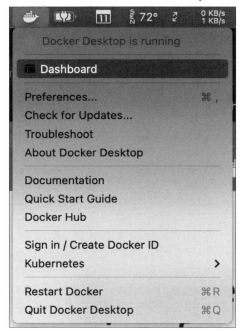

이미지 1-3-3-8 : 설치 완료

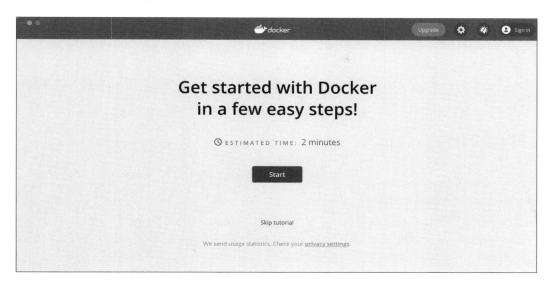

커맨드 라인에서 Docker Desktop의 설치 및 실행이 완료되었음을 확인합니다.

터미널을 열고 다음과 같이 docker version 커맨드를 실행하고, 다음과 같이 Client 및 Server의 두 버전이 표시되면 정상적으로 설치가 완료된 것입니다.

커맨드 1-3-3-1

```
$ docker version
Client: Docker Engine - Community
 Cloud integration: 1.0.9
 Version:       20.10.5
 API version:   1.41
 Go version:    go1.13.15
 Git commit:    55c4c88
 Built:         Tue Mar  2 20:13:00 2021
 OS/Arch:       darwin/amd64
 Context:       default
 Experimental:  true

Server: Docker Engine - Community
 Engine:
  Version:      20.10.5
  API version:  1.41 (minimum version 1.12)
  Go version:   go1.13.15
  Git commit:   363e9a8
```

```
Built:          Tue Mar  2 20:15:47 2021
OS/Arch:        linux/amd64
Experimental: false
```

가상 머신이 움직이거나 Docker 서버에 접속할 수 없는 경우 다음과 같은 오류 메시지가 표시됩니다.

커맨드 1-3-3-2

```
$ docker version
Client: Docker Engine - Community
Version:          20.10.5
API version:      1.41
Go version:       go1.13.15
Git commit:       55c4c88
Built:            Tue Mar 2 20:13:00 2021
OS/Arch:          darwin/amd64
Context:          default
Experimental:     false
Cannot connect to the Docker daemon at unix:///var/run
```

마찬가지로 Docker Compose 버전을 확인합니다.
터미널에서 docker-compose version 커맨드를 실행합니다.

커맨드 1-3-3-3

```
$ docker-compose version
docker-compose version 1.28.5, build c4eb3a1f
docker-py version: 4.4.4
CPython version: 3.9.0
OpenSSL version: OpenSSL 1.1.1h  22 Sep 2020
OpenSSL version: OpenSSL 1.1.0h 27 Mar 2018
```

이상으로 macOS의 Docker Desktop 설치가 완료되었습니다.

1-4

Docker 커맨드와 명령

여기에서는 Docker 커맨드와 Dockerfile 명령에 대해서 알아봅니다.

1-4-1 Docker CLI 커맨드

Docker를 조작하기 위한 인터페이스로 Docker 커맨드(Docker CLI)가 있습니다.

이 커맨드에는 구체적인 작업을 지정하기 위한 서브 커맨드가 있으며, docker COMMAND와 같이 실행할 수 있습니다. 서브 커맨드의 설명은 「docker COMMAND -help」로 확인할 수 있습니다. 커맨드에 대한 자세한 내용은 다음 URL을 참고하길 바랍니다.

Docker 공식 문서 :

https://docs.docker.com/engine/reference/commandline/docker/

이미지 관리 커맨드

이미지는 컨테이너를 만들 때의 토대가 되는 것으로, 컨테이너 내부의 파일 시스템 세트 등이 포함되어 있습니다.

표 1-4-1-1 : 이미지 관리 커맨드

커맨드	의미
docker image build docker build	Dockerfile로 이미지 빌드
docker image history docker history	이미지 생성 기록 보기
docker image import docker import	tar 아카이브(docker container export로 가져온 것)로 이미지 만들기
docker image inspect	이미지 상세 정보 보기
docker image load docker load	tar 아카이브(docker image save로 출력한 것)로 이미지 로드
docker image ls docker images	이미지 리스트 보기
docker image prune	불필요한(태그가 붙어 있지 않아 컨테이너로 사용되지 않은 것) 이미지 삭제

docker image pull docker pull	레지스트리로부터 이미지 취득(pull)
docker image push docker push	레지스트리에 이미지 전송(push)
docker image rm docker rmi	이미지 삭제
docker image save docker save	이미지(docker image load 읽을 수 있는) tar 아카이브로 출력
docker image tag docker tag	기존의 이미지에 태그를 붙이기(다른 이미지 이름 붙이기)

각 항목의 두 번째 줄에 있는 짧은 커맨드는 첫 번째 줄의 docker image에서 시작하는 커맨드와 거의 같은 의미를 가지고 있기 때문에 이후부터는 주로 짧은 커맨드를 사용하여 설명하겠습니다.

컨테이너 관리 커맨드

컨테이너는 이미지 위에서 움직이는 환경입니다. 또한, 다음에 설명하는 볼륨과 네트워크 등을 구성하기 위한 설정도 포함되어 있으며, 컨테이너 내부에서 프로그램을 실행하는 환경 세트가 갖추어져 있습니다.

컨테이너는 다시 만드는 것으로 동일한 환경을 재현할 수 있습니다.

컨테이너 내부의 환경에서 변경되더라도, 이미지 등에는 영향을 주지 않도록 되어있는 것이 특징입니다.

표 1-4-1-2 : 컨테이너 관리 커맨드

커맨드	의미
docker container attach docker attach	실행 중인 컨테이너에 표준 입출력 연결
docker container commit docker commit	컨테이너 내부에서 변경된 파일을 베이스로 이미지 만들기
docker container cp docker cp	파일이나 폴더를 컨테이너와 호스트 환경 간에 복사
docker container create docker create	새 컨테이너 만들기
docker container diff docker diff	컨테이너 내부에서 변경된 파일 검사
docker container exec docker exec	실행 중인 컨테이너 내부에서 커맨드 실행
docker container export docker export	컨테이너 파일 세트를 tar 아카이브 형식으로 꺼내기

docker container inspect	컨테이너의 자세한 정보 보기
docker container kill docker kill	실행 중인 컨테이너(Docker가 만든 PID 1 프로세스)에 신호 보내기
docker container logs docker logs	컨테이너 로그 취득
docker container ls docker ps	컨테이너 목록 보기
docker container pause docker pause	컨테이너로 실행 중인 모든 프로세스 일시 중지
docker container port docker port	컨테이너 포트 매핑 보기
docker container prune	정지 중인 컨테이너 모두 삭제
docker container rename docker rename	컨테이너 이름 변경
docker container restart docker restart	컨테이너 다시 시작
docker container rm docker rm	컨테이너 삭제
docker container run docker run	새로운 컨테이너로 커맨드 실행
docker container start docker start	정지 중인 컨테이너 기동
docker container stats docker stats	컨테이너의 자원 이용 상태 보기(top 커맨드의 일종)
docker container stop docker stop	실행 중인 컨테이너 중지
docker container top docker top	컨테이너 내부에서 실행 중인 프로세스 보기(ps 커맨드의 일종)
docker container unpause docker unpause	(docker pause로) 일시 정지 상태인 프로세스 재개
docker container update docker update	컨테이너 설정 업데이트
docker container wait docker wait	컨테이너의 종료를 기다리고 나서 종료 코드 보기

....
볼륨 관리 커맨드

볼륨은 컨테이너의 라이프 사이클과는 별개의 독립적인 영역입니다. 컨테이너를 삭제하면 컨테이너에서 변경된 파일은 제거되지만, 볼륨은 명시적으로 삭제하지 않는 한 내용이 유지됩니다. 또한, 볼륨은 여러 컨테이너에 걸쳐 공유되며 호스트 환경의 디렉터리를 공유할 수 있습니다.

표 1-4-1-3 : 볼륨 관리 커맨드

커맨드	의미
docker volume create	볼륨 만들기
docker volume	inspect 볼륨에 대한 자세한 정보 보기
docker volume ls	볼륨 목록 보기
docker volume prune	불필요한 볼륨 삭제
docker volume rm	볼륨 삭제

....
네트워크 관리 커맨드

Docker는 컨테이너마다 호스트 환경과 독립적인 네트워크와 네트워크 주소를 할당할 수 있습니다. 이에 따라 동일한 포트를 수신할 수 있도록 한 컨테이너를 여러 개 기동해 놓을 수 있습니다. 또한 Docker는 내부에 DNS 서버를 가지고 있으며, 컨테이너 이름(서비스 이름)을 사용하여 다른 컨테이너와 통신할 수 있게 되어 있습니다.

표 1-4-1-4 : 네트워크 관리 커맨드

커맨드	의미
docker network connect	컨테이너를 네트워크에 연결
docker network create	네트워크 만들기
docker network disconnect	네트워크 컨테이너 끊기
docker network inspect	네트워크에 대한 자세한 정보 보기
docker network ls	네트워크 목록 보기
docker network prune	불필요한 네트워크 삭제
docker network rm	네트워크 삭제

그 밖의 커맨드

그 외에도 사용할 서브 커맨드 목록은 다음과 같습니다. 여기에서는 Experimental인(차후 Docker 에 추가하기 위해 실험 중인 기능들) 커맨드나 Swarm(클러스터 구성) 관련 커맨드, Docker EE 고유의 커맨드는 생략했습니다. 커맨드 뒤에 * 표시가 있는 것은 서브 커맨드 옵션이 있는 것입니다.

표 1-4-1-5 : 그 밖의 커맨드

커맨드	의미
docker builder *	빌드 관련 관리 커맨드
docker checkpoint *	체크 포인트 관리 커맨드
docker config *	Docker 설정을 관리하는 커맨드
docker events	Docker 서버에서 발생한 이벤트 정보 보기
docker image *	이미지 관리 커맨드
docker info	시스템 전반의 정보 보기
docker inspect	Docker 오브젝트(컨테이너나 이미지나 네트워크 등)에 대한 자세한 정보 보기
docker login	Docker 레지스트리에 로그인
docker logout	Docker 레지스트리에서 로그아웃
docker manifest *	매니페스트 관리 커맨드
docker network *	네트워크 관리 커맨드
docker plugin *	플러그인 관리 커맨드
docker search	Docker Hub에서 이미지 검색
docker system *	Docker 관리 커맨드
docker trust *	이미지의 서명 관리 커맨드
docker version	Docker 버전 정보 보기
docker volume *	볼륨 관리 커맨드

1-4-2 Dockerfile 명령

Dockerfile은 이미지를 구축하기 위한 작업을 차례대로 기술한 것입니다. Dockerfile을 사용하면 파일 내에 작성되어 있는 순서대로 명령어가 실행되며 이미지를 구축해 나갑니다.
자세한 내용은 다음 URL을 참고하길 바랍니다.

> Docker 공식 문서 :
> https://docs.docker.com/engine/reference/builder/

Dockerfile에는 다음과 같은 명령을 사용할 수 있습니다. 여기에서는 폐지 예정(deprecated) 명령은 생략했습니다.

표 1-4-2-1 : Dockerfile 명령

커맨드	의미
FROM	베이스 이미지 지정
RUN	베이스 이미지에 새로운 레이어를 추가해 커맨드를 실행하고, 결과를 빌드 이미지에 반영
CMD	컨테이너 시작할 때 실행할 커맨드 설정
LABEL	이미지에 레이블을 설정
EXPOSE	컨테이너에서 공개하는 포트 번호 설정
ENV	환경 변수 설정
ADD	이미지에 파일 복사(압축 파일의 경우 압축을 해제하여 복사함)
COPY	이미지에 파일 복사
ENTRYPOINT	컨테이너 시작할 때 실행할 커맨드 설정
VOLUME	볼륨이 마운트 될 위치 설정
USER	커맨드를 실행할 때 사용자 ID 설정
WORKDIR	커맨드를 실행할 때 작업 디렉터리 설정
ARG	빌드 시에만 사용되는 변수 설정
ONBUILD	이 이미지를 베이스로 빌드할 때 커맨드가 실행되도록 하기
STOPSIGNAL	컨테이너를 중지시킬 때의 시그널 번호 설정
HEALTHCHECK	헬스체크를 위한 커맨드 설정
SHELL	커맨드 실행할 때 쉘 설정

FROM은 베이스 이미지를 지정하는 명령입니다. Dockerfile은 FROM 명령부터 시작해야 합니다. 이 이미지를 베이스로 하여 이어지는 다음 단계의 명령으로 적용되는 변경 내용이 축적됩니다. 이 부분에 대한 자세한 설명은 챕터5에서 다루겠습니다.

1-4-3 Docker Compose 커맨드

Docker Compose는 여러 컨테이너와 이미지를 정리하고 쉽게 관리하기 위한 도구입니다. 이것을 사용하면 여러 컨테이너가 연계되어 움직이는 서비스를 쉽게 관리할 수 있습니다.

Docker Compose에서는 라이프 사이클을 관리하는 컨테이너를 서비스라고 합니다.

이 서비스에서 사용하는 컨테이너의 설정(환경 변수, 네트워크, 볼륨, 포트 포워딩 설정 등)은 Compose 파일이라는 YAML 파일(docker-compose.yml)에 기술하게 되어 있습니다.

서비스에서 적용된 설정은 Compose 파일에 기술된 자원(컨테이너, 이미지, 볼륨, 네트워크)에만 적용되기 때문에 여러 환경을 관리할 때 안전하게 조작할 수 있으며, db 같은 추상적인 서비스 이름도 안전하게 사용할 수 있습니다. 따라서 하나의 컨테이너를 움직이더라도 docker 커맨드보다 쉽게 컨테이너를 관리할 수 있습니다.

Docker Compose는 CLI 도구인 docker-compose 커맨드로 제공됩니다. 이 커맨드는 구체적인 작업을 지정하기 위한 서브 커맨드가 있으며, docker-compose와 같이 실행할 수 있습니다.

서브 커맨드는 다음 내용과 같고, 자세한 내용은 다음 URL을 참고하길 바랍니다.

Docker 공식 문서 :

https://docs.docker.com/compose/reference/

표 1-4-3-1 : Docker Compose 커맨드

커맨드	의미
docker-compose build	서비스 빌드(혹은 재구축)
docker-compose bundle	Compose 파일로 Docker 번들 만들기
docker-compose config	Compose 파일 확인 후 보기
docker-compose create	서비스 만들기
docker-compose down	컨테이너를 중지하고 관리하는 자원 제거
docker-compose events	컨테이너에 발생한 이벤트 보기
docker-compose exec	실행 중인 컨테이너에서 커맨드 실행
docker-compose help	커맨드 도움말 보기
docker-compose images	이미지 목록 보기
docker-compose kill	컨테이너 시그널 송신
docker-compose logs	컨테이너의 출력 보기
docker-compose pause	서비스 일시 정지
docker-compose port	공개된 포트 할당 보기
docker-compose ps	컨테이너 목록 보기

docker-compose pull	서비스의 이미지 pull
docker-compose push	서비스의 이미지 push
docker-compose restart	서비스 다시 시작
docker-compose rm	정지 중인 컨테이너 삭제
docker-compose run	한 번만 작동하는 커맨드 실행
docker-compose scale	서비스 컨테이너 수 변경
docker-compose start	서비스 시작
docker-compose stop	서비스 정지
docker-compose top	실행 중인 프로세스 정보 보기
docker-compose unpause	일시 정지 중인 컨테이너 다시 시작
docker-compose up	서비스를 만들고 시작
docker-compose version	Docker Compose 버전 정보 보기

Chapter 2

실전용 Docker
이미지 구축하기

이 챕터에서는 Docker를 이용하여 Web 애플리케이션 개발 작업 환경 구축 방법에 대해 설명하겠습니다.

사용 언어는 PHP의 Laravel, Node.js의 Nuxt.js, Ruby의 Sinatra를 대상으로 했습니다.

이미지 구축의 포인트는 각각의 환경에 필요한 패키지(라이브러리)의 설치 과정입니다.

Docker 이미지의 구조와 제약이 있기 때문에 불필요한 설치가 되지 않기 위한 연구가 필요합니다.

패키지 관리 시스템에 대해서는 각각의 언어에서 일반적으로 사용되는 PHP의 Composer, Node.js의 Yarn, Ruby의 Bundler을 대상으로 했습니다.

2-1

PHP 실행 환경 구축하기

PHP의 실행 환경인 Docker 컨테이너를 구축하겠습니다.

실행 환경은 집필 시점(2020년 9월)에서 가장 널리 사용되고 있는 PHP 프레임워크인 Laravel을 대상으로 했습니다.

2-1-1 Laravel 환경

21년 4월 기준 Laravel의 최신 버전은 8.x입니다. LTS(장기 지원)의 대상이 되고 있는 것은 버전 6이며 21년 9월에 새로운 LTS 대상인 버전 9가 릴리즈 될 예정이니 이 점 유의하시기 바랍니다. 자세한 내용은 공식 지원 정책 페이지를 참고하도록 합니다.

https://laravel.com/docs/8.x/releases#support-policy

이미지 2-1-1-1 : 서포트 정책

Support Policy

For LTS releases, such as Laravel 6, bug fixes are provided for 2 years and security fixes are provided for 3 years. These releases provide the longest window of support and maintenance. For general releases, bug fixes are provided for 18 months and security fixes are provided for 2 years. For all additional libraries, including Lumen, only the latest release receives bug fixes. In addition, please review the database versions supported by Laravel.

Version	Release	Bug Fixes Until	Security Fixes Until
6 (LTS)	September 3rd, 2019	September 7th, 2021	September 6th, 2022
7	March 3rd, 2020	October 6th, 2020	March 3rd, 2021
8	September 8th, 2020	March 1st, 2022	September 6th, 2022
9 (LTS)	September, 2021	September, 2023	September, 2024
10	September, 2022	March, 2024	September, 2024

이번에는 최신 버전 5.7을 대상으로 하고, 또한 PHP 버전은 7.2를 사용하겠습니다.

2-1-2 최초의 프로젝트 틀 만들기

우선 Docker에서 빌드할 이미지의 바탕이 될 베이스 이미지를 설정하기 위해 FROM 명령어를
사용합니다. Laravel은 PHP기반 프레임워크이므로 FROM php:8.0-fpm 명령어를 사용해 베이스
이미지를 php:8.0-fpm으로 설정합니다.

명령어 리스트에서 설명했듯이 RUN은 Docker의 베이스 이미지를 빌드할 때 커맨드를 실행
해 반영하는 명령어입니다. 따라서 빌드되는 이미지는 커맨드가 실행된 후의 상태를 보여줍니
다. RUN 뒤에 입력한 커맨드를 살펴보겠습니다. apt-get update는 패키지 관리자에 저장된 정보
를 최신 정보로 업데이트합니다. apt-get install은 이미지에 패키지를 설치합니다. -y 플래그를 추
가하며 추가로 발생하는 입력에 대한 답변을 모두 y로 동의합니다. 여기서 설치되는 패키지는
unzip, gpg, locales 등 이번 환경 구축에 필요한 패키지들입니다. docker-php-ext-install는 PHP용
도커 이미지에 필요한 외부 종속성 파일을 설치합니다. 이번에는 mysql 관련 종속성들을 설치하
겠습니다.

curl 명령어는 온라인에 존재하는 파일을 다운로드할 수 있는 명령어입니다. 이번에는 PHP의 종
속성 관리자인 composer를 다운로드 하도록 하겠습니다.

데이터 2-1-2-1 : Dockerfile

```
FROM php:8.0-fpm

RUN apt-get update && \
    apt-get install -y unzip gpg locales wget zlib1g-dev && \
    docker-php-ext-install pdo_mysql mysqli

RUN curl -sS https://getcomposer.org/installer | php && \
    mv composer.phar /usr/local/bin/composer
```

다음 명령어로 완성된 Dockerfile을 빌드합니다. 이미지를 생성하는 명령어는 docker build 〈옵션
〉〈Dockerfile의 경로〉 형태로 구성되어 있습니다. 명령어에서 사용한 옵션 -t는 이미지의 이름
과 태그를 설정하는 옵션입니다. 옵션의 입력 방식은 〈이미지 이름〉:〈태그〉의 형태로, docker_
php:step1은 이미지의 이름을 docker_php로 태그는 step1로 지정한다는 의미를 갖습니다. Dock-
erfile은 현재 명령어를 실행하는 디렉터리에 위치하고 있으니 .으로 입력합니다.

커맨드 2-1-2-1

```
$ docker build -t docker_php:step1 .
[+] Building 28.1s (7/7) FINISHED
=> [internal] load build definition from Dockerfile                       0.0s
=> => transferring dockerfile: 297B                                       0.0s
=> [internal] load .dockerignore                                          0.0s
=> => transferring context: 2B                                            0.0s
=> [internal] load metadata for docker.io/library/php:8.0-fpm             1.2s
=> CACHED [1/3] FROM docker.io/library/php:8.0-fpm@sha256:01737fc2c5      0.0s
=> [2/3] RUN apt-get update &&    apt-get install -y unzip gpg loc        21.1s
=> [3/3] RUN curl -sS https://getcomposer.org/installer | php &&          5.3s
=> exporting to image                                                     0.4s
=> => exporting layers                                                    0.3s
=> => writing image sha256:775b3a3d0edbeecd2c0d52b9635c8d582158b2800      0.0s
=> => naming to docker.io/library/docker_php:step1                        0.0s
```

완성된 이미지를 실행하여 Laravel 프로젝트 템플릿을 만듭니다.

다음 커맨드는 완성된 이미지를 실행해 이미지 안에서 최신 버전의 Laravel 샘플 프로젝트를 생성하는 커맨드입니다. docker run 명령어는 docker run 〈옵션〉 〈이미지명〉 〈실행할 파일〉 형태로 사용합니다. --name 옵션은 생성될 컨테이너의 이름을 선언하는 명령어로 입력하지 않을 시 Docker가 자동으로 생성한 이름을 붙입니다. -it 옵션은 실행한 파일에 입력과 출력을 하겠다고 알립니다. 〈이미지명〉에는 앞서 생성한 docker_php:step1을 입력합니다. 이미지상에서 bash 쉘을 사용하기 위해 〈실행할 파일〉로 bash를 입력합니다.

커맨드 2-1-2-2

```
$ docker run --name step1 -it docker_php:step1 bash
root@9b03bef40cbb:/var/www/html# composer create-project laravel/laravel example-app --prefer-dist
```

컨테이너 내부에 example-app이라는 디렉터리가 생성되며 해당 디렉터리 안에 Laravel 프로젝트 파일이 생성됩니다. 우선 실행 중인 컨테이너에서 호스트 OS로 돌아가겠습니다. 컨테이너에서 빠져나오기 위해 컨테이너의 쉘에 exit 커맨드를 입력합니다. 이 경우 실행 중이던 컨테이너가 전체 중단됩니다. 만일, 실행 중인 컨테이너를 중단하지 않고 빠져나오고 싶다면 Ctrl + P, Ctrl + Q를 입력하면 됩니다. 대신 이 방법은 이미지에 지정한 옵션에 따라 작동하지 않는 점에 유의합니다.

이제 컨테이너 안에 있던 example-app 내에 파일들을 이미지 바깥으로 꺼내 호스트OS의 작업
용 디렉터리로 복사해오겠습니다. 이때 사용하는 명령어는 docker cp입니다. docker cp 명령어는
docker cp 〈원본 파일의 경로〉 〈복사된 파일이 저장될 경로〉입니다. 이때 복사는 호스트OS에서
컨테이너로 보낼 수도 반대로 컨테이너에서 호스트OS로 보낼 수도 있습니다. 단 컨테이너의 경
로를 입력할 때는 반드시 〈컨테이너 이름〉:〈파일의 경로〉 형식으로 작성하여야 합니다. step1:/
var/www/html/example-app는 step1 컨테이너에 있는 /var/www/html/example-app를 복사해오겠
다는 의미로 저장할 경로는 명령어를 실행하는 위치인 . 으로 지정하겠습니다.

│ 커맨드 2-1-2-3

```
root@9b03bef40cbb:/var/www/html# exit
exit
$ docker cp step1:/var/www/html/example-app .
$ ls
Dockerfile  example-app
```

실제 개발 중에는 소스 코드의 버전 관리가 필수 과정이기 때문에 이 샘플 프로젝트 파일을 커밋
합니다. Git를 사용하면 Laravel 샘플 프로젝트 생성 시 자동으로 .gitignore이 만들어지기 때문에
composer로 설치한 파일은 커밋해도 괜찮습니다.

2-1-3 프로젝트 틀을 사용한 실행 환경 이미지 만들기

프로젝트의 틀을 만들었으니 이번에는 Laravel이 실제로 움직이는 실행 환경의 이미지를 만들어
봅니다.
데이터 2-1-2-1에서 사용한 Dockerfile(데이터 2-1-2-1)에 설정을 추가합니다. WORKDIR은 RUN
이나 CMD, ENTRYPOINT에서 설정한 커맨드가 실행될 디렉터리를 설정하는 명령어입니다.
따라서 WORKDIR /app/src은 이 뒤에 실행 될 명령어들을 /app/src에서 실행하도록 설정합니다.
COPY는 이미지를 빌드할 때 호스트OS에 있는 파일을 컨테이너 내부로 복사하는 명령어입니
다. 따라서 COPY ./example-app .은 호스트 OS의 현재 위치에 있는 example-app이란 디렉터리
를 컨테이너 내부로 복사합니다.
RUN composer install은 앞에서 다운받았던 composer를 사용해 이번 실습에 필요한 PHP 종속성
들을 설치합니다.
CMD 명령어는 빌드된 이미지에서 실행할 커맨드를 입력합니다. 단, 이때 커맨드는 띄어쓰기
로 분류하는 대신 배열의 형식으로 입력해야 합니다. CMD ["php", "artisan", "serve", "--host",
"0.0.0.0"]는 이미지 내에서 php artisan serve --host 0.0.0.0이란 커맨드를 실행시킨다는 의미입니다.

데이터 2-1-3-1 : Dockerfile(추가)

```
FROM php:8.0-fpm

RUN apt-get update && \
    apt-get install -y unzip gpg locales wget zlib1g-dev && \
    docker-php-ext-install pdo_mysql mysqli

RUN curl -sS https://getcomposer.org/installer | php && \
    mv composer.phar /usr/local/bin/composer

WORKDIR /app/src
COPY ./example-app .
RUN composer install

CMD ["php", "artisan", "serve", "--host", "0.0.0.0"]
```

추가가 완료되면 다음과 같이 build합니다.

커맨드 2-1-3-1

```
$ docker build -t docker_php:step2 .
[+] Building 85.5s (11/11) FINISHED
 => [internal] load build definition from Dockerfile                        0.0s
 => => transferring dockerfile: 38B                                         0.0s
 => [internal] load .dockerignore                                           0.0s
 => => transferring context: 2B                                             0.0s
 => [internal] load metadata for docker.io/library/php:8.0-fpm              1.2s
 => [internal] load build context                                          81.1s
 => => transferring context: 719.66kB                                      81.0s
 => CACHED [1/6] FROM docker.io/library/php:8.0-fpm@sha256:01737fc2c5       0.0s
 => [2/6] RUN apt-get update &&    apt-get install -y unzip gpg loc        44.3s
 => [3/6] RUN curl -sS https://getcomposer.org/installer | php &&           4.5s
 => [4/6] WORKDIR /app/src                                                  0.1s
 => [5/6] COPY ./example-app .                                              0.9s
 => [6/6] RUN composer install                                             1.3s
 => exporting to image                                                      0.9s
 => => exporting layers                                                     0.8s
 => => writing image sha256:439f7120368fc2c47ecd1537b3ab6aa331ff1ab7e       0.0s
 => => naming to docker.io/library/docker_php:step2                         0.0s
```

이미지가 생성되면 아래 명령어를 실행해 브라우저로 접속해보겠습니다. docker run의 -p 옵션은
호스트와 컨테이너의 포트를 연결시키는 역할로 〈호스트의 포트〉:〈컨테이너의 포트〉 형식으로
작성합니다. 이 옵션을 통해 호스트의 포트로 접속하면 컨테이너의 포트의 내용이 보이도록 할
수 있습니다.

커맨드 2-1-3-2

```
$ docker build -t docker_php:step2 .
Laravel development server started: <http://0.0.0.0:8000>
```

웹브라우저를 열어 주소창에 http://0.0.0.0:8000 혹은 http://localhost:8000을 입력하면 Laravel
프로젝트를 볼 수 있습니다.

이미지 2-1-3-1 : Laravel Welcome 화면

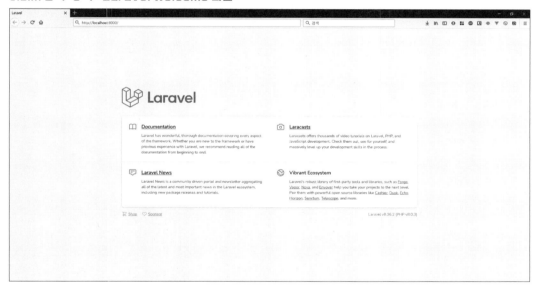

이제 기본적인 Laravel의 실행 환경이 준비되었습니다.

2-1-4 효율쩍인 build를 위한 설정하기

앞에서 기본적인 Laravel의 실행 환경을 만들었습니다. Docker는 이미지를 빌드할 때 Dockerfile 내부에 적힌 커맨드의 결과를 캐시해두기 때문에 다음 빌드 과정에서 기존 이미지와 동일한 결과를 갖는 커맨드가 있다면 캐시를 사용해 빠르게 처리합니다. 하지만 같은 커맨드임에도 결과에 차이가 있다면 해당 커맨드가 위치한 지점부터 새로 빌드를 시작합니다. 앞서 작성한 Dockerfile에서 프로젝트가 저장되는 폴더를 복사하는 COPY ./example-app .를 봅시다. 명령어에는 변경 사항이 없지만 만일 프로젝트 내에 새로운 페이지를 추가하거나 코드를 수정했다고 생각해 봅시다. 이 경우 이미지의 결과에는 차이가 발생하므로 COPY ./example-app .와 그 아래 있는 RUN composer install, CMD ["php", "artisan", "serve", "--host", "0.0.0.0"]까지 다시 실행됩니다. 이렇게 된다면 외부에서 php 라이브러리를 다운받는 composer install이 다시 실행되므로 빌드 시간이 늦어지게 됩니다.

데이터 2-1-4-1 : Dockerfile(데이터 2-1-3-1과 동일)

```
FROM php:8.0-fpm

RUN apt-get update && \
    apt-get install -y unzip gpg locales wget zlib1g-dev && \
    docker-php-ext-install pdo_mysql mysqli

RUN curl -sS https://getcomposer.org/installer | php && \
    mv composer.phar /usr/local/bin/composer

WORKDIR /app/src
COPY ./example-app .
RUN composer install

CMD ["php", "artisan", "serve", "--host", "0.0.0.0"]
```

보통 composer를 사용해 설치하는 라이브러리에 변경이 발생하는 일은 프로젝트 내의 파일이 변경되거나 새로운 페이지가 추가되는 경우보다 적습니다. 따라서 Docker의 layer cache를 활용하여 설치하는 라이브러리가 바뀌지 않는다면 composer install의 결과가 캐시된 상태로 유지하는 별도의 레이어를 생성하는 것이 좋습니다.

이번 실습에서는 3가지 과정을 거칩니다.

1. Dockerfile의 COPY와 CMD 커맨드 편집
2. composer가 install 이후 자동으로 실행하는 커맨드를 컨테이너를 기동할 때 실행되도록 변경
3. composer의 install 이후 실행되어야 하는 커맨드를 스크립트 파일에 저장

우선 1단계인 Dockerfile의 COPY와 CMD 커맨드 편집 과정을 살펴봅시다. Dockerfile을 아래와 같이 수정해보겠습니다.

▌데이터 2-1-4-2 : Dockerfile(수정)

```
FROM php:8.0-fpm

RUN apt-get update && \
    apt-get install -y unzip gpg locales wget zlib1g-dev && \
    docker-php-ext-install pdo_mysql mysqli

RUN curl -sS https://getcomposer.org/installer | php && \
    mv composer.phar /usr/local/bin/composer

WORKDIR /app/src
COPY ./example-app/composer.* ./
RUN mkdir -p ./database/seeds && mkdir -p ./database/factories && \
    composer install

COPY ./example-app .

CMD ["/app/src/entrypoint.sh"]
```

변경 이전과 이후의 Dockerfile은 두 가지 차이점을 갖습니다.

1-1. 변경 전에는 COPY로 example-app 디렉터리 전체를 복사하는 반면, 변경 후에는 composer 관련 파일만 먼저 복사하여 composer install을 실행한 다음 전체 디렉터리 전체를 복사합니다.

1-2. 마지막에 실행하던 커맨드를 쉘 스크립트 파일을 실행하도록 바뀌었습니다.

1-1은 composer install의 결과를 이미지에 별도로 캐시하기 위해 변경한 사항입니다. composer.json 및 composer.lock 파일만 먼저 복사하고 라이브러리 설치를 수행함으로써 라이브러리의 사용 조건이 바뀔 때까지는 이미지 캐시를 사용할 수 있는 상태가 됩니다.

그 다음으로 2단계 작업인 composer가 install 이후 자동으로 실행하는 커맨드를 컨테이너를 기동할 때 실행되도록 변경해보겠습니다. example-app/composer.json 파일을 다음과 같이 작성해 봅니다.

데이터 2-1-4-3 : example-app/composer.json

```
{
  "name": "laravel/laravel",
  "type": "project",
  "description": "The Laravel Framework.",
  "keywords": ["framework", "laravel"],
  "license": "MIT",
  "require": {
    "php": "^7.3|^8.0",
    "fideloper/proxy": "^4.4",
    "fruitcake/laravel-cors": "^2.0",
    "guzzlehttp/guzzle": "^7.0.1",
    "laravel/framework": "^8.12",
    "laravel/tinker": "^2.5"
  },
  "require-dev": {
    "facade/ignition": "^2.5",
    "fakerphp/faker": "^1.9.1",
    "laravel/sail": "^1.0.1",
    "mockery/mockery": "^1.4.2",
    "nunomaduro/collision": "^5.0",
    "phpunit/phpunit": "^9.3.3"
  },
  "autoload": {
    "psr-4": {
      "App\\": "app/",
      "Database\\Factories\\": "database/factories/",
      "Database\\Seeders\\": "database/seeders/"
    }
  },
  "autoload-dev": {
    "psr-4": {
      "Tests\\": "tests/"
    }
  },

  "extra": {
```

```
    "laravel": {
      "dont-discover": []
    }
  },
  "config": {
    "optimize-autoloader": true,
    "preferred-install": "dist",
    "sort-packages": true
  },
  "minimum-stability": "dev",
  "prefer-stable": true
}
```

구체적으로는 "scripts"라고 된 부분의 설명을 삭제합니다. 해당 부분은 다음과 같습니다.

데이터 2-1-4-4 : example-app/composer.json에서 삭제한 부분

```
"scripts": {
  "post-autoload-dump": [
    "Illuminate\\Foundation\\ComposerScripts::postAutoloadDump",
    "@php artisan package:discover --ansi"
  ],
  "post-root-package-install": [
    "@php -r \"file_exists('.env') || copy('.env.example', '.env');\""
  ],
  "post-create-project-cmd": [
    "@php artisan key:generate --ansi"
  ]
},
```

위의 커맨드는 composer install 때 실행되는 커맨드이지만, post-root-package-install과 post-create-project-cmd는 처음에만 실행되면 되므로 Dockerfile에 「RUN mkdir -p ./database/seeds && mkdir -p ./database/factories」를 추가합니다. post-autoload-dump의 작업만 다음에 설명하는 3단계 사항에서 실행하도록 합니다.

마지막으로 3단계인 composer의 install 이후 실행되어야 하는 커맨드를 스크립트 파일에 저장 과정을 진행해보겠습니다.

example-app 디렉터리에 entrypoint.sh라는 파일을 만들고, 파일의 권한을 755로 맞춘 뒤 다음 코드를 입력합니다.

첫 번째 커맨드는 앞서 composer.json에서 삭제한 post-autoload-dump 작업이었던 php artisan key:generate --ansi입니다.

▌데이터 2-1-4-5 : example-app/enctrypoint

```
php artisan package:discover --ansi

php artisan serve --host 0.0.0.0
```

이상으로 준비가 완료되었습니다. 다시 docker build로 이미지를 만들어 봅니다.

▌커맨드 2-1-4-1

```
$ docker build -t docker_php:step3 .
[+] Building 75.3s (12/12) FINISHED
 => [internal] load build definition from Dockerfile                    0.0s
 => => transferring dockerfile: 38B                                     0.0s
 => [internal] load .dockerignore                                       0.0s
 => => transferring context: 2B                                         0.0s
 => [internal] load metadata for docker.io/library/php:8.0-fpm          1.2s
 => CACHED [1/7] FROM docker.io/library/php:8.0-fpm@sha256:01737fc2c5   0.0s
 => [internal] load build context                                       62.2s
 => => transferring context: 719.70kB                                   62.1s
 => => transferring context: 719.70kB                                   62.1s
 => [3/7] RUN curl -sS https://getcomposer.org/installer | php &&       8.1s
 => [4/7] WORKDIR /app/src                                              0.1s
 => [5/7] COPY ./example-app/composer.* ./                             0.1s
 => [5/7] COPY ./example-app/composer.* ./                             0.1s
 => [7/7] COPY ./example-app .                                          1.3s
 => exporting to image                                                  1.0s
 => => exporting layers                                                 1.0s
 => => writing image sha256:3df7c64d2877bb7c27ddeb9bf8c59107454ee9176   0.0s
 => => naming to docker.io/library/docker_php:step3                     0.0s
```

build가 성공하면 다시 한번 빌드해 캐시가 제대로 적용되었는지 확인해 봅시다. 앞선 결과와 다르게 커맨드 앞에 CACHED라는 단어가 적혀있다면 정상적으로 캐시를 사용하는 것입니다.

▌커맨드 2-1-4-2

```
$ docker build -t docker_php:step3
.[+] Building 62.6s (13/13) FINISHED
 => [internal] load build definition from Dockerfile                    0.0s
```

```
=> => transferring dockerfile: 38B                                      0.0s
=> [internal] load .dockerignore                                        0.0s
=> => transferring context: 2B                                          0.0s
=> [internal] load metadata for docker.io/library/php:8.0-fpm           2.4s
=> [auth] library/php:pull token for registry-1.docker.io              0.0s
=> [1/7] FROM docker.io/library/php:8.0-fpm@sha256:01737fc2c58dded88    0.0s
=> [internal] load build context                                        60.0s
=> => transferring context: 719.70kB                                    59.9s
=> CACHED [2/7] RUN apt-get update &&    apt-get install -y unzip g     0.0s
=> CACHED [3/7] RUN curl -sS https://getcomposer.org/installer | php    0.0s
=> CACHED [4/7] WORKDIR /app/src                                        0.0s
=> CACHED [5/7] COPY ./example-app/composer.* ./                        0.0s
=> CACHED [6/7] RUN mkdir -p ./database/seeds && mkdir -p ./database    0.0s
=> CACHED [7/7] COPY ./example-app .                                    0.0s
=> exporting to image                                                   0.0s
=> => exporting layers                                                  0.0s
=> => writing image sha256:3df7c64d2877bb7c27ddeb9bf8c59107454ee9176    0.0s
=> => naming to docker.io/library/docker_php:step3                      0.0s
```

커맨드 2-1-4-3

```
$ docker run --name step3 -p 8000:8000 -it docker_php:step3
Discovered Package: facade/ignition
Discovered Package: fideloper/proxy
Discovered Package: fruitcake/laravel-cors
Discovered Package: laravel/sail
Discovered Package: laravel/tinker
Discovered Package: nesbot/carbon
Discovered Package: nunomaduro/collision
Package manifest generated successfully.
Starting Laravel development server: http://0.0.0.0:8000
[Mon Apr 12 01:33:13 2021] PHP 8.0.3 Development Server (http://0.0.0.0:8000) started
```

다시 웹브라우저를 열어 http://localhost:8000/로 접속해 봅시다.
이전과 같이 다음과 같은 Laravel의 Welcome 화면이 표시됩니다.

이미지 2-1-4-1 : Laravel Welcome 화면

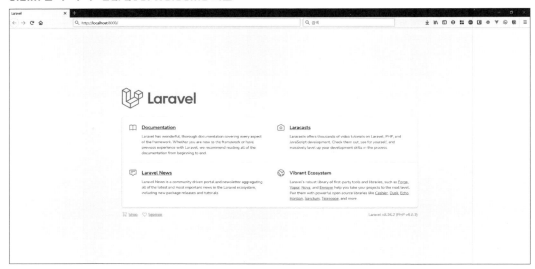

이것으로 프로젝트 파일의 변경에 관한 Laravel 실행 환경이 완성되었습니다.

2-1-5 로컬 개발 환경

지금까지 만든 환경에서 개발을 진행하도록 합니다.

이 경우 docker-compose를 이용하여 로컬 개발 환경을 만들어 보고, docker-compose.yml를 작성해 봅니다.

데이터 2-1-5-1 : docker-composer.yml

```
version: '3'

services:
  ❶laravel:
    ❷image: docker_php:step4
    ❸build: .
    ❹ports:
      - "8000:8000"
    volumes:
    ❺- ./exampl-app/app/src
    ❻- /app/src/vendor
```

docker-compose.yml은 다음과 같은 의미가 있습니다.

❶ laravel이라는 컨테이너를 만듭니다.

❷ docker_php:step4라는 이미지가 존재하면 그것을 기동합니다.

❸ 이미지가 없으면 현재 디렉터리를 기점으로 docker build를 수행하여 docker_php:step4라는 이미지를 만들고 기동합니다.

❹ 호스트의 8000번 포트를 Docker 컨테이너의 8000번 포트와 연결합니다. 앞서 설명한 -p 옵션과 같습니다.

❺ 로컬 디스크 ./exampl-app의 내용을 컨테이너 /app/src 경로에 마운트한 상태로 기동합니다.

❻ /app/src/vendor 디렉터리는 컨테이너에 있는 것을 사용합니다.

docker-compose up 커맨드를 사용하여 이미지를 빌드해 봅시다.

여기에서는 docker_php:step4라는 이미지가 없기 때문에 build부터 시작됩니다.

█ 커맨드 2-1-5-1

```
$ docker-compose up
Creating network "2-1-5_default" with the default driver
Building laravel
[+] Building 37.1s (13/13) FINISHED
 => [internal] load build definition from Dockerfile                        0.0s
 => => transferring dockerfile: 491B                                        0.0s
 => [internal] load .dockerignore                                           0.0s
 => => transferring context: 2B                                             0.0s
 => [internal] load metadata for docker.io/library/php:8.0-fpm              2.6s
 => [auth] library/php:pull token for registry-1.docker.io                  0.0s
 => [1/7] FROM docker.io/library/php:8.0-fpm@sha256:01737fc2c58dded88       0.0s
 => [internal] load build context                                          34.2s
 => => transferring context: 35.94MB                                       34.1s
 => CACHED [2/7] RUN apt-get update &&    apt-get install -y unzip g         0.0s
 => CACHED [3/7] RUN curl -sS https://getcomposer.org/installer | php        0.0s
 => CACHED [4/7] WORKDIR /app/src                                           0.0s
 => CACHED [5/7] COPY ./example-app/composer.* ./                           0.0s
 => CACHED [6/7] RUN mkdir -p ./database/seeds && mkdir -p ./database        0.0s
 => CACHED [7/7] COPY ./example-app .                                       0.0s
 => exporting to image                                                      0.1s
 => => exporting layers                                                     0.0s
 => => writing image sha256:3df7c64d2877bb7c27ddeb9bf8c59107454ee9176       0.0s
```

```
 => => naming to docker.io/library/docker_php:step4                              0.0s
Successfully built 3df7c64d2877bb7c27ddeb9bf8c59107454ee9176127daacfb8dd955c3ec8706
WARNING: Image for service laravel was built because it did not already exist. To rebuild this
image you must use `docker-compose build` or `docker-compose up --build`.
Creating 2-1-5_laravel_1 ... done
Attaching to 2-1-5_laravel_1
laravel_1  | Discovered Package: facade/ignition
laravel_1  | Discovered Package: fideloper/proxy
laravel_1  | Discovered Package: fruitcake/laravel-cors
laravel_1  | Discovered Package: laravel/sail
laravel_1  | Discovered Package: laravel/tinker
laravel_1  | Discovered Package: nesbot/carbon
laravel_1  | Discovered Package: nunomaduro/collision
laravel_1  | Package manifest generated successfully.
laravel_1  | Starting Laravel development server: http://0.0.0.0:8000
laravel_1  | [Mon Apr 12 02:00:21 2021] PHP 8.0.3 Development Server (http://0.0.0.0:8000)started
```

build가 끝나면 컨테이너가 시작됩니다. 조금 전과 비슷한 메시지가 출력이 되는 것을 확인할 수 있습니다.

또한 WARNING이라는 build Message가 표시된 경우, 이것은 이미지가 없기 때문에 빌드했지만 만약 이미지를 다시 빌드하고 싶은 경우에는 docker compose build 또는 docker compose up --build 를 실행하여 다시 빌드하라는 메시지입니다.

데이터 2-1-5-2 : build message

WARNING: Image for service laravel was built because it did not already exist. To rebuild this image you must use docker-compose build or docker-compose up --build.

그럼 이 단계에서 Laravel 튜토리얼에 있는 인증을 도입해 봅니다.

2-1-6 인증 도입하기

이제 준비된 개발 환경에 간단한 인증 기능을 적용해보겠습니다. Laravel은 인증에 있어 기본적으로 Breeze와 Jetstream 두 가지 옵션을 지원합니다. 이번에는 간단한 인증 기능을 갖는 Breeze를 사용하도록 하겠습니다. 우선 데이터 2-1-5-1의 docker-compose.yml을 다음과 같이 편집합니다.

데이터 2-1-6-1 : docker-compose.yml(수정)

```
version: '3'

services
❶ laravel:
    image: docker_php:step5
    build: .
    ports:
     - "8000:8000"
❷ environment:
    - DB_HOST=db
    - DB_DATABASE=sample
    - DB_USERNAME=foo
    - DB_PASSWORD=bar
❸ volumes:
    - ./example-app:/app/src
    - ./example-app:/app/src
❹ depends_on:
❺  - db
db:
  image: mysql:8.0
  ports:
   - "3306:3306"
❻ volumes:
❼ - laravel:/var/lib/mysql
❽ environment:
    - MYSQL_ROOT_PASSWORD=root_pass
    - MYSQL_DATABASE=sample
    - MYSQL_USER=foo
    - MYSQL_PASSWORD=bar

❾ volumes:
laravel:
```

변경 사항은 다음과 같습니다.

❶ laravel 컨테이너에 환경 변수 추가
❷ DB에 대한 접속 정보 환경 변수 추가
❸ Laravel에서 .env 파일의 내용을 변경하거나 혹은 환경 변수를 전달함으로써 기본 DB 접속 정보 지정 가능
❹ 다음에 정의하는 mysql 컨테이너에 의존하는 service임을 depends_on으로 정의
❺ services에 db 추가
❻ volumes를 정의함으로써 Laravel 용 DB docker volume 생성
❼ 작성한 docker volume을 컨테이너의 /var/lib/mysql에 마운트
❽ MySQL을 시작할 때 기본적으로 생성하는 사용자 암호 데이터베이스를 환경 변수로 정의
❾ Laravel 애플리케이션은 이렇게 지정한 것과 동일한 내용을 사용하기

docker-compose.yml을 수정했으니 바로 실행해 봅니다.

┃ 커맨드 2-1-6-1

```
$ docker-compose up
```

... 중략 ...

```
Starting 2-1-6a_db_1 ... done
Starting 2-1-6a_laravel_1 ... done
Attaching to 2-1-6a_db_1, 2-1-6a_laravel_1
db_1    | 2021-04-15 03:59:45+00:00 [Note] [Entrypoint]: Entrypoint script for MySQL Server
8.0.23-1debian10 started.
db_1    | 2021-04-15 03:59:46+00:00 [Note] [Entrypoint]: Switching to dedicated user 'mysql'
db_1    | 2021-04-15 03:59:46+00:00 [Note] [Entrypoint]: Entrypoint script for MySQL Server
8.0.23-1debian10
db_1    | 2021-04-15T03:59:46.373271Z 0 [System] [MY-010116] [Server] /usr/sbin/mysqld
(mysqld 8.0.23) starting as process 1
db_1    | 2021-04-15T03:59:46.381980Z 1 [System] [MY-013576] [InnoDB] InnoDB initialization
has started.
db_1    | 2021-04-15T03:59:46.557392Z 1 [System] [MY-013577] [InnoDB] InnoDB initialization
has ended.
db_1    | 2021-04-15T03:59:46.684944Z 0 [System] [MY-011323] [Server] X Plugin ready for
connections. Bind-address: '::' port: 33060, socket: /var/run/mysqld/mysqlx.sock
db_1    | 2021-04-15T03:59:46.767130Z 0 [Warning] [MY-010068] [Server] CA certificate ca.pem
```

is self signed.

db_1 |2021-04-15T03:59:46.767744Z 0 [System] [MY-013602] [Server] Channel mysql_main configured to support TLS. Encrypted connections are now supported for this channel.

db_1 |2021-04-15T03:59:46.772648Z 0 [Warning] [MY-011810] [Server] Insecure configuration for --pid-file: Location '/var/run/mysqld' in the path is accessible to all OS users. Consider choosing a different directory.

db_1 |2021-04-15T03:59:46.807769Z 0 [System] [MY-010931] [Server] /usr/sbin/mysqld: ready for connections. Version: '8.0.23' socket: '/var/run/mysqld/mysqld.sock' port: 3306 MySQL Community Server - GPL.

laravel_1 |Discovered Package: facade/ignition

laravel_1 |Discovered Package: fideloper/proxy

laravel_1 |Discovered Package: fruitcake/laravel-cors

laravel_1 |Discovered Package: laravel/sail

laravel_1 |Discovered Package: laravel/tinker

laravel_1 |Discovered Package: nesbot/carbon

laravel_1 |Discovered Package: nunomaduro/collision

laravel_1 |Package manifest generated successfully.

laravel_1 |Starting Laravel development server: http://0.0.0.0:8000

laravel_1 |[Thu Apr 15 03:59:50 2021] PHP 8.0.3 Development Server (http://0.0.0.0:8000) started

이번에는 Laravel 애플리케이션 컨테이너뿐만 아니라 MySQL 서버도 기동했습니다. 이제 서버에서 인증을 위한 설정을 진행해 봅니다. 서버 환경을 실행 중인 상태에서 별도의 터미널 창을 엽니다. 프로젝트가 있는 디렉터리로 이동해 다음과 같은 커맨드를 입력합니다. 이는 데이터베이스를 마이그레이션하는 명령어입니다. 다음과 같은 화면이 나오면 제대로 완료된 것입니다.

▌커맨드 2-1-6-2

```
$ docker-compose exec laravel php artisan migrate
Migration table created successfully.
Migrating: 2014_10_12_000000_create_users_table
Migrated:  2014_10_12_000000_create_users_table (51.33ms)
Migrating: 2014_10_12_100000_create_password_resets_table
Migrated:  2014_10_12_100000_create_password_resets_table (46.85ms)
Migrating: 2019_08_19_000000_create_failed_jobs_table
Migrated:  2019_08_19_000000_create_failed_jobs_table (57.80ms)
```

이제 인증에 필요한 Laravel Breeze를 설치하겠습니다. 이때 주의해야 할 점은 Breeze의 버전을 명시하여야 한다는 것입니다. 이번에는 21년 4월 기준 최신 버전인 1.1.5를 설치하겠습니다.

▎ 커맨드 2-1-6-3

```
$ docker-compose exec laravel composer require laravel/breeze "^1.1.5" --dev
./composer.json has been updated
Running composer update laravel/breeze
Loading composer repositories with package information
Updating dependencies
Lock file operations: 1 install, 0 updates, 0 removals
  - Locking laravel/breeze (v1.1.5)
Writing lock file
Installing dependencies from lock file (including require-dev)
Package operations: 0 installs, 0 updates, 5 removals
  - Removing laravel/ui (v3.2.0)
  - Removing doctrine/event-manager (1.1.1)
  - Removing doctrine/dbal (3.0.0)
  - Removing doctrine/cache (1.10.2)
  - Removing composer/package-versions-deprecated (1.11.99.1)
Generating optimized autoload files
```

이때 몇 가지 종속성이 삭제됐습니다. 이중 기본으로 필요한 laravel과 doctrine 관련 종속성을 다시 설치해야 합니다.

▎ 커맨드 2-1-6-4

```
$ docker-compose exec laravel composer require laravel/ui "^3.2.0" \
doctrine/event-manager "^1.1.1" \
doctrine/dbal "^3.0.0" \
doctrine/cache "^1.10.2" --dev

./composer.json has been updated
Running composer update laravel/ui doctrine/event-manager doctrine/dbal doctrine/cache
Loading composer repositories with package information
Updating dependencies
Lock file operations: 5 installs, 0 updates, 0 removals
  - Locking composer/package-versions-deprecated (1.11.99.1)
  - Locking doctrine/cache (1.10.2)
  - Locking doctrine/dbal (3.0.0)
  - Locking doctrine/event-manager (1.1.1)
```

```
  - Locking laravel/ui (v3.2.0)
Writing lock file
Installing dependencies from lock file (including require-dev)
Package operations: 5 installs, 0 updates, 0 removals
  - Installing composer/package-versions-deprecated (1.11.99.1): Extracting archive
  - Installing doctrine/event-manager (1.1.1): Extracting archive
  - Installing doctrine/cache (1.10.2): Extracting archive
  - Installing doctrine/dbal (3.0.0): Extracting archive
  - Installing laravel/ui (v3.2.0): Extracting archive
1 package suggestions were added by new dependencies, use `composer suggest` to see details.
Generating optimized autoload files
composer/package-versions-deprecated: Generating version class...
composer/package-versions-deprecated: ...done generating version class
78 packages you are using are looking for funding.
Use the `composer fund` command to find out more!
```

Laravel Breeze는 UI를 보여주는데 있어 Node.js를 사용합니다. 따라서 이제 Node.js를 설치하겠습니다. 이번에는 컨테이너 내부의 셸에 접근해야 합니다.

▎커맨드 2-1-6-5

```
$ docker-compose exec laravel bash
root@0a9beac29a98:/app/src#
```

이제 컨테이너 내부에서 Node.js의 설치를 진행합니다. 커맨드 「curl -fsSL https://deb.nodesource.com/setup_15.x | bash -」 와 「apt-get install -y nodejs」를 차례로 입력합니다.

▎커맨드 2-1-6-6

```
root@0a9beac29a98:/app/src# curl -fsSL https://deb.nodesource.com/setup_15.x | bash -

## Installing the NodeSource Node.js 15.x repo...

## Populating apt-get cache...

+ apt-get update
Hit:1 http://deb.debian.org/debian buster InRelease
Get:2 http://deb.debian.org/debian buster-updates InRelease [51.9 kB]
Hit:3 http://security.debian.org/debian-security buster/updates InRelease
Fetched 51.9 kB in 1s (96.2 kB/s)
```

... 중략 ...

Run `sudo apt-get install -y nodejs` to install Node.js 15.x and npm
You may also need development tools to build native addons:
   sudo apt-get install gcc g++ make
To install the Yarn package manager, run:
   curl -sL https://dl.yarnpkg.com/debian/pubkey.gpg | gpg --dearmor | sudo tee/usr/share/keyrings/
   yarnkey.gpg >/dev/null
   echo "deb [signed-by=/usr/share/keyrings/yarnkey.gpg] https://dl.yarnpkg.com/debian stable
   main" | sudo tee /etc/apt/sources.list.d/yarn.list
   sudo apt-get update && sudo apt-get install yarn

root@0a9beac29a98:/app/src#
root@0a9beac29a98:/app/src# apt-get install -y nodejs
Reading package lists... Done
Building dependency tree
Reading state information... Done
The following packages were automatically installed and are no longer required:
 libbrotli1 libc-ares2 libuv1 nodejs-doc
Use 'apt autoremove' to remove them.
The following additional packages will be installed:
 libpython-stdlib libpython2-stdlib libpython2.7-minimal libpython2.7-stdlib
 python python-minimal python2 python2-minimal python2.7 python2.7-minimal
Suggested packages:
 python-doc python-tk python2-doc python2.7-doc binfmt-support
The following packages will be REMOVED:
 libnode64
The following NEW packages will be installed:
 libpython-stdlib libpython2-stdlib libpython2.7-minimal libpython2.7-stdlib
 python python-minimal python2 python2-minimal python2.7 python2.7-minimal
The following packages will be upgraded:
nodejs
1 upgraded, 10 newly installed, 1 to remove and 0 not upgraded.
Need to get 29.7 MB of archives.
                              ... 중략 ...
Setting up python2.7 (2.7.16-2+deb10u1) ...
Setting up libpython2-stdlib:amd64 (2.7.16-1) ...
Setting up python2 (2.7.16-1) ...
Setting up libpython-stdlib:amd64 (2.7.16-1) ...
Setting up python (2.7.16-1) ...
Processing triggers for libc-bin (2.28-10) ...

```
Processing triggers for mime-support (3.62) ...
root@0a9beac29a98:/app/src#
```

이것으로 필요한 모든 파일들이 준비되었습니다. 이제부터 인증을 위해 Laravel Breeze를 설치하겠습니다. 다음 커맨드를 입력합니다.

커맨드 2-1-6-7

```
root@0a9beac29a98:/app/src# php artisan breeze:install

Breeze scaffolding installed successfully.
Please execute the "npm install && npm run dev" command to build your assets.
```

정상적으로 설치되었다고 출력되며 해당 기능을 빌드하기 위해 npm 명령어를 실행하라는 메시지가 나옵니다.

커맨드 2-1-6-8

```
root@0a9beac29a98:/app/src# npm install && npm run dev
npm WARN deprecated urix@0.1.0: Please see https://github.com/lydell/urix#deprecated
npm WARN deprecated resolve-url@0.2.1: https://github.com/lydell/resolve-url#deprecated
npm WARN deprecated chokidar@2.1.8: Chokidar 2 will break on node v14+. Upgrade to chokidar 3
with 15x less dependencies.

added 1340 packages, and audited 1341 packages in 4m

... 중략 ...

Laravel Mix v6.0.16

✓ Compiled Successfully in 18910ms
```

	File	Size
	/js/app.js	673 KiB
	css/app.css	3.82 MiB

```
webpack compiled successfully
npm notice
npm notice New minor version of npm available! 7.7.6 -> 7.9.0
npm notice Changelog: https://github.com/npm/cli/releases/tag/v7.9.0
npm notice Run npm install -g npm@7.9.0 to update!
```

```
npm notice
root@0a9beac29a98:/app/src#
```

이것으로 준비가 완료되었습니다. 다시 한번 localhost:8000에 접속하면 우측 상단에 로그인과 등록이 가능한 버튼이 생성되었음을 확인할 수 있습니다.

이미지 2-1-6-1

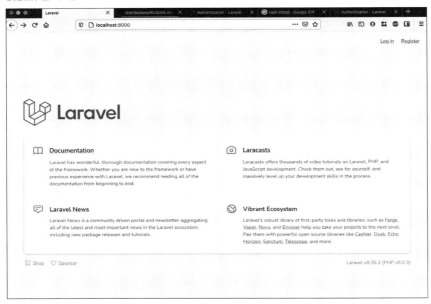

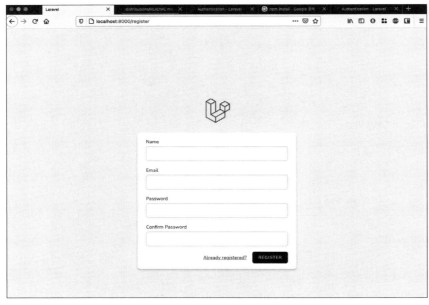

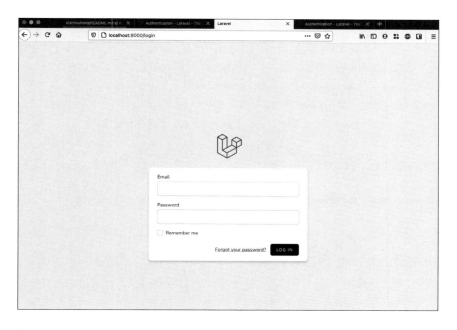

[Register] 링크를 클릭하면 등록 페이지가 나오고, [Log In] 링크를 클릭하면 로그인 페이지로 연결됩니다. 이렇게 Docker로 Laravel 실행 환경을 만들어보았습니다.

지금까지 PHP 환경을 구축하는 이미지 생성 실습을 진행해보았습니다. 차례대로 잘 따라했다면 꽤 많은 이미지가 생성되었을 겁니다. Docker의 이미지는 하나하나가 용량을 차지하기 때문에 주기적으로 정리해줘야 합니다. 이미지를 삭제하기 전에 삭제할 이미지를 사용하던 컨테이너를 먼저 삭제해야 합니다. 다음 커맨드를 사용해 확인합니다. docker ps는 현재 실행 중인 컨테이너의 목록을 보여주므로 종료한 컨테이너의 목록을 모두 보여주지는 않습니다.

▌커맨드 2-1-6-9 : 실행 중인 컨테이너 목록 확인

```
$ docker ps
CONTAINER ID  IMAGE            COMMAND               CREATED        STATUS     PORTS          NAMES
61f02849eebb  docker_php:step4  "docker-php-entrypoiε"  28 seconds ago  Up 27
0.0.0.0:8000->8000/tcp, 9000/tcp   2-1-5_laravel_1
```

모든 컨테이너를 보고 싶다면 docker ps에 -a 옵션을 붙입니다. 그렇게 하면 현재 상태가 종료 (Exited)된 컨테이너까지 보여줍니다.

커맨드 2-1-6-10 : 모든 컨테이너 목록 확인

```
$ docker ps -a
CONTAINER ID  IMAGE             COMMAND              CREATED        STATUS         PORTS            NAMES
61f02849eebb  docker_php:step4  "docker-php-entrypoiε" 2 minutes ago  Up 2 minutes
0.0.0.0:8000->8000/tcp, 9000/tcp  2-1-5_laravel_1
6ee4b1ed0847  docker_php:step3  "docker-php-entrypoiε" 3 minutes ago  Exited (130) 3
minutes ago
4563250fb39b  docker_php:step2  "docker-php-entrypoiε" 4 minutes ago  Exited (0) 4 minutes
ago                 step2
2044fd8528bf  docker_php:step1  "docker-php-entrypoiε" 6 minutes ago  Exited (0) 6 minutes
ago                 step1
```

이제 컨테이너를 삭제하겠습니다. 컨테이너를 삭제하는 커맨드는 docker rm 〈컨테이너 이름 혹은 ID〉입니다. 하지만 이 커맨드는 작동이 종료된 컨테이너만 삭제할 수 있습니다. 그 예로 실행 중이던 2-1-5_laravel_1 컨테이너를 삭제하려 하면 오류가 발생합니다.

커맨드 2-1-6-11 : 컨테이너 삭제 시도 (실패)

```
$ docker rm 2-1-5_laravel_1
Error response from daemon: You cannot remove a running container
61f02849eebbaa39da99d538c0c6aa9bb0016c299de317597dc6c186377c1140. Stop the container
before attempting removal or force remove
```

컨테이너 삭제에 성공하면 해당 컨테이너의 이름이 출력됩니다.

커맨드 2-1-6-12 : 컨테이너 삭제 시도 (성공)

```
$ docker rm step1
step1
```

여러 컨테이너를 동시에 삭제할 수도 있습니다.

커맨드 2-1-6-13 : 컨테이너 다중 삭제

```
$ docker rm step2 step3
step2
step3
```

컨테이너를 삭제했으면 빌드한 이미지도 삭제합니다. Docker의 이미지는 docker images 커맨드로 확인할 수 있습니다.

▌ 커맨드 2-1-6-14 : 빌드된 Docker 이미지 확인

```
$ docker images
REPOSITORY    TAG      IMAGE ID        CREATED          SIZE
docker_php    step4    f52b92d84ef3    13 minutes ago   535MB
docker_php    step3    eb1e279b1248    14 minutes ago   535MB
docker_php    step2    2be3f7dd9d57    15 minutes ago   489MB
docker_php    step1    3e122d734e78    17 minutes ago   453MB
```

Docker 이미지를 삭제하는 커맨드는 docker rmi 〈옵션〉 〈이미지 ID 혹은 REPOSITORY:TAG〉 입니다. 먼저 이미지 ID로 삭제해 보도록 하겠습니다. 앞서 확인한 이미지의 목록에서 삭제할 이미지의 ID를 찾아 docker rmi 커맨드와 함께 입력하면 됩니다.

▌ 커맨드 2-1-6-15 : 이미지 ID를 이용한 이미지 삭제

```
$ docker rmi 2be3f7dd9d57
Untagged: docker_php:step2
Deleted: sha256:2be3f7dd9d578e1d6c460090735749b9db60f68a08d834b92d700e84ebfd0ed6
```

〈REPOSITORY:TAG〉는 이미지를 빌드할 때 직접 입력하게 되므로 이를 이용하는 편이 더 쉽게 이미지를 삭제할 수 있습니다.

▌ 커맨드 2-1-6-16 : REPOSITORY와 TAG를 사용한 이미지 삭제

```
$ docker rmi docker_php:step1
Untagged: docker_php:step1
Deleted: sha256:3e122d734e78bcb01ee0d6076bd821b9d5de8826ac859f44f7df69dfb9aca24c
```

만일 삭제하지 않은 컨테이너가 있다면 해당 컨테이너가 사용하는 이미지는 삭제할 수 없습니다. 아래의 경우를 보겠습니다.

▌ 커맨드 2-1-6-17 : 사용 중인 이미지 삭제 시도 (실패)

```
$ docker rmi docker_php:step4
Error response from daemon: conflict: unable to remove repository reference "docker_php:step4"
(must force) - container 61f02849eebb is using its referenced image f52b92d84ef3
```

이럴 경우 강제로 이미지를 삭제하는 옵션 -f를 사용하면 이미지는 삭제됩니다. 단 컨테이너는
삭제되지 않으니 이 점 유의하시기 바랍니다.

커맨드 2-1-6-18 : 사용 중인 이미지 강제 삭제

```
$ docker rmi -f docker_php:step4
Untagged: docker_php:step4
Deleted: sha256:f52b92d84ef39360dddc00326af5a5a3e1d37951961ecce946df05ffb7989aea
$ docker ps -a
CONTAINER ID   IMAGE         COMMAND          CREATED        STATUS         PORTS          NAMES
61f02849eebb   f52b92d84ef3  "docker-php-entrypoiε"  23 minutes ago  Exited (137) 7 minutes
ago           2-1-5_laravel_1
```

2-2

Node.js 실행 환경 구축하기

이번 챕터에서는 Node.js의 환경으로 사용할 Docker 컨테이너를 구축하겠습니다. 최근 Node.js에서도 많이 사용되는 Nuxt.js를 예로 들어 보겠습니다. Nuxt.js는 Vue.js 애플리케이션을 쉽게 만들 수 있는 프레임워크로 서버사이드 렌더링과 정적 사이트 생성이 모두 가능합니다.

2-2-1 Node.js 환경

Node.js 버전은 현재 출시된 최신 안정 버전인 14.x를 사용합니다.

※ Node.js 프로젝트에서는 홀수 버전이 개발 버전, 짝수 버전이 안정 버전입니다.

2021년 4월 기준 시점에서의 최신 버전인 14.16.1을 사용하겠습니다.

이미지 2-2-1-1 : Release schedule

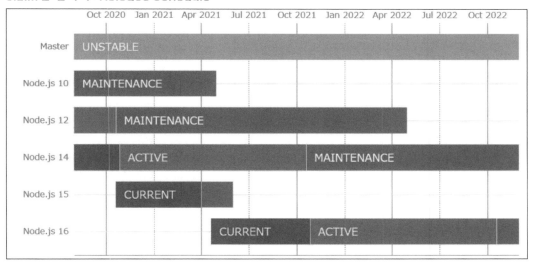

2-2-2 최소의 프로젝트 틀 만들기

앞서 PHP 환경을 만들 때 사용한 Dockerfile과 유사합니다. 이번엔 베이스 이미지로 node 14.16.1을 사용하겠습니다.

데이터 2-2-2-1 : Dockerfile

```
FROM node:14.16.1

WORKDIR /app
```

커맨드 2-2-2-1

```
$ docker build -t docker_node:step1 .
[+] Building 75.6s (7/7) FINISHED
 => [internal] load build definition from Dockerfile                      0.1s
 => => transferring dockerfile: 75B                                       0.0s
 => [internal] load .dockerignore                                        0.1s
 => => transferring context: 2B                                          0.0s
 => [internal] load metadata for docker.io/library/node:14.16.1         3.0s
 => [1/2] FROM docker.io/library/node:14.16.1@sha256:8eb45f4677c8       66.8s
 => => resolve docker.io/library/node:14.16.1@sha256:8eb45f4677c81       0.0s
 => => sha256:b53ce1fd2746e8d2037f1b0b91ddea0cc741 4.34MB / 4.34MB       1.5s
 => => sha256:d6602e31594f03e9bb465daf54070c8a277e 7.83kB / 7.83kB       0.0s
 => => sha256:76b8ef87096fa726adbe8f073ef69bb56 45.38MB / 45.38MB       13.3s
 => => sha256:2e2bafe8a0f40509cc10249087268e66a6 11.29MB / 11.29MB       4.6s
 => => sha256:8eb45f4677c813ad08cef8522254640aa6a1800e 776B / 776B       0.0s
 => => sha256:874d39231651fb4c98b3234515f2f60b151e 2.21kB / 2.21kB       0.0s
 => => sha256:84a8c1bd5887cc4a89e1f286fed9ee31c 49.79MB / 49.79MB       10.3s
 => => sha256:7a803dc0b40fcd10faee3fb3ebb2d7a 214.35MB / 214.35MB       43.8s
 => => sha256:b800e94e7303e276b8fb4911a40bfe28f46 4.19kB / 4.19kB       11.3s
 => => sha256:8e9f42962912ef3336835eb1b4783e43d 34.59MB / 34.59MB       24.0s
 => => sha256:cc1c1f0d8c868c02d7b63a44b4b3653aed9 2.38MB / 2.38MB       15.3s
 => => extracting sha256:76b8ef87096fa726adbe8f073ef69bb5664bac19       10.1s
 => => sha256:a42c31ab44dd27f101c2b2f80be44a52363a7c9 294B / 294B       15.7s
 => => extracting sha256:2e2bafe8a0f40509cc10249087268e66a662e437f       2.8s
 => => extracting sha256:b53ce1fd2746e8d2037f1b0b91ddea0cc7411eb3e       0.5s
 => => extracting sha256:84a8c1bd5887cc4a89e1f286fed9ee31ce12dba9       14.3s
 => => extracting sha256:7a803dc0b40fcd10faee3fb3ebb2d7aaa8850052       15.7s
 => => extracting sha256:b800e94e7303e276b8fb4911a40bfe28f46180d99       0.1s
```

```
=> => extracting sha256:8e9f42962912ef3336835eb1b4783e43d07e5f5b8      4.9s
=> => extracting sha256:cc1c1f0d8c868c02d7b63a44b4b3653aed9f81861      0.2s
=> => extracting sha256:a42c31ab44dd27f101c2b2f80be44a52363a7c9d4      0.0s
=> [auth] library/node:pull token for registry-1.docker.io           0.0s
=> [2/2] WORKDIR /app                                                 5.4s
=> exporting to image                                                 0.1s
=> => exporting layers                                                0.1s
=> => writing image sha256:febea1e07b4a63e45cbb258e0dc142423c5d52     0.0s
=> => naming to docker.io/library/docker_node:step1                   0.0s
```

완성된 이미지로 컨테이너를 실행합니다.

커맨드 2-2-2-2

```
$ docker run --name step1 -it docker_node:step1 bash
root@ea13bb84d245:/app#
```

Node 컨테이너를 실행한 뒤, 컨테이너 안에서 공식 페이지의 문서를 따라 Nuxt.js 환경을 만들어 보겠습니다. Nuxt.js는 yarn create nuxt-app라는 명령어를 통해 프로젝트 생성을 대화식으로 진행합니다.

https://nuxtjs.org/docs/2.x/get-started/installation/

커맨드 2-2-2-3

```
# yarn create nuxt-app
```

각각의 질문에 다음과 같이 답변하며 설치합니다.

Choose features to install 질문에 대해서는 질문에서 보여주는 선택지 중 원하는 것을 화살표 키로 선택한 뒤 Space bar 나 Enter 를 눌러 확정할 수 있습니다.

표 2-2-2-1 : Choose features to install의 질문과 답변 예시

질문 항목	기술 · 선택 항목
Project name	nuxtpj
Programming language	JavaScript
Package manager	Yarn
UI framework	Bootstrap Vue
Nuxt.js modules	Axios

Linting tools	ESLint
Testing framework	Jest
Rendering mode	Universal
Deployment target	Server
Development tools	jsconfig.json
Continuous Integration	None
Version control system	Git

▌데이터 2-2-2-2 : yarn create nuxt-app의 실행 과정

```
# yarn create nuxt-app
yarn create v1.22.5
[1/4] Resolving packages...
warning create-nuxt-app > sao > micromatch > snapdragon > source-map-resolve >
resolveurl@0.2.1: https://github.com/lydell/resolve-url#deprecated
warning create-nuxt-app > sao > micromatch > snapdragon > source-map-resolve >
urix@0.1.0: Please see https://github.com/lydell/urix#deprecated
[2/4] Fetching packages...
[3/4] Linking dependencies...
[4/4] Building fresh packages...
success Installed "create-nuxt-app@3.6.0" with binaries:
    - create-nuxt-app

create-nuxt-app v3.6.0
◆ Generating Nuxt.js project in .
? Project name: nuxtpj
? Programming language: JavaScript
? Package manager: Yarn
? UI framework: Bootstrap Vue
? Nuxt.js modules: (Press <space> to select, <a> to toggle all, <i> to in vert selection)
? Linting tools: (Press <space> to select, <a> to toggle all, <i> to invert selection)
? Testing framework: Jest
? Rendering mode: Universal (SSR / SSG)
? Deployment target: Server (Node.js hosting)
? Development tools: (Press <space> to select, <a> to toggle all, <i> to invert selection)
? Continuous integration: None
? Version control system: Git
warning bootstrap-vue > popper.js@1.16.1: You can find the new Popper v2
at @popperjs/core, this package is dedicated to the legacy v1
```

```
warning nuxt > @nuxt/babel-preset-app > core-js@2.6.12: core-js@<3 is no
longer maintained and not recommended for usage due to the number of issu
es. Please, upgrade your dependencies to the actual version of core-js@3.
warning nuxt > @nuxt/webpack > webpack > watchpack > watchpack-chokidar2
> chokidar@2.1.8: Chokidar 2 will break on node v14+. Upgrade to chokidar 3 with 15x less dependencies.
warning nuxt > @nuxt/webpack > webpack > watchpack > watchpack-chokidar2
> chokidar > fsevents@1.2.13: fsevents 1 will break on node v14+ and coul
d be using insecure binaries. Upgrade to fsevents 2.
warning nuxt > @nuxt/webpack > webpack > micromatch > snapdragon > source-map-resolve
> resolve-url@0.2.1: https://github.com/lydell/resolve-url#d


※ Successfully created project nuxtpj


 To get started:

     yarn dev


 To build & start for production:

     yarn build
     yarn start

 To test:

     yarn test


Done in 146.36s.
```

설치가 잘 진행됐는지를 확인해 봅니다. 우선 yarn run dev로 서비스를 실행해 봅니다.

▌커맨드 2-2-2-4

```
# yarn run dev
yarn run v1.22.5
$ nuxt
```

```
Nuxt @ v2.15.4


• Environment: development
• Rendering:  server-side
```

```
• Target:    server

Listening: http://localhost:3000/
```

i Preparing project for development
i Initial build may take a while
i Discovered Components: .nuxt/components/readme.md
✓ Builder initialized
✓ Nuxt files generated

✓ Client
  Compiled successfully in 9.24s

✓ Server
  Compiled successfully in 6.78s

i Waiting for file changes
i Memory usage: 287 MB (RSS: 409 MB)
i Listening on: http://localhost:3000/

이번에는 Docker의 컨테이너 내부에서 빌드를 실행했을 뿐 호스트의 포트와 컨테이너의 포트를
연결하지 않았습니다. 그렇기 때문에 컨테이너의 앱이 제대로 작동되는지 확인하기 위해서는 컨
테이너 내부에서만 확인이 가능합니다. 그렇기 때문에 컨테이너의 bash 내부에서 작동여부를 확
인해야 합니다. 우선 새로운 터미널을 열고「docker exec -it step1 bash」를 입력해 컨테이너의 bash
에 연결합니다. exec은 도커에 커맨드를 전달하는 명령어로 docker exec 〈옵션〉〈이미지 이름〉〈
커맨드〉형태로 입력합니다. 컨테이너의 bash 셸에 연결하기 위해서는 반드시 -it 옵션을 사용해
야 합니다. -i 옵션은 표준 입력을 컨테이너와 연결하는 옵션이며, -t 옵션은 셸을 표시하는 옵션
입니다.「docker exec -it step1 bash」는 step1 이미지의 bash를 실행해 연결한다는 의미입니다.
컨테이너의 bash 셸에 접근했다면 curl을 실행해 Nuxt.js 앱이 제대로 실행되고 있는지 확인하겠
습니다. curl은 커맨드라인 프로그램으로 데이터의 업로드나 다운로드할 수 있습니다.

▌커맨드 2-2-2-5

```
$ docker exec -it step1 bash
# curl localhost:3000
<!doctype html>
<html data-n-head-ssr>
```

```
<head >
  <title>nuxtpj</title>
<meta data-n-head="ssr" charset="utf-8">
<meta data-n-head="ssr" name="viewport" content="width=device-width, initial-scale=1">
<meta data-n-head="ssr" data-hid="description" name="description" content="">
<link data-n-head="ssr" rel="icon" type="image/x-icon" href="/favicon.ico">
<link rel="preload" href="/_nuxt/runtime.js" as="script"><link rel="preload" href="/_nuxt/commons/app.
js" as="script"><link rel="preload" href="/_nuxt/vendors/app.js" as="script"><link rel="preload" href="/_
nuxt/app.js" as="script"><link rel="preload" href="/_nuxt/pages/index.js" as="script"><style data-vue-ssr-
id="71f83a6d:0">/*!
* Bootstrap v4.5.2 (https://getbootstrap.com/)
* Copyright 2011-2020 The Bootstrap Authors
* Copyright 2011-2020 Twitter, Inc.
* Licensed under MIT (https://github.com/twbs/bootstrap/blob/main/LICENSE)
*/
:root {
 --blue: #007bff;
 --indigo: #6610f2;
 --purple: #6f42c1;
 --pink: #e83e8c;
 --red: #dc3545;
 --orange: #fd7e14;
 --yellow: #ffc107;
 --green: #28a745;
 --teal: #20c997;
 --cyan: #17a2b8;
 --white: #fff;
 --gray: #6c757d;
 --gray-dark: #343a40;
 --primary: #007bff;
 --secondary: #6c757d;
 --success: #28a745;
 --info: #17a2b8;
 --warning: #ffc107;
 --danger: #dc3545;
 --light: #f8f9fa;
 --dark: #343a40;
 --breakpoint-xs: 0;
 --breakpoint-sm: 576px;
 --breakpoint-md: 768px;
```

```
  --breakpoint-lg: 992px;
  --breakpoint-xl: 1200px;
  --font-family-sans-serif: -apple-system, BlinkMacSystemFont, "Segoe UI", Roboto, "Helvetica Neue", Arial,
"Noto Sans", sans-serif, "Apple Color Emoji", "Segoe UI Emoji", "Segoe UI Symbol", "Noto Color Emoji";
  --font-family-monospace: SFMono-Regular, Menlo, Monaco, Consolas, "Liberation Mono", "Courier New",
monospace;
}
*,
*::before,
*::after {
  box-sizing: border-box;
}
                                                ... 중략 ...

@keyframes appear {
0% {
    opacity: 0;
}
}
}
</style>
  </head>
  <body >
    <div data-server-rendered="true" id="_nuxt"><!----><!----><div id="_layout"><div><div
class="container"><div><svg width="245" height="180" viewBox="0 0 452 342" xmlns="http://www.
w3.org/2000/svg" class="NuxtLogo"><path d="M139 330l-1-2c-2-4-2-8-1-13H29L189 31l67 121 22-
16-67-121c-1-2-9-14-22-14-6 0-15 2-22 15L5 303c-1 3-8 16-2 27 4 6 10 12 24 12h136c-14 0-21-
6-24-12z" fill="#00C58E"></path> <path d="M447 304L317 70c-2-2-9-15-22-15-6 0-15 3-22 15l-17
28v54l39-67 129 230h-49a23 23 0 0 1-2 14l-1 1c-6 11-21 12-23 12h76c3 0 17-1 24-12 3-5 5-14-2-
26z" fill="#108775"></path> <path d="M376 330v-1l1-2c1-4 2-8 1-12l-4-12-102-178-15-27h-1l-15 27-
102 178-4 12a24 24 0 0 0 2 15c4 6 10 12 24 12h190c3 0 18-1 25-12zM256 152l93 163H163l93-163z"
fill="#2F495E"></path></svg> <h1 class="title">
      nuxtpj
  </h1> <div class="links"><a href="https://nuxtjs.org/" target="_blank" rel="noopener noreferrer"
class="button--green">
    Documentation
  </a> <a href="https://github.com/nuxt/nuxt.js" target="_blank" rel="noopener noreferrer" class="button-
-grey">
    GitHub
```

```
    </a></div></div></div></div></div></div><script>window._NUXT_={layout:"default",data:[{}],fetch:[],
error:null,serverRendered:true,routePath:"\u002F",config:{},logs:[]};</script><script src="/_nuxt/runtime.
js" defer></script><script src="/_nuxt/pages/index.js" defer></script><script src="/_nuxt/commons/app.
js" defer></script><scrip t src="/_nuxt/vendors/app.js" defer></script><script src="/_nuxt/app.js" de-
fer></script>
  </body>
</html>
```

이것으로 서비스가 시작된 것을 확인했습니다.

컨테이너에서 /app 디렉터리 안에 Nuxt.js의 프로젝트의 틀이 완성되었으니 이 디렉터리를 호스트의 개발용 디렉터리로 복사하겠습니다. 우선 Nuxt.js가 실행 중이었던 터미널에서 Ctrl+C를 입력해 Nuxt.js의 실행을 종료합니다. docker 명령어를 사용하기 위해 exit를 입력해 컨테이너에서 빠져나옵니다. 복사에 사용되는 커맨드는 앞에서 사용했던 docker cp입니다. 대신 이번에는 컨테이너의 폴더를 호스트로 복사하니 복사할 경로를 step1:/app으로 목적 경로를 .으로 입력합니다.

▍커맨드 2-2-2-6

```
$ docker cp step1:/app .
```

복사되었는지 ls 커맨드로 확인합니다.

▍커맨드 2-2-2-7

```
$ ls
Dockerfile app
```

Git을 통해 개발 과정의 소스 코드 관리를 하는 경우가 많으니, 이 샘플 프로젝트 파일도 Git으로 커밋하길 권합니다. Nuxt.js의 틀에서는 자체적으로 .gitignore를 만들어 주기 때문에 Git를 사용해 커밋하면 노출되면 안되는 파일이나 개발에 크게 중요하지 않은 파일은 제외하고 커밋할 수 있습니다.

2-2-3 프로젝트 틀을 사용한 실행 환경 이미지 만들기

프로젝트의 틀이 만들어지면, 이제 그 틀을 바탕으로 실제로 움직이는 실행 환경 이미지를 만들어 봅니다.

데이터 2-2-2-1에서 사용한 Dockerfile을 다음과 같이 수정하며 build하고, 빌드 시간을 단축하기 위해 .dockerignore도 Dockerfile과 같은 디렉터리에 만들어 봅니다.

Dockerfile을 살펴보겠습니다. 먼저, ENV를 사용해 환경변수를 추가합니다. 「NUXT_HOST=0.0.0.0」으로 설정해 Nuxt.js 애플리케이션을 localhost에 접근해 확인할 수 있도록 합니다. WORK-DIR로 작업 폴더를 설정한 뒤 COPY를 이용하여 Nuxt.js 프로젝트 틀을 복사합니다. 「RUN yarn install」은 컨테이너에서 Nuxt.js 프로젝트 실행에 필요한 패키지를 설명하는 yarn install 커맨드를 실행합니다.

데이터 2-2-3-1 : Dockerfile(수정)

```
FROM node:12.3.1

ENV NUXT_HOST=0.0.0.0
WORKDIR /app
COPY ./app .
RUN yarn install

CMD ["yarn", "run", "dev"]
```

Docker는 이미지를 빌드하기 전 Dockerfile이 위치한 디렉터리의 폴더와 파일을 모두 참고합니다. 이로 인해 이미지 생성에 필요하지 않은 파일이 디렉터리에 위치해 있다면 이미지 빌드 과정은 오래 걸립니다. 이를 해결하기 위해 사용하는 것이 .dockerignore 파일입니다. .dockerignore 파일에는 Docker가 참고하지 않아도 되는 파일의 목록을 적거나 패턴을 작성해 분류할 수도 있습니다. 우선 이번 프로젝트에서 Dockerfile과 프로젝트에 설치할 npm 패키지들이 들어있는 폴더 app/node_modules를 제외해보겠습니다.

데이터 2-2-3-2 : .dockerignore

```
Dockerfile
app/node_modules
```

커맨드 2-2-3-1

```
$ docker build -t docker_node:step2 .
[+] Building 107.1s (10/10) FINISHED
```

```
=> [internal] load build definition from Dockerfile                           0.1s
=> => transferring dockerfile: 155B                                           0.0s
=> [internal] load .dockerignore                                             0.1s
=> => transferring context: 67B                                              0.0s
=> [internal] load metadata for docker.io/library/node:14.16.1              2.7s
=> [auth] library/node:pull token for registry-1.docker.io                  0.0s
=> [1/4] FROM docker.io/library/node:14.16.1@sha256:8eb45f4677c813ad08cef   0.0s
=> [internal] load build context                                            0.4s
=> => transferring context: 470.73kB                                        0.3s
=> CACHED [2/4] WORKDIR /app                                                0.0s
=> [3/4] COPY ./app .                                                       0.1s
=> [4/4] RUN yarn install                                                   92.3s
=> exporting to image                                                       11.4s
=> => exporting layers                                                      11.3s
=> => writing image sha256:e850e26b2bb11e3588b987c86af73d783ac1fc64f39f80   0.0s
=> => naming to docker.io/library/docker_node:step2                         0.0s
```

이제 로컬에 복사한 프로젝트의 틀을 기초로 한 Docker 이미지가 만들어졌습니다.

즉시 컨테이너를 실행해보겠습니다. docker run 명령어를 사용합니다. 이번에는 두 개의 새로운 옵션인 --rm과 --init을 사용합니다. --rm은 컨테이너가 1회만 실행되고 삭제되도록 하는 옵션입니다. 실행 중이던 컨테이너를 종료하면 그와 동시 해당 컨테이너가 삭제됩니다. 그렇기 때문에 앞서 살펴봤던 컨테이너 삭제 과정이 불필요합니다.

※ docker run의 --init 옵션에 대해서는 나중에 설명합니다.

▌커맨드 2-2-3-2

```
$ docker run --init --name step2 -p 3000:3000 -it docker_node:step2
yarn run v1.22.5
$ nuxt
```

```
   Nuxt @ v2.15.4

   ▶ Environment: development
   ▶ Rendering:  server-side
   ▶ Target:    server


   Listening: http://172.17.0.2:3000/
```

```
i Preparing project for development                          07:59:37
i Initial build may take a while                             07:59:37
i Discovered Components: .nuxt/components/readme.md           07:59:37
✓ Builder initialized                                        07:59:37
✓ Nuxt files generated                                       07:59:37

✓ Client
  Compiled successfully in 10.44s

✓ Server
  Compiled successfully in 6.35s

i Waiting for file changes                                   07:59:49
i Memory usage: 283 MB (RSS: 402 MB)                         07:59:49
i Listening on: http://172.17.0.2:3000/                      07:59:49
```

이제 서비스를 움직였습니다. 이번에는 컨테이너를 시작할 때 포트 접속도 했기 때문에 브라우저로 http://localhost:3000에 접속하면 다음과 같이 표시됩니다.

이미지 2-2-3-1: Nuxt.js 샘플 페이지

2-2-4 효율쩍인 build를 위한 설정하기

앞 장에서 기본적인 Nuxt.js의 실행 환경을 만들었지만, 이 상태에서 docker build를 할 때, 파일을 변경하거나 새로운 페이지를 추가할 때마다 Dockerfile의 COPY ./app. 행부터 실행되어 yarn install가 매번 실행되는 관계로 많은 시간이 소요됩니다.

그러므로 yarn에 의한 npm 라이브러리 설치가 효율적으로 Docker의 build cache에 들어가도록 데이터 2-2-3-1의 Dockerfile을 수정합니다.

데이터 2-2-4-1 : Dockerfile(수정)

```
FROM node:14.16.1

ENV NUXT_HOST=0.0.0.0
WORKDIR /app
COPY ./app/package.json ./app/yarn.lock ./
RUN yarn install

COPY ./app .

CMD ["yarn", "run", "dev"]
```

이 내용으로 docker build합니다.

커맨드 2-2-4-1

```
$ docker build -t docker_node:step3 .
[+] Building 65.7s (11/11) FINISHED
 => [internal] load build definition from Dockerfile            0.0s
 => => transferring dockerfile: 201B                            0.0s
 => [internal] load .dockerignore                               0.0s
 => => transferring context: 67B                                0.0s
 => [internal] load metadata for docker.io/library/node:14.16.1 3.0s
 => [auth] library/node:pull token for registry-1.docker.io     0.0s
 => [internal] load build context                               0.3s
 => => transferring context: 470.73kB                           0.3s
 => [1/5] FROM docker.io/library/node:14.16.1@sha256:8eb45f4677c813ad08  0.0s
 => CACHED [2/5] WORKDIR /app                                    0.0s
 => [3/5] COPY ./app/package.json ./app/yarn.lock ./            0.1s
 => [4/5] RUN yarn install                                      53.1s
 => [5/5] COPY ./app .                                          0.1s
```

```
=> exporting to image                                                      9.0s
=> => exporting layers                                                     8.9s
=> => writing image sha256:8a1e0bd8e4d4339600916ccd41a59258698b0d7586e     0.0s
=> => naming to docker.io/library/docker_node:step3                        0.0s
```

build가 성공하면 다음은 docker run으로 컨테이너를 시작해 봅니다.

▍커맨드 2-2-4-2

```
$ docker run --rm --init --name step3 -p 3000:3000 -it docker_node:step3
yarn run v1.22.5
$ nuxt

   lqqqqqqqqqqqqqqqqqqqqqqqqqqqqqqqqqqqqqqqqqqqqqk
   x                                    x
   x  Nuxt.js @ v2.14.5                 x
   x                                    x
   x  ? Environment: development        x
   x  ? Rendering:    server-side       x
   x  ? Target:       server            x
   x                                    x
   x  Listening: http://172.17.0.2:3000/  x
   x                                    x
   mqqqqqqqqqqqqqqqqqqqqqqqqqqqqqqqqqqqqqqqqqqqqqj


? Preparing project for development                                     08:06:22
? Initial build may take a while                                       08:06:22
? Builder initialized                                                  08:06:22
? Nuxt files generated                                                08:06:22

? Client
  Compiled successfully in 9.77s

? Server
  Compiled successfully in 6.38s

? Waiting for file changes                                             08:06:34
? Memory usage: 170 MB (RSS: 263 MB)                                   08:06:34
? Listening on: http://172.17.0.2:3000/                               08:06:34
```

방금 전과 비슷한 출력이 표시되는 걸 확인하면 브라우저로 접속해 봅니다.

브라우저로 http://localhost:3000에 접속하면 앞에서와 같은 화면을 확인할 수 있습니다.

이상으로 효율화된 Nuxt.js의 개발 환경이 만들어졌습니다.

2-2-5 로컬 개발 환경

앞에서와 마찬가지로 docker-compose를 사용하여 로컬 개발 환경을 만들어 봅니다.

우선 docker-compose.yml을 만들어 봅니다.

데이터 2-2-5-1 : docker-compose.yml

```
version: '3.7'

services:
❶nuxtjs:
  ❷image: docker_node:step4
  ❸build: .
  ❹ports:
    - "3000:3000"
  init: true
  volumes:
  ❺- ./app:/app
  ❻- /app/node_modules
```

위의 docker-compose.yml은 다음과 같이 해석할 수 있습니다.

❶ nuxtjs라는 컨테이너를 만듭니다.

❷ docker_node:step4라는 이미지가 존재하면 그것으로 시작합니다.

❸ 위의 이미지가 없으면 현재 디렉터리를 기점으로 docker build를 수행하고, docker_node:step4 라는 이미지를 만들고 시작합니다.

❹ Docker 호스트 및 컨테이너의 3000번 포트를 접속한 상태에서 시작합니다.

❺ 로컬 디스크 ./app의 내용을 컨테이너 /app이라는 경로에 마운트한 상태에서 시작합니다.

❻ 컨테이너 /app/node_modules이라는 디렉터리는 컨테이너에 있는 것을 사용합니다.

또한, 개발 환경을 만들기 위해 변경할 때마다 자동으로 vue 파일을 다시 빌드하는 핫 리로드 기
능이 필요하지만, yarn run dev에 의해 이미 실행되고 있습니다.

하지만 컨테이너 상태에서의 Nuxt.js 개발은 volume으로 디렉터리를 연결했을 때 파일의 변경을
감지할 수 없는 경우가 있으므로 app/nuxt.config.js의 마지막에 다음과 같은 watchers라는 설정 항
목을 넣습니다.

데이터 2-2-5-2 : app/nuxt.config.js

```
export default {
 // Global page headers: https://go.nuxtjs.dev/config-head
 head: {
  title: 'nuxtpj',
  htmlAttrs: {
   lang: 'en'
  },
  meta: [
   { charset: 'utf-8' },
   { name: 'viewport', content: 'width=device-width, initial-scale=1' },
   { hid: 'description', name: 'description', content: '' }
  ],
  link: [
   { rel: 'icon', type: 'image/x-icon', href: '/favicon.ico' }
  ]
 },

 // Global CSS: https://go.nuxtjs.dev/config-css
 css: [
 ],

 // Plugins to run before rendering page: https://go.nuxtjs.dev/config-plugins
 plugins: [
 ],

 // Auto import components: https://go.nuxtjs.dev/config-components
 components: true,

 // Modules for dev and build (recommended): https://go.nuxtjs.dev/config-modules
 buildModules: [
 ],
```

```
// Modules: https://go.nuxtjs.dev/config-modules
modules: [
 // https://go.nuxtjs.dev/bootstrap
 'bootstrap-vue/nuxt',
],

// Build Configuration: https://go.nuxtjs.dev/config-build
build: {
},

watchers: {
 webpack: {
  poll: true
 }
}
}
```

데이터 2-2-5-2와 같이 변경 사항을 수정했다면 docker-compose up 커맨드로 컨테이너를 기동합니다.

이번에는 docker_node:step4라는 이미지가 존재하지 않기 때문에 build부터 시작합니다.

커맨드 2-2-5-1

```
$ docker-compose up
Creating network "2-2-5_default" with the default driver
Building nuxtjs
[+] Building 6.5s (11/11) FINISHED
 => [internal] load build definition from Dockerfile                         0.0s
 => => transferring dockerfile: 201B                                         0.0s
 => [internal] load .dockerignore                                            0.0s
 => => transferring context: 67B                                             0.0s
 => [internal] load metadata for docker.io/library/node:14.16.1             5.8s
 => [auth] library/node:pull token for registry-1.docker.io                 0.0s
 => [1/5] FROM docker.io/library/node:14.16.1@sha256:8eb45f4677c813ad08      0.0s
 => [internal] load build context                                            0.4s
 => => transferring context: 470.83kB                                        0.3s
 => CACHED [2/5] WORKDIR /app                                                0.0s
 => CACHED [3/5] COPY ./app/package.json ./app/yarn.lock ./                  0.0s
 => CACHED [4/5] RUN yarn install                                            0.0s
 => [5/5] COPY ./app .                                                        0.1s
```

```
=> exporting to image                                                      0.1s
=> => exporting layers                                                     0.0s
=> => writing image sha256:aac9916f3528703734f088ad56bccc067bdf96efcfd     0.0s
=> => naming to docker.io/library/docker_node:step4                        0.0s
```

Use 'docker scan' to run Snyk tests against images to find vulnerabilities and learn how to fix them
Successfully built aac9916f3528703734f088ad56bccc067bdf96efcfd6a68e008ee8d0f47a018d
WARNING: Image for service nuxtjs was built because it did not already exist. To rebuild this image you must use `docker-compose build` or `docker-compose up --build`.
Use 'docker scan' to run Snyk tests against images to find vulnerabilities and learn how to fix them
Creating 2-2-5_nuxtjs_1 ... done
Attaching to 2-2-5_nuxtjs_1
nuxtjs_1 | yarn run v1.22.5
nuxtjs_1 | $ nuxt
nuxtjs_1 | i Listening on: http://172.19.0.2:3000/
nuxtjs_1 | i Preparing project for development
nuxtjs_1 | i Initial build may take a while
nuxtjs_1 | i Discovered Components: .nuxt/components/readme.md
nuxtjs_1 | ✓ Builder initialized
nuxtjs_1 | ✓ Nuxt files generated
nuxtjs_1 | i Compiling Client
nuxtjs_1 | i Compiling Server
nuxtjs_1 | ✓ Server: Compiled successfully in 9.95s
nuxtjs_1 | ✓ Client: Compiled successfully in 15.42s
nuxtjs_1 | i Waiting for file changes
nuxtjs_1 | i Memory usage: 280 MB (RSS: 401 MB)
nuxtjs_1 | i Listening on: http://172.19.0.2:3000/
```

컨테이너가 기동되면 브라우저로 http://localhost:3000에 접속합니다.
앞 장과 같은 Nuxt.js의 샘플 페이지가 표시됩니다.
```

Chapter 2

이미지 2-2-5-1 : Nuxt.js 샘플 페이지

개발 환경이 만들어졌는지 여부를 이 샘플 페이지를 변경하는 것으로 확인해 봅니다.
app/pages/index.vue를 다음과 같이 변경합니다.

데이터 2-2-5-3 : app/pages/index.vue

```
<template>
  <div class="container">
    <div>
      <logo />
      <h1 class="title">
        changed nuxtpj
      </h1>
      <h2 class="subtitle">
        sample nuxt.js project
      </h2>
      <div class="links">
        <a
          href="https://nuxtjs.org/"
          target="_blank"
          rel="noopener noreferrer"
          class="button--green"
        >
          Documentation
        </a>
        <a
          href="https://github.com/nuxt/nuxt.js"
          target="_blank"
```

```
          rel="noopener noreferrer"
          class="button--grey"
        >
          GitHub
        </a>
      </div>
    </div>
  </div>
</template>

<script>
export default {}
</script>

<style>
.container {
  margin: 0 auto;
  min-height: 100vh;
  display: flex;
  justify-content: center;
  align-items: center;
  text-align: center;
}

.title {
  font-family:
    'Quicksand',=
    'Source Sans Pro',
    -apple-system,
    BlinkMacSystemFont,
    'Segoe UI',
    Roboto,
    'Helvetica Neue',
    Arial,
    sans-serif;
  display: block;
  font-weight: 300;
  font-size: 100px;
  color: #35495e;
  letter-spacing: 1px;
```

```
  }

  .subtitle {
    font-weight: 300;
    font-size: 42px;
    color: #526488;
    word-spacing: 5px;
    padding-bottom: 15px;
  }

  .links {
    padding-top: 15px;
  }
</style>
```

nuxtpj라는 설명 부분을 changed nuxtpj로 변경했습니다. 파일을 수정하면 다음과 같이 출력이 표시됩니다.

데이터 2-2-5-4 : 출력

```
nuxtjs_1  | □ Updated pages/index.vue
nuxtjs_1  | i Compiling Server
nuxtjs_1  | i Compiling Client
nuxtjs_1  | ✓ Client: Compiled successfully in 404.64ms
nuxtjs_1  | ✓ Server: Compiled successfully in 443.07ms
```

그럼 다시 브라우저로 http://localhost:3000에 접속해 봅니다. 수정된 부분이 반영되어 조금 전까지 nuxtpj로 표시되어 있던 부분이 changed nuxtpj로 바뀐 것을 확인할 수 있습니다.

이미지 2-2-5-2 : 변경된 Nuxt.js 샘플 페이지

2-2-6 Node 실행 환경 init 옵션

2-2-3 절에서 컨테이너를 시작할 때 --init 옵션을 붙여 기동하는 것에 대하여 가볍게 설명했지만, 이번에는 좀 더 자세히 살펴보겠습니다.

Docker는 컨테이너 ENTRYPOINT(또는 CMD)에서 지정된 프로세스를 PID 1로 시작하고, 프로세스가 완료되면 컨테이너는 종료되는 구조로 되어 있습니다.

Node.js는 PID 1로 프로세스가 실행되도록 설계되어 있지 않으며, 상정하지 않은 동작을 할 가능성이 있기 때문에 Docker 1.13 이후에 생긴 --init 옵션을 붙여 실행하는 것이 좋습니다.

다음 설명은 공식 문서의 인용문입니다(2020년 11월).

> https://github.com/nodejs/docker-node/blob/master/docs/BestPractices.md#handling-kernel-signals

---

Node.js was not designed to run as PID 1 which leads to unexpected behaviour when running inside of Docker. For example, a Node.js process running as PID 1 will not respond to SIGINT (CTRL-C) and similar signals. As of Docker 1.13, you can use the --init flag to wrap your Node.js process with a lightweight init system that properly handles running as PID 1.

$ docker run -it --init node

You can also include Tini directly in your Dockerfile, ensuring your process is always started with an init wrapper.

--init은 실제로 tini라는 프로그램을 실행하고 있다는 의미입니다. 아래 주소는 공식 GitHub입니다.

> https://github.com/krallin/tini

--init 옵션을 주는 것은 이용자에 의존하기 때문에 컨테이너를 만들 때 본인이 tini를 설치한 후 ENTRYPOINT로 tini가 확실하게 실행되도록 하는 것이 좋습니다.

그럼 앞 장에서 만든 Node.js의 컨테이너에 직접 tini를 설치하고 실행되도록 변경해 봅니다.

우선 Dockerfile을 다음과 같이 변경해 봅니다.

▌ 데이터 2-2-6-1 : Dockerfile(수정)

```
FROM node:14.16.1

ENV NUXT_HOST=0.0.0.0
ENV TINI_VERSION=v0.18.0

ADD https://github.com/krallin/tini/releases/download/${TINI_VERSION}/tini /tini
RUN chmod +x /tini

WORKDIR /app
COPY ./app/package.json ./app/yarn.lock ./
RUN yarn install

COPY ./app .

CMD ["/tini", "--", "yarn", "run", "dev"]
```

다음으로 docker-compose.yml로 불필요한 init 옵션을 삭제합니다.

▌ 데이터 2-2-6-2 : docker-compose.yml(수정)

```
version: '3.7'

services:
  nuxtjs:
    image: docker_node:step5
    build: .
    ports:
    - "3000:3000"

    volumes:
    - ./app:/app
    - /app/node_modules
```

이제 컨테이너를 움직여 봅니다.

▌ 커맨드 2-2-6-1

```
$ docker-compose up
Creating network "2-2-6n_default" with the default driver
```

```
Building nuxtjs
[+] Building 70.2s (14/14) FINISHED
 => [internal] load build definition from Dockerfile                      0.0s
 => => transferring dockerfile: 343B                                      0.0s
 => [internal] load .dockerignore                                         0.0s
 => => transferring context: 67B                                          0.0s
 => [internal] load metadata for docker.io/library/node:14.16.1           2.8s
 => [auth] library/node:pull token for registry-1.docker.io               0.0s
 => https://github.com/krallin/tini/releases/download/v0.18.0/tini        0.0s
 => CACHED [1/7] FROM docker.io/library/node:14.16.1@sha256:8eb45f4677c   0.0s
 => [internal] load build context                                         0.4s
 => => transferring context: 568.94kB                                     0.4s
 => [2/7] ADD https://github.com/krallin/tini/releases/download/v0.18.0   0.1s
 => [3/7] RUN chmod +x /tini                                              0.5s
 => [4/7] WORKDIR /app                                                    0.1s
 => [5/7] COPY ./app/package.json ./app/yarn.lock ./                      0.1s
 => [6/7] RUN yarn install                                                56.7s
 => [7/7] COPY ./app .                                                    0.1s
 => exporting to image                                                    8.9s
 => => exporting layers                                                   8.8s
 => => writing image sha256:18edfcdf33245950d7d3c7026907dce26494cde34b6   0.0s
 => => naming to docker.io/library/docker_node:step5                      0.0s

Use 'docker scan' to run Snyk tests against images to find vulnerabilities and learn how to fix them
Successfully built 18edfcdf33245950d7d3c7026907dce26494cde34b65b911e1ec28b23a844f70
WARNING: Image for service nuxtjs was built because it did not already exist. To rebuild this image you
must use `docker-compose build` or `docker-compose up --build`.
Use 'docker scan' to run Snyk tests against images to find vulnerabilities and learn how to fix them
Creating 2-2-6n_nuxtjs_1 ... done
Attaching to 2-2-6n_nuxtjs_1
nuxtjs_1  | yarn run v1.22.5
nuxtjs_1  | $ nuxt
nuxtjs_1  | i Listening on: http://172.20.0.2:3000/
nuxtjs_1  | i Preparing project for development
nuxtjs_1  | i Initial build may take a while
nuxtjs_1  | i Discovered Components: .nuxt/components/readme.md
nuxtjs_1  | ✓ Builder initialized
nuxtjs_1  | ✓ Nuxt files generated
nuxtjs_1  | i Compiling Client
nuxtjs_1  | i Compiling Server
```

```
nuxtjs_1  | ✓ Server: Compiled successfully in 7.84s
nuxtjs_1  | ✓ Client: Compiled successfully in 15.95s
nuxtjs_1  | i Waiting for file changes
nuxtjs_1  | i Memory usage: 281 MB (RSS: 401 MB)
nuxtjs_1  | i Listening on: http://172.20.0.2:3000/
```

컨테이너가 시작되면 새로운 터미널을 열고 「docker-compose exec nuxtjs bash」를 실행합니다. 컨테이너의 shell을 실행하여 프로세스를 확인해 봅니다. 이때 사용하는 커맨드는 ps aux입니다.

커맨드 2-2-6-2

```
$ docker-compose exec nuxtjs bash
root@2241565e186e:/app# ps aux
USER    PID %CPU %MEM   VSZ   RSS TTY   STAT START  TIME COMMAND
root     1 0.0 0.0   4172   688 ?     Ss   09:38  0:00 /tini -- yarn r
root     8 0.8 0.8 777820 55168 ?     Sl   09:38  0:01 node /opt/yarn-
root    29 0.0 0.0   4276   772 ?     S    09:38  0:00 /bin/sh -c nuxt
root    30 66.6 4.2 1130784 273916 ?  Sl   09:38  1:57 /usr/local/bin/
root    41 0.3 0.0  18184  3208 pts/0 Ss   09:40  0:00 bash
root    48 0.0 0.0  36632  2760 pts/0 R+   09:41  0:00 ps aux
```

tini가 PID 1로 실행되어 node 커맨드가 다른 프로세스에서 실행 중인 것을 알 수 있습니다. 이상으로 init 옵션에 대한 설명과 대안 수단인 tini를 직접 설치하여 사용하는 방법을 알아보았습니다.

2-3

Ruby 실행 환경 구축하기

이번 챕터에서는 Docker 컨테이너로 Ruby 애플리케이션 실행 환경을 구축하여 보겠습니다.
여기에서는 간단한 Ruby 애플리케이션의 예로 Sinatra를 만들어 보겠습니다.

2-3-1 Sinatra란

Sinatra는 Ruby로 만든 오픈 소스 Web 애플리케이션 프레임워크의 하나로, 구조가 (MVC 프레임
워크도 사용하지 않는 정도로) 심플한 것이 특징입니다.

Sinatra Web 사이트 : http://sinatrarb.com/

이미지 2-3-1-1 : Sinatra Web 사이트

Sinatra로 최소한의 Web 애플리케이션을 만들기 위해서는 다음의 3단계가 필요합니다.

1. Ruby가 설치된 환경에 sinatra gem 추가
2. 애플리케이션 구현을 위한 Ruby 소스 코드 준비
3. 2에서 만든 Ruby 소스 코드 실행

Sinatra는 애플리케이션 구현을 기술하는 스타일이 두 가지가 있습니다.
하나는 필요한 구현을 최상위에 직접 써가는 classic style이고, 다른 하나는 클래스의 내부에 써가는 modular style입니다. 여기에서는 애플리케이션에 대한 기술이 심플한 classic style을 사용하겠습니다.

2-3-2 사전 준비

사전 준비로 컨테이너의 호스트 환경에 작업 디렉터리를 만든 후 이동합니다.
이후부터는 디렉터리가 현재 디렉터리에 있다고 가정하고 설명하겠습니다.

커맨드 2-3-2-1

```
$ mkdir sinatra-sample
$ cd sinatra-sample
```

기본적으로는 디렉터리 이름이 Docker Compose 프로젝트 이름으로 사용됩니다.
이를 변경하려면 환경 변수 COMPOSE_PROJECT_NAME에 프로젝트 이름을 설정하거나 다음과 같이 환경 변수의 값을 설정한 것을 .env 파일로 만들어 둡니다.

데이터 2-3-2-1 :.env

```
COMPOSE_PROJECT_NAME=sinatra-sample
```

2-3-3 Docker Compose 프로젝트 만들기

우선 Docker Compose 프로젝트 파일을 만들어 봅니다.

데이터 2-3-3-1 : docker-compose.yml

```
version: "3"

services:
  # Sinatra 샘플 애플리케이션
  app:
    build: .
```

이어서 app 서비스의 이미지를 구축하기 위한 Dockerfile를 만들어 봅니다.

데이터 2-3-3-2 : Dockerfile

```
# Docker 공식 Ruby 이미지
FROM ruby:3.0.1-buster

# 애플리케이션 배치 디렉터리
WORKDIR /app
```

이번 예제에서는 Docker 공식 Ruby 이미지를 사용합니다. 또한 FROM 커맨드에 이미지 이름을 입력할 때는 태그를 명시해야 합니다.

이는 latest에서 제공되는 최신 버전의 이미지가 아닌 태그에 명시한 특정 환경의 이미지를 사용한다는 뜻입니다. Docker 공식 Ruby 이미지는 Ruby 버전과 베이스 이미지 환경에 따라 태그 이름이 붙여져 있습니다.

여기에서는 3.0.1-buster를 지정하여 21년 4월 기준 최신 버전인 Ruby 3.0.1을 사용합니다.

또한 태그 이름에 있는 접미사 -buster는 베이스 이미지를 나타냅니다.

즉, 이 이미지는 Debian의 최신 안정 버전인 Debian GNU/Linux 10 (버전명 buster)를 베이스로 하고 있다는 의미입니다.

다음으로 WORKDIR 명령으로 루트 디렉터리 바로 아래의 /app을 작업 디렉터리로 설정합니다.

이 디렉터리는 베이스 이미지에는 존재하지 않지만, 빌드하는 시점에 이미지 내부에 디렉터리가 생성됩니다. 따라서 RUN mkdir /app이라는 커맨드를 실행할 필요는 없습니다.

여기에서 /app 아래에 애플리케이션 파일을 배치하는 것을 상정하고 있습니다.

이 단계에서 작업 디렉터리를 지정해두어 차후 커맨드 입력 시 경로 표기를 상대 경로로 간결하게 기술할 수 있는 장점이 있습니다.

Dockerfile마다 애플리케이션 파일을 배치하는 경로가 다릅니다. 우리가 사용했던 /app 대신 /var/www 나 /usr/src/app 같은 위치에 애플리케이션 파일을 배치하는 경우도 있습니다. 예를 들어 Capistrano 등 컨테이너화할 수 없는 Web 서버에 배포되는 경우 파일의 위치를 /var/www로 지정하는 경우가 많습니다.

이러한 기존의 환경과 동일한 파일을 구성하면 환경의 차이를 줄일 수 있다는 장점이 있습니다. 또한 /usr/src/app는 예전에 사용된 (현재는 deprecated 상태) onbuild로 불리는 종류의 이미지로 지정된 디렉터리입니다. onbuild 이미지를 베이스로 지정하여 추가 명령을 기술하지 않고 빌드 시 Gemfile 및 소스 코드가 /usr/src/app에 복사되도록 하기도 했습니다.

2-3-4 베이스 이미지의 동작 확인하기

여기까지 필요한 파일을 만들었다면 일단 컨테이너를 시작해 봅니다.

앞의 프로젝트 파일에서는 app 서비스의 정의를 작성했기 때문에 docker-compose up으로 컨테이너를 시작할 수 있습니다. 하지만, 테스트 및 일회성(one-off) 커맨드를 실행하는 경우 docker-compose run을 사용하는 것이 편리합니다.

여기서부터는 당분간의 예제가 서비스를 움직이는 커맨드를 실행하는 것은 아니기 때문에 docker-compose run을 사용합니다. 호스트 환경에서 docker-compose run --rm app 커맨드를 실행합니다.

커맨드 2-3-4-1

```
$ docker-compose run --rm app
Creating network "sinatra-sample_default" with the default driver
Building app
Step 1/2 : FROM ruby:3.0.1-buster
3.0.1-buster: Pulling from library/ruby
bd8f6a7501cc: Pull complete
44718e6d535d: Pull complete
efe9738af0cb: Pull complete
f37aabde37b8: Pull complete
3923d444ed05: Pull complete
6d245082de98: Pull complete
9878c33f813b: Pull complete
9878c33f813b: Pull complete
Digest: sha256:091ee4779c0d90155b6d1a317855ce64714e6485f9db4413c812ddd112df7dc7
Status: Downloaded newer image for ruby:3.0.1-buster
 ---> 343efcc83bc0
```

```
Step 2/2 : WORKDIR /app
 ---> Running in 89c1eb62d064
Removing intermediate container 89c1eb62d064
 ---> 522b932d2aed

Successfully built 522b932d2aed
Successfully tagged sinatra-sample_app:latest
WARNING: Image for service app was built because it did not already exist. To rebuild this image you must
use `docker-compose build` or `docker-compose up --build`.
Creating sinatra-sample_app_run ... done
irb(main):001:0>
```

irb 쉘이 표시되었습니다. 다음의 커맨드로 확인할 수 있는 바와 같이 Ruby의 공식 이미지에서
CMD 명령으로 irb가 지정되어 있습니다. 따라서 아무런 커맨드를 지정하지 않은 상태에서 irb
쉘이 실행되도록 되어 있습니다.

커맨드 2-3-4-2

```
$ docker inspect --format='{{.Config.Cmd}}' ruby:3.0.1-buster
[irb]
```

뒷부분에 「WARNING : Image for service app was built because it did not already exist.」 메시지에서
도 알 수 있듯이, 컨테이너를 실행할 때 이미지가 빌드되어 있지 않은 경우에는 이미지를 빌드
하게 되어 있습니다.
그러나 이미지가 이미 존재하는 경우에 빌드는 실행되지 않는다. 다음 단계에서 Dockerfile 등을
편집할 경우, 이미지를 다시 빌드하기 위해서는 명시적으로 「docker-compose build」를 실행해야
합니다. 또한, 커맨드에 --rm 옵션을 붙이면 종료된 컨테이너가 삭제되도록 할 수 있습니다.
이 커맨드의 실행 결과를 남겨 둘 필요가 없는 경우에는 공간 절약이 가능하기 때문에 편리합니다.

Ruby 환경이 제대로 작동하는 것을 확인하기 위해 몇 가지 irb 쉘에서 Ruby 코드를 실행합니다.

커맨드 2-3-4-3

```
irb(main):001:0> [RUBY_VERSION, RUBY_PATCHLEVEL]
=> ["3.0.1", 64]
irb(main):002:0> require 'socket'
=> true
irb(main):003:0> Socket.gethostname
```

```
=> "dcf7cf991115"
irb(main):004:0>
```

실행 중인 Ruby 버전 2.6.1이 태그에 지정된 버전과 동일하다는 것을 알 수 있습니다. socket 라이브러리를 사용하여 호스트 이름을 가져와서 보면, 컨테이너 ID에서 자동 설정된 호스트 이름이 c51cf94dd7dl이 반환되는 것을 알 수 있습니다.

여기까지의 동작이 확인되면 일단 컨테이너를 중지합니다. 컨테이너를 시작할 때 실행 프로세스(여기에서는 irb)을 종료시키면, 컨테이너가 중지됩니다.

커맨드 2-3-4-4

```
irb(main):004:0> exit
```

2-3-5 호스트 환경 디렉터리의 접속 설정하기

이번에는 쉘을 실행해 봅니다.

bash 쉘을 호출하기 위해 커맨드 bash를 docker-compose run의 인수로 전달하겠습니다.

커맨드 2-3-5-1

```
$ docker-compose run --rm app bash
root@d5e93a81b562:/app#
```

쉘 프롬프트가 표시되었습니다. 컨테이너 ID로 자동 설정된 호스트 이름을 확인해 보면, 컨테이너 ID가 이전 irb를 실행한 것과 다르다는 것을 알 수 있습니다.

즉, 이전 irb 커맨드를 실행한 환경과는 다른 환경에서 실행되고 있는 것을 알 수 있습니다.

커맨드 2-3-5-2

```
root@d5e93a81b562:/app# hostname
d5e93a81b562
root@d5e93a81b562:/app#
```

또한 앞서 Dockerfile에서 설명한 대로 현재 디렉터리가 WORKDIR 명령으로 지정한 /app으로 되어 있습니다.

현재 디렉터리의 내용을 확인해 봅니다.

커맨드 2-3-5-3

```
root@d5e93a81b562:/app# pwd
/app
root@d5e93a81b562:/app# ls -a
.  ..
root@d5e93a81b562:/app# touch hoge
root@d5e93a81b562:/app# ls -a
.  ..  hoge
root@d5e93a81b562:/app#
```

이 디렉터리는 컨테이너 환경의 디렉터리이므로 만든 파일이 컨테이너 내부에만 존재합니다. 다
시 docker-compose run을 실행하여 다른 컨테이너에서 접근하면 이전 파일이 없어진 것을 확인할
수 있습니다.

커맨드 2-3-5-4

```
root@d5e93a81b562:/app# exit
exit
$ docker-compose run --rm app bash
root@2f190e771910:/app# ls -a
.  ..
root@2f190e771910:/app# exit
exit
```

이대로 파일을 작성해서 호스트 환경에 꺼내는 것이 불편하므로 /app 디렉터리에서 호스트 환경
의 디렉터리에 접속할 수 있도록 설정합니다.
다음과 같이 docker-compose.yml에 volumes 옵션을 추가합니다.

데이터 2-3-5-1 : docker-compose.yml(수정)

```
version: "3"

services:
  # Sinatra 샘플 애플리케이션
  app:
    build: .

    volumes:
      - .:/app
```

이 상태에서 docker-compose run을 실행합니다. 방금 만든 docker-compose.yml을 포함하여 호스트 환경의 디렉터리에 접속 할 수 있는지 확인할 수 있습니다.

▌ 커맨드 2-3-5-5

```
$ docker-compose run --rm app bash
root@95fe73e7e658:/app# ls -a
.  .  .  .env Dockerfile docker-compose.yml
root@95fe73e7e658:/app#
root@95fe73e7e658:/app# cat docker-compose.yml
version: "3"

services:
  # Sinatra 샘플 애플리케이션
  app:
    build: .
    volumes:
      - .:/app
root@95fe73e7e658:/app# exit
exit
```

앞으로의 작업은 이번 설정대로 호스트 환경의 디렉터리가 마운트 되어 있는 상태에서 진행하도록 하겠습니다.

▌ 2-3-6 Sinatra 설치하기

Sinatra 라이브러리는 gem으로 제공되고 있고, 이를 Bundler 의존관계에 지정하여 gem을 설치할 수 있도록 합니다.

공식 Ruby 이미지는 Bundler가 설치되어 있으며 bundle 커맨드를 사용할 수 있습니다.

Bundler를 사용하여 gem 추가

이전과 마찬가지로 docker-compose run로 컨테이너 내부에서 쉘을 실행합니다.

▌ 커맨드 2-3-6-1

```
$ docker-compose run --rm app bash
root@cd5f9b6c6d60:/app#
```

컨테이너 내부 쉘에서 「bundle init」을 실행합니다.

│ 커맨드 2-3-6-2

```
root@cd5f9b6c6d60:/app# bundle init
Writing new Gemfile to /app/Gemfile
root@cd5f9b6c6d60:/app#
```

Bundler를 bundle init으로 실행하면 Gemfile이 생성됩니다. 이 파일은 컨테이너의 현재 디렉터리인 /app 디렉터리 아래에 작성되기 때문에 실제로는 컨테이너 내부가 아닌 탑재된 호스트 환경의 디렉터리에 생성됩니다.

작성된 Gemfile을 확인해 봅니다.

│ 커맨드 2-3-6-3

```
root@cd5f9b6c6d60:/app# ls -a
.  .  .  .env Dockerfile Gemfile docker-compose.yml
root@cd5f9b6c6d60:/app# cat Gemfile
# frozen_string_literal: true

source "https://rubygems.org"

git_source(:github) { |repo_name| "https://github.com/#{repo_name}" }

# gem "rails"
root@cd5f9b6c6d60:/app#
```

현재 디렉터리에 이미 Gemfile이 존재하는 경우 오류가 발생합니다. 다시 시작하려면 Gemfile을 제거해 봅니다.

│ 커맨드 2-3-6-4 : Gemfile을 삭제하고 다시 만들기

```
root@cd5f9b6c6d60:/app# bundle init
Gemfile already exists at /app/Gemfile
root@cd5f9b6c6d60:/app# rm -v Gemfile
removed 'Gemfile'
root@cd5f9b6c6d60:/app# bundle init
Writing new Gemfile to /app/Gemfile
root@cd5f9b6c6d60:/app#
```

Bundler로 의존관계 gem을 추가하기 위해서는 bundle add 커맨드에 gem 이름을 지정하여 실행합니다. 여기에서는 gem 버전이 (작성 시점에서 최신) 2.1.0가 되도록, 커맨드는 「bundle add sinatra --version '~〉 2.1.0'」로 실행합니다.

▌ 커맨드 2-3-6-5

```
root@e0c364ba7fdf:/app# bundle add sinatra --version '~>2.1.0'
Fetching gem metadata from https://rubygems.org/....
Resolving dependencies...
Fetching gem metadata from https://rubygems.org/....
Using bundler 2.2.15
Fetching rack 2.2.3
Fetching ruby2_keywords 0.0.4
Fetching tilt 2.0.10
Installing tilt 2.0.10
Installing ruby2_keywords 0.0.4
Fetching mustermann 1.1.1
Installing rack 2.2.3
Installing mustermann 1.1.1
Fetching rack-protection 2.1.0
Installing rack-protection 2.1.0
Fetching sinatra 2.1.0
Installing sinatra 2.1.0
root@e0c364ba7fdf:/app#
```

bundle add를 실행하면 인수에 지정된 gem이 의존관계에 추가되어 의존관계에 있는 gem을 포함하여 설치됩니다. 실행 후 Gemfile 파일에는 「gem "sinatra", "~〉 2.1.0"」가 추가되며, 새로운 Gemfile.lock 파일이 만들어 집니다.

▌ 커맨드 2-3-6-6

```
root@e0c364ba7fdf:/app# ls -a
. .. .env Dockerfile Gemfile Gemfile.lock docker-compose.yml
root@e0c364ba7fdf:/app# cat Gemfile
# frozen_string_literal: true

source "https://rubygems.org"

git_source(:github) {|repo_name| "https://github.com/#{repo_name}" }

# gem "rails"
```

```
gem "sinatra", "~> 2.1.0"
root@e0c364ba7fdf:/app#
```

Gemfile.lock 파일에는 Gemfile에 지정된 gem의 의존관계가 지정되어 있습니다. 의존관계에는 설치된 gem 버전도 포함되어 있기 때문에 Bundler는 Gemfile.lock 파일을 참조하여 항상 동일한 버전의 gem 세트를 설치할 수 있도록 되어 있습니다.

커맨드 2-3-6-7

```
GEM
  remote: https://rubygems.org/
  specs:
    mustermann (1.1.1)
      ruby2_keywords (~> 0.0.1)
    rack (2.2.3)
    rack-protection (2.1.0)
      rack
    ruby2_keywords (0.0.4)
    sinatra (2.1.0)
      mustermann (~> 1.0)
      rack (~> 2.2)
      rack-protection (= 2.1.0)
      tilt (~> 2.0)
    tilt (2.0.10)

PLATFORMS
  x86_64-linux

DEPENDENCIES
  sinatra (~> 2.1.0)

BUNDLED WITH
   2.2.15
```

설치된 Sinatra를 사용할 수 있는지 확인해 봅니다.
Bundler로 설치한 gem을 사용하기 위해서는 통상적으로는 bundle exec 프로그램을 통해 실행해야 합니다.

Bundler는 gem을 각각의 장소(현재 디렉터리 아래의 vendor/bundle)에 설치해서 gem의 의존관계를 각각 관리할 수 있도록 하기 위한 도구입니다.

설치하는 곳의 gem이 읽히도록 Ruby 환경을 설정해야 할 필요가 있으며, 그것을 할 수 있도록 도와주는 것이 bundle exec 커맨드입니다.

그러나 Ruby의 공식 이미지가 bundle exec를 경유하지 않아도 Bundler로 설치한 gem을 사용할 수 있게 되어 있습니다.

이 이미지에서는 Bundler 관련 설정이 어떻게 되어 있는지 환경 변수를 확인해 봅니다. 컨테이너 내부에서 env 커맨드를 실행하면 다음과 같이 환경 변수가 설정되어있는 것을 알 수 있습니다.

커맨드 2-3-6-8

```
root@e0c364ba7fdf:/app# env | grep -E 'BUNDLE|GEM|PATH'
BUNDLE_APP_CONFIG=/usr/local/bundle
BUNDLE_SILENCE_ROOT_WARNING=1
GEM_HOME=/usr/local/bundle
PATH=/usr/local/bundle/bin:/usr/local/sbin:/usr/local/bin:/usr/sbin:/usr/bin:/sbin:/bin
root@e0c364ba7fdf:/app#
```

Bundler가 gem을 설치하는 곳은 시스템의 gem이 설치되는 장소(GEM_HOME=/usr/local/bundle)와 같은 위치(BUNDLE_PATH=/usr/local/bundle)로 설정되어 있습니다.

또한 커맨드를 실행할 때 경로에 Bundler나 gem 커맨드로 설치된 프로그램의 경로(/usr/local/bundle/bin과 /usr/local/bundle/gems/bin)가 추가되어 있는 것도 알 수 있습니다. 따라서 bundle exec를 경유하지 않아도 Bundler로 관리하는 의존관계의 gem이 읽히도록 되어 있습니다.

그럼 irb를 사용하여 설치된 Sinatra를 사용할 수 있는지 확인해 봅니다. 여기에서는 irb 커맨드에 -r sinatra 옵션을 지정하여 Sinatra의 라이브러리를 요구하도록 했습니다.

커맨드 2-3-6-9

```
root@e0c364ba7fdf:/app# irb -rsinatra
irb(main):001:0> Sinatra::VERSION
=> "2.1.0"
irb(main):002:0> exit
root@e0c364ba7fdf:/app#
```

Sinatra의 라이브러리가 요구되어 있고, 버전 번호가 저장 되어있는 상수에 접속할 수 있는지 확인할 수 있었습니다.

여기까지의 작업이 끝난 시점에서 일단 컨테이너를 정지해 둡니다.

컨테이너를 시작한 때 --rm 옵션을 지정했기 때문에 정지된 컨테이너는 삭제됩니다.

▼ 추가된 gem은 어떤 상태인가

docker-compose run은 일회성 커맨드를 실행하기 위한 커맨드이며, 커맨드는 매번 생성되는 새로운 컨테이너로 실행되도록 되어 있습니다.

이전 단계에서는 gem을 설치하기 위한 커맨드를 당장 한 번만 사용하기 위해 컨테이너 내부에서 실행했기 때문에 Sinatra의 gem은 실행 중인 컨테이너의 내부 (컨테이너마다 생성된 임시 영역)에 설치되어 있습니다. 특별한 설정을 하지 않는 한 컨테이너의 내부에서 만든 파일은 다른 컨테이너에서 접속할 수 없습니다.

따라서 컨테이너를 다시 만들 때 gem이 설치되어 있지 않은 상태로 돌아갑니다.

다시 docker-compose run으로 셸을 실행하여 새로 생성된 컨테이너의 상태를 확인해 봅니다.

▎커맨드 2-3-6-10

```
$ docker-compose run --rm app bash
Creating sinatra-sample_app_run ... done
root@6795b5e419e2:/app#
```

이 상태에서 방금 전 실행한 irb 커맨드를 실행해 봐도 필요한 라이브러리를 읽지 않는 것을 확인할 수 있습니다.

▎커맨드 2-3-6-11

```
root@6795b5e419e2:/app# irb -rsinatra
/usr/local/lib/ruby/3.0.0/irb/init.rb:376: warning: LoadError: cannot load such file -- sinatra
irb(main):001:0> Sinatra::VERSION
(irb):1:in `<main>': uninitialized constant Sinatra (NameError)
        from /usr/local/lib/ruby/gems/3.0.0/gems/irb-1.3.5/exe/irb:11:in `<top (required)>'
        from /usr/local/bin/irb:23:in `load'
        from /usr/local/bin/irb:23:in `<main>'
irb(main):002:0> exit
root@6795b5e419e2:/app#
```

앞서 언급했듯이 Bundler는 gem 버전을 포함하여 의존관계를 관리하는 도구입니다.

Gemfile 및 Gemfile.lock이 있으면 동일한 버전의 gem 세트를 다시 설치할 수 있습니다.

이전 단계에서 /app 디렉터리는 호스트 환경의 디렉터리를 마운트하고 있기 때문에, Gemfile 및 Gemfile.lock은 호스트 환경의 디렉터리에 기록되어 있습니다.

호스트 환경의 디렉터리는 컨테이너를 삭제해도 유지되고 있기 때문에 컨테이너를 다시 만들어도 원래 내용을 볼 수 있도록 되어 있습니다.

커맨드 2-3-6-12

```
root@6795b5e419e2:/app# ls -a
. .. .env Dockerfile Gemfile Gemfile.lock docker-compose.yml
root@6795b5e419e2:/app#
```

Bundler에는 Gemfile로 지정된 의존관계가 충족되는지를 확인하는 bundle check 커맨드가 있습니다. 이것을 실행하면 다음과 같은 오류 메시지가 출력되고 gem이 설치되어 있지 않은 상태인지 알 수 있습니다.

커맨드 2-3-6-13

```
root@6795b5e419e2:/app# bundle check
The following gems are missing
 * ruby2_keywords (0.0.4)
 * mustermann (1.1.1)
 * rack (2.2.3)
 * rack-protection (2.1.0)
 * tilt (2.0.10)
 * sinatra (2.1.0)
Install missing gems with `bundle install`
root@6795b5e419e2:/app#
```

이 상태에서 gem을 다시 설치해 봅니다. 오류 메시지대로 bundle install을 실행하여 Gemfile.lock에서 지정된 것과 동일한 버전의 gem을 설치할 수 있습니다.

커맨드 2-3-6-14

```
root@6795b5e419e2:/app# bundle install
Fetching gem metadata from https://rubygems.org/....
Using bundler 2.2.15
Fetching ruby2_keywords 0.0.4
Fetching rack 2.2.3
Fetching tilt 2.0.10
Installing ruby2_keywords 0.0.4
Installing tilt 2.0.10
Fetching mustermann 1.1.1
Installing rack 2.2.3
Fetching rack-protection 2.1.0
Installing mustermann 1.1.1
Installing rack-protection 2.1.0
Fetching sinatra 2.1.0
```

```
Installing sinatra 2.1.0
Bundle complete! 1 Gemfile dependency, 7 gems now installed.
root@6795b5e419e2:/app#
```

다시 bundle check 커맨드와 irb 커맨드를 실행하여 필요한 gem이 설치되어 있는지 확인합니다.

커맨드 2-3-6-15

```
root@6795b5e419e2:/app# bundle check
The Gemfile's dependencies are satisfied
root@6795b5e419e2:/app# irb -rsinatra
irb(main):001:0> Sinatra::VERSION
=> "2.1.0"
irb(main):003:0> exit
root@6795b5e419e2:/app# exit
exit
```

이제 Bundler과 Gemfile, Gemfile.lock를 사용하여 컨테이너에 gem을 설치했습니다.
하지만, 이대로는 컨테이너를 만들 때마다 bundle install을 실행해야 합니다. 그렇기 때문에 새로 만든 컨테이너에서도 필요한 gem이 설치된 상태가 되도록 합니다.

새로 만든 컨테이너에 필요한 gem이 포함되도록 하기

Docker로 gem을 관리하는 방법은 몇 가지 모범 사례가 있지만, 각각 장점과 단점이 있습니다. 여기에서는 다음의 3가지 방법을 소개합니다.

- Dockerfile의 RUN을 사용하여 필요한 gem이 설치된 이미지를 구축
- ENTRYPOINT 등을 사용하여 컨테이너를 시작할 때 gem이 설치되도록 하기
- 볼륨을 사용하여 다른 컨테이너에 설치한 gem 공유하기

이러한 접근은 독립적으로 사용할 수 있으며, 필요에 따라 조합하여 사용할 수 있습니다.

▼ 필요한 gem이 설치된 이미지 빌드하기

우선 이미지를 빌드할 때 bundle install을 실행하는 방법에 대해 설명하겠습니다.
Docker 이미지는 컨테이너에서 프로그램을 실행하는 데 필요한 파일이 포함되어 있습니다.
빌드 후 이미지에 gem이 포함 되어있는 것이 가장 간단하고 바람직한 형태입니다.

먼저 Dockerfile에 COPY 커맨드를 추가하고 Gemfile 및 Gemfile.lock 파일이 복사되도록 합니다. 이어서 RUN 명령으로 bundle install을 실행해 봅니다.

데이터 2-3-6-1 : Dockerfile

```
# Docker 공식 Ruby 이미지 사용
FROM ruby:3.0.1-buster

#애플리케이션 배치 디렉터리
WORKDIR /app

# Bundler로 gem 설치
COPY Gemfile Gemfile.lock ./
RUN bundle install
```

이미지를 다시 빌드하기 위해 docker-compose build를 실행해 봅니다.

커맨드 2-3-6-16

```
$ docker-compose build
Building app
Step 1/4 : FROM ruby:3.0.1-buster
 ---> 343efcc83bc0
Step 2/4 : WORKDIR /app
 ---> Using cache
 ---> 522b932d2aed
Step 3/4 : COPY Gemfile Gemfile.lock ./
 ---> 944e6da74732
Step 4/4 : RUN bundle install
 ---> Running in 50f9200d6467
Fetching gem metadata from https://rubygems.org/....
Using bundler 2.2.15
Fetching ruby2_keywords 0.0.4
Fetching rack 2.2.3
Fetching tilt 2.0.10
Installing ruby2_keywords 0.0.4
Installing tilt 2.0.10
Fetching mustermann 1.1.1
Installing rack 2.2.3
Fetching rack-protection 2.1.0
Installing mustermann 1.1.1
```

```
Installing rack-protection 2.1.0
Fetching sinatra 2.1.0
Installing sinatra 2.1.0
Bundle complete! 1 Gemfile dependency, 7 gems now installed.
Use `bundle info [gemname]` to see where a bundled gem is installed.
Removing intermediate container 50f9200d6467
 ---> 51e9f1b79075


Successfully built 51e9f1b79075
Successfully tagged sinatra-sample_app:latest
```

Gemfile 및 Gemfile.lock 파일 두 개만을 COPY 명령으로 복사한다는 점에 주의합니다. 여기에서 COPY ../ 같이 현재 디렉터리를 지정해도 bundle install은 문제없이 실행될 수 있지만 캐시를 적용하기 위해서는 바람직하지 않습니다.

불필요한 파일을 포함하여 복사하면, Bundle에 관계없는 파일(향후 추가 애플리케이션 파일 등)을 변경하는 것만으로도 캐시가 비활성화되고, 그러면 불필요한 bundle install 처리가 매번 실행됩니다.

다시 빌드한 이미지로 올린 컨테이너에 gem이 설치된 상태이므로 새로운 컨테이너로 bundle check을 실행하고 필요한 gem이 설치되어 있는지 확인합니다.

커맨드 2-3-6-17

```
$ docker-compose run --rm app bundle check
Creating sinatra-sample_app_run ... done
The Gemfile's dependencies are satisfied
```

이 단계에서 생성된 이미지는 컨테이너의 구조로서 이상적인 상태이며 가장 좋은 방법입니다.

이미지에 필요한 gem 파일이 모두 포함되어 있기 때문에 그대로 실행할 수 있지만 이 이미지를 사용하여 애플리케이션을 개발하기에는 문제가 있습니다.

예를 들어 새로 gem을 추가하거나 업그레이드할 때마다 이미지를 다시 만들어야 합니다. 특히 여러 브랜치를 전환하면서 개발을 하는 경우 각각의 지점에서 gem의 의존관계가 다를 수 있기 때문에 절차가 복잡해져 버립니다.

이 문제를 해결하기 위한 방법은 다음과 같습니다.

▽ 컨테이너를 시작할 때 gem이 설치되도록 하기

개발 환경에서 gem의 의존관계가 다르기 때문에 컨테이너를 시작할 때 gem이 설치되도록 하는 것이 바람직할 수도 있습니다.

이전 단계에서는 컨테이너에서 시작한 쉘에서 bundle install을 실행했지만 이를 자동으로 실행되도록 합니다.

Docker에서는 컨테이너를 시작할 때 수행할 작업(엔트리 포인트)을 지정할 수 있습니다.

이 엔트리 포인트로 bundle install을 실행해 봅니다.

엔트리 포인트는 Dockerfile의 ENTRYPOINT 명령으로 이미지의 기본값으로 설정할 수 있으며, docker compose run 커맨드의 --entrypoint 옵션으로 설정(덮어쓰기)할 수 있습니다.

우선 컨테이너의 동작을 --entrypoint 옵션을 지정하여 확인해 봅니다.

「--entrypoint 'bash -c "bundle install; exec $@" -'」 옵션을 추가하고 docker-compose run 커맨드를 실행합니다.

쉘 커맨드는 문자열을 ' 혹은 "로 묶는가에 따라 취급이 약간 다르기 때문에(예를 들어 "로 묶었을 경우 $로 시작하는 변수의 내용 사용됨) 주의합니다.

▌커맨드 2-3-6-18

```
$ docker-compose run --rm --entrypoint 'bash -c "bundle install ; exec $@" -' app bash
Creating sinatra-sample_app_run ... done
Using bundler 2.2.15
Using ruby2_keywords 0.0.4
Using mustermann 1.1.1
Using rack 2.2.3
Using rack-protection 2.1.0
Using tilt 2.0.10
Using sinatra 2.1.0
Bundle complete! 1 Gemfile dependency, 7 gems now installed.
Use `bundle info [gemname]` to see where a bundled gem is installed.
root@b9615a3748a3:/app#
```

예상대로 bundle install이 실행된 후 쉘이 실행되었습니다.

여기에서는 커맨드가 성공적으로 완료됐기 때문에 오류가 발생했을 때의 동작은 알 수 없지만 bundle install이 오류가 되어도 계속 쉘이 실행되도록 설정되어 있습니다.

bundle install이 실패할 경우 컨테이너의 시작을 실패하게 하는 것도 가능합니다.

이 경우 「bundle install && exec $@」처럼 「&&」을 커맨드로 연결합니다.

이어서 bundle check을 실행하여 의존관계가 충족되는지 확인해 봅니다.

커맨드 2-3-6-19

```
root@b9615a3748a3:/app# bundle check
The Gemfile's dependencies are satisfied
root@b9615a3748a3:/app# exit
exit
```

이제 gem이 설치된 상태에서 컨테이너를 시작할 수 있습니다.

하지만 설치되지 않은 상태에서 매번 gem 설치가 실행되고 있기 때문에, 컨테이너를 시작할 때 시간이 걸릴 뿐만 아니라 효율성에 문제가 생깁니다.

이미지를 빌드할 때 bundle install을 실행하는 앞에서의 접근법을 병용하는 것으로 이미 설치된 gem을 그대로 사용할 수 있습니다.

커맨드 2-3-6-20

```
$ docker-compose run --rm --entrypoint 'bash -c "bundle install; exec $@" -' app bash
Creating sinatra-sample_app_run ... done
Using bundler 2.2.15
Using ruby2_keywords 0.0.4
Using mustermann 1.1.1
Using rack 2.2.3
Using rack-protection 2.1.0
Using tilt 2.0.10
Using sinatra 2.1.0
Bundle complete! 1 Gemfile dependency, 7 gems now installed.
Use `bundle info [gemname]` to see where a bundled gem is installed.
root@e0e6303f502b:/app#
```

여기까지의 동작이 확인되면, 옵션 설정 없이도 엔트리 포인트가 실행되도록 설정해 봅니다. 엔트리 포인트의 처리가 복잡할 경우, 내용을 개별의 스크립트 파일로 자르는 것이 관리하기 편합니다. 그렇기 때문에 이 과정을 스크립트 파일에 잘라 이미지에 포함해야 합니다.

호스트 환경의 현재 디렉터리에 다음과 같은 내용으로 docker-entrypoint.sh 파일을 만들어 봅니다. 여기에서는 bundle check과 함께 의존관계가 충족되지 않은 경우에만 bundle install이 실행되도록 했습니다.

데이터 2-3-6-2 : docker-entrypoint.sh

```
#!/bin/bash

set -eu

#필요에 따라 Bundler로 gem 설치
bundle check || bundle install

exec "$@"
```

Dockerfile에 다음과 같은 내용을 추가합니다.

데이터 2-3-6-3 : Dockerfile(추가)

```
COPY docker-entrypoint.sh /
RUN chmod +x /docker-entrypoint.sh
ENTRYPOINT ["/docker-entrypoint.sh"]
```

여기에서는 엔트리 포인트의 작성에 주의합니다.

ENTRYPOINT /dockerentrypoint.sh로도 스크립트 파일은 실행되지만, 그 경우는 쉘(/bin/sh -c)을 통해 실행되기 때문에 인수(특히 [$0] 또는 [$@] 등)의 전달여부가 변합니다.

추가한 내용을 바탕으로 이미지를 다시 빌드합니다.

커맨드 2-3-6-21

```
$ docker-compose build
Building app
Step 1/7 : FROM ruby:3.0.1-buster
 ---> 343efcc83bc0
Step 2/7 : WORKDIR /app
 ---> Using cache
 ---> 522b932d2aed
Step 3/7 : COPY Gemfile Gemfile.lock ./
 ---> Using cache
 ---> 944e6da74732
Step 4/7 : RUN bundle install
 ---> Using cache
 ---> 51e9f1b79075
Step 5/7 : COPY docker-entrypoint.sh /
 ---> 280eb845ea62
```

```
Step 6/7 : RUN chmod +x /docker-entrypoint.sh
 ---> Running in a3dc6e303621
Removing intermediate container a3dc6e303621
 ---> 2c7d00dd8b73
Step 7/7 : ENTRYPOINT ["/docker-entrypoint.sh"]
 ---> Running in a4154ab60fbb
Removing intermediate container a4154ab60fbb
 ---> 4176cdaaa29c

Successfully built 4176cdaaa29c
Successfully tagged sinatra-sample_app:latest
```

엔트리 포인트 설정을 이미지에 포함시키면 설정을 덮어쓰지 않는 한 bundle install이 항상 실행됩니다. 또한, 위의 RUN bundle install로 이미지에 gem을 포함해야 하는 경우 이 작업이 중복되어 버립니다.

굳이 ENTRYPOINT 명령으로 설정하지 않고 다음과 같이 docker-compose.yml에 설정할 수 있도록 하는 것도 좋습니다.

데이터 2-3-6-4 : docker-compose.yml

```
version: "3"

services:
 # sinatra 추가한 부분과 관계없는 부분은 생략
 app:
  build: .

  volumes:
   - .:/app

  entrypoint: /docker-entrypoint.sh
```

다시 컨테이너를 시작하고 동작을 확인합니다.

이미지에 포함된 gem으로 의존관계가 충족되어 있기 때문에 bundle install이 실행되지 않은 것을 알 수 있습니다.

커맨드 2-3-6-22

```
$ docker-compose run --rm app bash
Creating sinatra-sample_app_run ... done
```

```
The Gemfile's dependencies are satisfied
root@26d398adb874:/app#
```

여기에 새로 gem을 추가한 경우의 동작을 확인합니다.
Sinatra는 sinatra-contrib라는 확장 기능이 제공되며 이를 추가할 수 있습니다.

▌**커맨드 2-3-6-23**

```
root@26d398adb874:/app# bundle add sinatra-contrib --version '~> 2.1.0'
Fetching gem metadata from https://rubygems.org/.........
Resolving dependencies...
Fetching gem metadata from https://rubygems.org/.........
Using bundler 2.2.15
Using ruby2_keywords 0.0.4
Using rack 2.2.3
Using tilt 2.0.10
Using mustermann 1.1.1
Using rack-protection 2.1.0
Fetching multi_json 1.15.0
Fetching multi_json 1.15.0
Installing multi_json 1.15.0
Fetching sinatra-contrib 2.1.0
Installing sinatra-contrib 2.1.0
root@26d398adb874:/app#
```

Installing이라는 어떤 행이 3개의 출력되면, 이러한 gem이 새로 설치된 것을 알 수 있습니다.
또한, 다른 gem은 Using이 되고 설치된(이미지에 포함된) gem을 사용되는 것도 알 수 있습니다.
일단 컨테이너를 정지합니다.
이전 단계에서 호스트 환경의 디렉터리를 마운트하고 있기 때문에 Gemfile 및 Gemfile.lock에는
추가한 후의 의존관계가 포함되어 있습니다.

▌**커맨드 2-3-6-24**

```
root@26d398adb874:/app# exit
exit
$ cat Gemfile
# frozen_string_literal: true

source "https://rubygems.org"
```

```
git_source(:github) { |repo_name| "https://github.com/#{repo_name}" }

# gem "rails"

gem "sinatra", "~> 2.1.0"
gem "sinatra-contrib", "~> 2.1.0"
$
```

이 상태에서 다시 다른 컨테이너를 움직여 봅니다.

▌커맨드 2-3-6-25

```
$ docker-compose run --rm app bash
Creating sinatra-sample_app_run ... done
The following gems are missing
 * multi_json (1.15.0)
 * sinatra-contrib (2.1.0)
Install missing gems with `bundle install`
Fetching gem metadata from https://rubygems.org/.........
Using bundler 2.2.15
Using tilt 2.0.10
Using rack 2.2.3
Using ruby2_keywords 0.0.4
Using mustermann 1.1.1
Using rack-protection 2.1.0
Fetching multi_json 1.15.0
Using sinatra 2.1.0
Installing multi_json 1.15.0
Fetching sinatra-contrib 2.1.0
Installing sinatra-contrib 2.1.0
Bundle complete! 2 Gemfile dependencies, 9 gems now installed.
Use `bundle info [gemname]` to see where a bundled gem is installed.
root@9ba32335f4e6:/app# exit
exit
```

이 경우 이미지에 포함되지 않은 gem이 의존관계에 포함되어 있기 때문에 bundle install을 실행하여 부족한 gem이 설치되는 것을 알 수 있습니다.

▽ 볼륨을 사용하여 다른 컨테이너에 설치한 gem 공유하기

Bundle로 설치되는 파일의 배치 장소로 볼륨을 사용함으로써, 컨테이너를 다시 만들어도 설치된 gem이 그대로 유지되도록 수 있습니다.

이전 단계에서 Bundler의 설정을 확인한 대로 bundle install로 설치되는 파일은 /usr/local/bundle 에 저장되도록 되어 있습니다.

▌커맨드 2-3-6-26

```
$ docker-compose run --rm app bash -c 'env | grep -E "BUNDLE"'
BUNDLE_PATH=/usr/local/bundle
BUNDLE_APP_CONFIG=/usr/local/bundle
BUNDLE_SILENCE_ROOT_WARNING=1
```

이 디렉터리에 볼륨을 마운트하면 컨테이너의 라이프 사이클에 관계없이 gem을 공유할 수 있습니다. 볼륨을 마운트하는 방법은 몇 가지가 있습니다.

첫 번째 방법으로 명명된 볼륨을 사용하는 방법입니다.

명명된 볼륨을 사용하기 위해서는 docker-compose.yml 파일을 다음과 같이 설정합니다.

여기에서 app-bundle이라는 볼륨을 마련하고 이를 마운트 되도록 설정하고 있습니다.

▌데이터 2-3-6-5 : docker-compose.yml

```
version: "3"

services:
 # Sinatra 샘플 애플리케이션
 app:
  build: .

  volumes:
   - .:/app
   - app-bundle:/usr/local/bundle

volumes
 # Bundler로 설치한 gem 보관 볼륨
 app-bundle:
```

그럼 동작을 확인해 봅니다. 볼륨 설정을 추가한 상태에서 docker-compose run을 실행합니다.

여기에서는 이전 단계에서 「bundle add sinatra-contrib --version "~〉 2.1.0"」한 상태의 디렉터리에 서 작업하고 있습니다.

커맨드 2-3-6-27

```
$ docker-compose run --rm app bash
Creating volume "sinatra-sample_app-bundle" with default driver
Creating sinatra-sample_app_run ... done
The following gems are missing
 * multi json (1.15.0)
 * sinatra-contrib (2.1.0)
Install missing gems with `bundle install`
Fetching gem metadata from https://rubygems.org/.........
Using bundler 2.2.15
Using tilt 2.0.10
Using ruby2_keywords 0.0.4
Using rack 2.2.3
Using mustermann 1.1.1
Using rack-protection 2.1.0
Fetching multi json 1.15.0
Using sinatra 2.1.0
Installing multi json 1.15.0
Fetching sinatra-contrib 2.1.0
Installing sinatra-contrib 2.1.0
Bundle complete! 2 Gemfile dependencies, 9 gems now installed.
Use `bundle info [gemname]` to see where a bundled gem is installed.
root@52c9d6fafaec:/app# exit
```

컨테이너가 기동되고 이전 단계에서 추가한 항목 포인트의 처리에 의해 부족한 gem이 설치되었습니다.

첫 번째 출력에 「Creating volume "sinatra-sample_app-bundle" with default driver」라는 메시지가 나타나는 것과 같이, 이 시점에서 새로운 볼륨이 생성되는 것을 알 수 있습니다.

마운트할 볼륨 이름은 「{{프로젝트 이름}} _ app-bundle」입니다.

만들어진 볼륨은 명시적으로 삭제하지 않는 한 항상 같은 것이 사용됩니다.

볼륨을 삭제하기 위해서는 「docker-compose down -v」로 -v 옵션을 사용하여 삭제하거나 (옵션을 지정하지 않으면 볼륨이 삭제되지 않는다) docker volume rm으로 볼륨 이름을 지정하여 제거해야 합니다.

볼륨이 생성되는 경우 이미지에 포함된 파일이 초기 데이터로 복사됩니다.

즉, 이미지에 있는 마운트할 디렉터리에서 볼륨 내부의 디렉터리에 파일을 복사할 수 있게 되어 있습니다.

따라서 앞서 소개한 이미지를 빌드할 때 bundle install을 실행해 놓음으로써 설치된 상태에서 컨테이너를 기동할 수 있습니다.

이외에도 엔트리 포인트로도 bundle install을 실행하고 있기 때문에, 부족한 gem이 매번 설치되도록 되어 있습니다.

여기서 일단 컨테이너를 정지하고 다른 컨테이너를 다시 움직여 보도록 합니다.

▌커맨드 2-3-6-28

```
root@52c9d6fafaec:/app# exit
exit
$ docker-compose run --rm app bash
Creating sinatra-sample_app_run ... done
The Gemfile's dependencies are satisfied
root@45252df04c31:/app#
```

두 번째 실행에서는 먼저 설치한 gem이 그대로 남아있는 것을 알 수 있습니다.

이어서 gem을 삭제한 경우의 동작도 확인해 봅니다.

「bundle remove sinatra-contrib」로 의존관계를 제거하고 컨테이너를 다시 기동해 봅니다.

▌커맨드 2-3-6-29

```
root@45252df04c31:/app# bundle remove sinatra-contrib
root@45252df04c31:/app# exit
exit
$ docker-compose run --rm app bash
Creating sinatra-sample_app_run ... done
The Gemfile's dependencies are satisfied
root@af4cacab2033:/app#
```

출력을 검토한 결과, gem이 삭제된 것처럼 보입니다.

그러나 gem을 관리하는 gem 커맨드로 살펴보면 gem은 남아있으며 삭제까지는 되지 않은 것을 알 수 있습니다.

▌커맨드 2-3-6-30

```
root@af4cacab2033:/app# gem list sinatra-contrib

*** LOCAL GEMS ***

sinatra-contrib (2.1.0)
```

```
root@af4cacab2033:/app# exit
exit
```

다시 한번 의존관계가 추가되어 bundle install을 실행하는 경우 gem이 재사용될 수 있습니다.
이와 같이 명명된 볼륨을 사용하면 gem가 다시 설치하는 수고를 줄일 수 있는 장점이 있습니다.
곧 설명할 익명 볼륨과 달리, 모든 컨테이너에 동일한 볼륨의 파일이 사용되기 때문입니다.
반면, 볼륨을 명시적으로 삭제하지 않는 한 볼륨 내부의 파일이 계속 사용되는 것이 단점입니다.
의존관계에서 제외된 gem도 남아 버리기 때문에 빈 상태에서 bundle install을 실행했을 때와 같은 상태를 유지하기 어려운 단점이 있습니다.

두 번째 방법은 호스트 환경의 디렉터리를 Bundle 디렉터리에 마운트하는 방법입니다.
다음과 같이 docker-compose.yml 파일에 설정을 추가하면 /app 디렉터리뿐만 아니라 호스트 환경의 디렉터리가 마운트 되도록 합니다.

데이터 2-3-6-6 : docker-compose.yml

```
version: "3"

services
 # sinatra 샘플 애플리케이션
 app:
  build: .

  volumes:
   - .:/app
   - ./vendor/docker/bundle:/usr/local/bundle
```

이 예제에서는 현재 디렉터리 아래에 있는 vendor/docker/bundle 디렉터리를 마운트하고 있습니다. Bundler에서는 마운트 대상을 vendor/bundle 디렉터리로 하는 것이 관습처럼 되어 있지만 Docker 환경은 호스트 환경과 다른 환경(예를 들면 Docker Desktop for Mac은 Mac과 Linux에서 바이너리 파일의 형식은 각기 다름)이기 때문에 호스트 환경에서 사용되는 vendor/bundle은 다른 디렉터리를 마운트하도록 합니다.
호스트 환경의 디렉터리를 마운트하는 방법은 설치된 gem 파일이 호스트 환경에서도 확인 가능하다는 장점이 있습니다.
그러나 파일의 소유자 및 권한 관리가 복잡하다는 단점과 Docker Desktop for Mac 및 Docker Desktop for Windows와 같은 가상 머신을 베이스로 하는 Docker 환경에서 파일 접속 성능이 저하되는 단점도 있습니다.

2-3-7 WEB 써버 실행하기

지금까지의 작업으로 Sinatra가 사용 가능한 컨테이너 환경을 만들어 봅니다.
이어서 Sinatra 애플리케이션 코드를 만들어 Web 서버를 실행해 봅니다.

애플리케이션 본체의 소스 코드를 준비

호스트 환경의 현재 디렉터리에 다음과 같은 내용의 app.rb 파일을 만든다.

데이터 2-3-7-1 : app.rb

```
require "sinatra"

get "/" do
  "Hello world!\n"
end
```

이전의 docker-compose.yml에서 /app 디렉터리를 호스팅 환경의 디렉터리에 마운트하고 있으므로 호스트 환경에서 app.rb 파일을 생성하면 컨테이너의 /app 디렉터리에서도 접속할 수 있습니다. 이제 파일을 만든 후 컨테이너 환경을 기동해 봅니다.
우선 cat 커맨드를 사용하여 호스트 환경에서 만든 파일이 보이는지 확인합니다.

커맨드 2-3-7-1

```
$ docker-compose run --rm app bash
root@51929df394cd:/app# cat app.rb
require "sinatra"

get "/" do
  "Hello world!\n"
end
root@51929df394cd:/app#
```

다음으로 서버의 동작 여부를 확인해 봅니다. Sinatra의 classic style에서는 만든 Ruby 파일을 ruby 커맨드로 직접 실행해 둠으로써 Web 서버가 실행되도록 했습니다.

커맨드 2-3-7-2

```
root@51929df394cd:/app# ruby app.rb
[2020-12-01 01:37:40] INFO WEBrick 1.4.2
```

```
[2020-12-01 01:37:40] INFO ruby 2.6.1 (2019-01-30) [x86_64-linux]
== Sinatra (v2.0.5) has taken the stage on 4567 for development with backup from WEBrick
[2020-12-01 01:37:40] INFO WEBrick::HTTPServer#start: pid=10 port=4567
```

Web 서버가 실행되고 표준 출력에 로그가 출력되었습니다.

여기에서는 서버를 포어 그라운드에서 실행하고 있기 때문에, 쉘 프롬프트에 돌아오지 않고 접속을 수신할 수 있도록 되어 있습니다.

Web 서버가 실행된 것을 확인되면 일단 컨테이너를 중지시킵니다.

포어 그라운드에서 실행하는 Web 서버를 종료하기 위해 Ctrl+C키를 입력합니다.

▎커맨드 2-3-7-3

```
^C== Sinatra has ended his set (crowd applauds)
[2020-12-01 01:37:47] INFO going to shutdown ...
[2020-12-01 01:37:47] INFO WEBrick::HTTPServer#start done.
root@59449f89fe5f:/app# exit
exit
```

서비스로 실행하기

Web 서버가 실행된 것이 확인되면 Docker Compose 서비스로 움직이도록 설정합니다. 다음과 같이 docker-compose.yml에 command 설정을 변경합니다.

▎데이터 2-3-7-2 : docker-compose.yml

```
version: "3"

services:
 # sinatra 샘플 애플리케이션
 app:
  build: .

  command: ruby app.rb

  volumes:
   - .:/app
   - app-bundle:/usr/local/bundle

volumes:
```

```
# Bundler로 설치한 gem 보관 볼륨
app-bundle:
```

설정한 서비스를 시작해 봅니다. 지금까지는 docker-compose run을 사용했지만 서비스로 기동 시키기 위해선 docker-compose up을 사용합니다.

커맨드 2-3-7-4

```
$ docker-compose up
Creating sinatra-sample_app_1 ... done
Attaching to sinatra-sample_app_1
app_1  | The Gemfile's dependencies are satisfied
app_1  | [2021-04-13 04:02:19] INFO  WEBrick 1.7.0
app_1  | [2021-04-13 04:02:19] INFO  ruby 3.0.1 (2021-04-05) [x86_64-linux]
app_1  | == Sinatra (v2.1.0) has taken the stage on 4567 for development with backup from WEBrick
app_1  | [2021-04-13 04:02:19] INFO  WEBrick::HTTPServer#start: pid=1 port=4567
```

서비스용 컨테이너 sinatra-sample_app_1이 만들어지고 command에서 설정한 애플리케이션이 실행됩니다. 또한 시작한 컨테이너에 접속된 표준 출력과 표준 에러 출력이 표시됩니다.

이 상태에서 Web 서버에 접속 할 수 있는지 확인합니다. 우선 서비스가 움직이고 있는 컨테이너 내부에서 접속합니다. 서비스가 움직이고 있는 컨테이너에서 새로 프로그램(여기서는 쉘)를 실행하기 위해서는 docker-compose exec을 사용합니다.

다른 터미널에서 다음 커맨드를 실행해 봅니다.

커맨드 2-3-7-5

```
$ docker-compose exec app bash
root@61fc687177ff:/app#
```

컨테이너 내부에서 쉘이 실행되었습니다. 여기에서 ps 커맨드를 실행해보면 서비스에서 움직이고 있는 ruby 프로세스가 PID 1로 움직이는 것을 확인할 수 있습니다.

커맨드 2-3-7-6

```
root@61fc687177ff:/app# ps auxwf
USER      PID %CPU %MEM    VSZ    RSS TTY    STAT START TIME COMMAND
root        7  0.0  0.1  18188   3256 pts/0  Ss   04:59 0:00 bash
root        8  0.0  0.1  36632   2848 pts/0  R+   05:00 0:00  \_ ps auxwf
root        1  0.1  1.1 124232  24016 ?      Ss   04:58 0:00 ruby app.rb
root@61fc687177ff:/app#
```

이 쉘에서 Web 서버에 curl로 접속해 봅니다. Web 서버의 출력이 port=4567로 되어 있으므로 접속 하는 곳은 curl localhost:4567입니다.

curl localhost:4567과 같이 접속할 URL 스키마를 생략하면 HTTP를 통해 접속할 수 있게 되어 있습니다.

커맨드 2-3-7-7

```
root@9ab7d2ff6f79:/app# curl -v localhost:4567
* Expire in 0 ms for 6 (transfer 0x55771779afb0)
* Expire in 1 ms for 1 (transfer 0x55771779afb0)
* Expire in 0 ms for 1 (transfer 0x55771779afb0)
* Expire in 1 ms for 1 (transfer 0x55771779afb0)
* Expire in 0 ms for 1 (transfer 0x55771779afb0)
* Expire in 0 ms for 1 (transfer 0x55771779afb0)
* Expire in 1 ms for 1 (transfer 0x55771779afb0)
* Expire in 0 ms for 1 (transfer 0x55771779afb0)
* Expire in 0 ms for 1 (transfer 0x55771779afb0)
* Expire in 1 ms for 1 (transfer 0x55771779afb0)
* Expire in 0 ms for 1 (transfer 0x55771779afb0)
* Expire in 0 ms for 1 (transfer 0x55771779afb0)
* Expire in 1 ms for 1 (transfer 0x55771779afb0)
* Expire in 0 ms for 1 (transfer 0x55771779afb0)
* Expire in 0 ms for 1 (transfer 0x55771779afb0)
* Expire in 1 ms for 1 (transfer 0x55771779afb0)
* Expire in 0 ms for 1 (transfer 0x55771779afb0)
* Expire in 0 ms for 1 (transfer 0x55771779afb0)
* Expire in 1 ms for 1 (transfer 0x55771779afb0)
* Expire in 0 ms for 1 (transfer 0x55771779afb0)
* Expire in 0 ms for 1 (transfer 0x55771779afb0)
* Expire in 1 ms for 1 (transfer 0x55771779afb0)
* Expire in 0 ms for 1 (transfer 0x55771779afb0)
* Expire in 0 ms for 1 (transfer 0x55771779afb0)
* Expire in 1 ms for 1 (transfer 0x55771779afb0)
* Expire in 0 ms for 1 (transfer 0x55771779afb0)
* Expire in 0 ms for 1 (transfer 0x55771779afb0)
* Expire in 1 ms for 1 (transfer 0x55771779afb0)
* Expire in 0 ms for 1 (transfer 0x55771779afb0)
* Expire in 0 ms for 1 (transfer 0x55771779afb0)
* Expire in 1 ms for 1 (transfer 0x55771779afb0)
* Expire in 0 ms for 1 (transfer 0x55771779afb0)
```

```
* Expire in 0 ms for 1 (transfer 0x55771779afb0)
* Expire in 1 ms for 1 (transfer 0x55771779afb0)
* Expire in 0 ms for 1 (transfer 0x55771779afb0)
* Expire in 0 ms for 1 (transfer 0x55771779afb0)
* Expire in 1 ms for 1 (transfer 0x55771779afb0)
* Expire in 0 ms for 1 (transfer 0x55771779afb0)
* Expire in 0 ms for 1 (transfer 0x55771779afb0)
* Expire in 1 ms for 1 (transfer 0x55771779afb0)
* Expire in 0 ms for 1 (transfer 0x55771779afb0)
* Expire in 0 ms for 1 (transfer 0x55771779afb0)
* Expire in 1 ms for 1 (transfer 0x55771779afb0)
* Expire in 0 ms for 1 (transfer 0x55771779afb0)
* Expire in 0 ms for 1 (transfer 0x55771779afb0)
*   Trying 127.0.0.1...
* TCP_NODELAY set
* Expire in 150000 ms for 3 (transfer 0x55771779afb0)
* Expire in 200 ms for 4 (transfer 0x55771779afb0)
* Connected to localhost (127.0.0.1) port 4567 (#0)
> GET / HTTP/1.1
> Host: localhost:4567
> User-Agent: curl/7.64.0
> Accept: */*
>
< HTTP/1.1 200 OK
< Content-Type: text/html;charset=utf-8
< Content-Length: 13
< X-Xss-Protection: 1; mode=block
< X-Content-Type-Options: nosniff
< X-Frame-Options: SAMEORIGIN
< Server: WEBrick/1.7.0 (Ruby/3.0.1/2021-04-05)
< Date: Tue, 13 Apr 2021 04:05:11 GMT
< Connection: Keep-Alive
<
Hello world!
* Connection #0 to host localhost left intact
root@9ab7d2ff6f79:/app#
```

서버에서 제대로 응답이 되돌아오고 있는 것을 확인할 수 있습니다. 또한 docker-compose up를 실행하는 터미널에서는 다음과 같이 접속 로그가 출력되는 것을 확인할 수 있습니다.

커맨드 2-3-7-8

```
app_1 | 127.0.0.1 - - [01/Dec/2020:02:04:07 +0000] "GET / HTTP/1.1" 200 13 0.0006
app_1 | 127.0.0.1 - - [01/Dec/2020:02:04:07 UTC] "GET / HTTP/1.1" 200 13
app_1 | - -> /
```

다른 컨테이너와 호스트 환경에서 접속할 수 있도록 하기

계속 다른 컨테이너에서도 접속할 수 있는지 테스트해 봅니다.

컨테이너 내부에서 ip address show(혹은 단축형의 ip a)를 실행하여 컨테이너에 할당된 주소를 알수 있습니다.

커맨드 2-3-7-9

```
root@9ab7d2ff6f79:/app# ip address show
1: lo: <LOOPBACK,UP,LOWER_UP> mtu 65536 qdisc noqueue state UNKNOWN group default qlen 1000
   link/loopback 00:00:00:00:00:00 brd 00:00:00:00:00:00
   inet 127.0.0.1/8 scope host lo
     valid_lft forever preferred_lft forever
2: sit0@NONE: <NOARP> mtu 1480 qdisc noop state DOWN group default qlen 1000
   link/sit 0.0.0.0 brd 0.0.0.0
59: eth0@if60: <BROADCAST,MULTICAST,UP,LOWER_UP> mtu 1500 qdisc noqueue state UP group default
   link/ether 02:42:ac:13:00:02 brd ff:ff:ff:ff:ff:ff link-netnsid 0
   inet 172.19.0.2/16 brd 172.19.255.255 scope global eth0
     valid_lft forever preferred_lft forever
root@9ab7d2ff6f79:/app#
```

또는 호스트 환경에서 docker-compose ps로 컨테이너 이름을 확인하여 docker inspect로 주소를 확인할 수 있다.

커맨드 2-3-7-10

```
$ docker-compose ps
    Name                  Command              State    Ports
-----------------------------------------------------------------------------------------
sinatra-sample_app_1   /docker-entrypoint.sh ruby ...   Up
$ docker inspect --format='{{range .NetworkSettings.Networks}}{{.IPAddress}}{{end}}' sinatra-
```

```
sample_app_1
172.19.0.2
$
```

이 Web 서버의 컨테이너에 할당된 주소는 172.19.0.2임을 알 수 있습니다.

다음은 docker-compose run을 실행하여 새 컨테이너에서 쉘을 실행합니다.

커맨드 2-3-7-11

```
$ docker-compose run --rm app bash
The Gemfile's dependencies are satisfied
root@73a58507d9ed:/app#
```

이 환경에서 ps 커맨드와 ip 커맨드를 실행하면 Web 서버 ruby 프로세스가 보이지 않고 주소도 동일한 서브넷에서 다른 주소(이 경우 172.19.0.3)가 할당된 것을 알 수 있습니다.

커맨드 2-3-7-12

```
root@f1ec0872fb12:/app# ps auxwf
USER    PID %CPU %MEM  VSZ  RSS TTY    STAT START  TIME COMMAND
root     1 0.3 0.0  5748 3592 pts/0  Ss  04:08  0:00 bash
root     8 0.0 0.0  9388 3156 pts/0  R+  04:08  0:00 ps auxwf
root@f1ec0872fb12:/app# ip address show
1: lo: <LOOPBACK,UP,LOWER_UP> mtu 65536 qdisc noqueue state UNKNOWN group default qlen 1000
   link/loopback 00:00:00:00:00:00 brd 00:00:00:00:00:00
   inet 127.0.0.1/8 scope host lo
      valid_lft forever preferred_lft forever
2: sit0@NONE: <NOARP> mtu 1480 qdisc noop state DOWN group default qlen 1000
   link/sit 0.0.0.0 brd 0.0.0.0
61: eth0@if62: <BROADCAST,MULTICAST,UP,LOWER_UP> mtu 1500 qdisc noqueue state UP group default
   link/ether 02:42:ac:13:00:03 brd ff:ff:ff:ff:ff:ff link-netnsid 0
   inet 172.19.0.3/16 brd 172.19.255.255 scope global eth0
      valid_lft forever preferred_lft forever
root@f1ec0872fb12:/app#
```

이전 단계와 마찬가지로 curl로 접속해 봅니다.

IP 주소를 직접 지정하여도 좋지만, Docker Compose는 같은 프로젝트 컨테이너에서는 서비스 이름으로 IP 주소를 확인하도록 되어 있습니다. 따라서 접속 정보는 app:4567입니다.

커맨드 2-3-7-13

```
root@f1ec0872fb12:/app# curl -v app:4567
* Expire in 0 ms for 1 (transfer 0x5594944b9fb0)
* Expire in 1 ms for 1 (transfer 0x5594944b9fb0)
                                            ... 중략 ...
* Expire in 1 ms for 1 (transfer 0x5594944b9fb0)
* Expire in 2 ms for 1 (transfer 0x5594944b9fb0)
*   Trying 172.19.0.2...
* TCP_NODELAY set
* Expire in 200 ms for 4 (transfer 0x5594944b9fb0)
* connect to 172.19.0.2 port 4567 failed: Connection refused
* Failed to connect to app port 4567: Connection refused
* Closing connection 0
curl: (7) Failed to connect to app port 4567: Connection refused
```

다른 컨테이너에서는 접근하지 못하고 오류가 되어 버렸습니다. 로그의 출력에서 호스트 이름으로 IP 주소를 확인할 수 있지만, 그 주소로 접속이 되어 있지 않은 것을 알 수 있습니다. 이와 같이 컨테이너 내부에서 접속할 수 있는데 다른 컨테이너에서 접속 할 수 없는 경우, 서버의 설정에 문제가 있을 수 있습니다.

Web 서버가 실행 중인 서비스 컨테이너 내부에서 ss 커맨드로 소켓의 상태를 조사해 봅니다. 소켓은 다른 프로세스나 호스트와 접속하기 위해 사용되는 자원입니다.

접속을 기다리고 있는 소켓 정보를 표시하려면 -l 옵션을 지정합니다.

또한 -t 옵션을 사용하여 TCP 접속만 표시되도록 하며, -p 옵션을 지정하여 소켓에 할당된 프로세스를 표시하도록 합니다.(다른 터미널 열어서 컨테이너로 연결 후 진행)

커맨드 2-3-7-14

```
root@9ab7d2ff6f79:/app# ss -ltp
State    Recv-Q  Send-Q   Local Address:Port      Peer Address:Port
LISTEN   0       128      127.0.0.1:4567          0.0.0.0:*
users:(("ruby",pid=1,fd=5))
LISTEN   0       4096     127.0.0.11:46841        0.0.0.0:*
root@9ab7d2ff6f79:/app#
```

출력이 2개 표시되었습니다.

첫 번째 행의 127.0.0.1:4567에서 기다리고 있는 접속이 Web 서버 프로세스에서 기다리고 주소가 루프백 주소인 127.0.0.1로 되어있는 것을 알 수 있습니다.

두 번째 줄의 127.0.0.11에서 기다리고 있는 접속은 Docker가 내부적으로 사용하는 것입니다. Sinatra를 포함한 많은 서버는 기본적으로 루프백 주소(127.0.0.1 localhost)에서만 접속할 수 있도록 설정되어 있는 경우가 많습니다.

특별한 설정을 하지 않으면 Docker 컨테이너는 다른 주소나 네트워크가 할당됩니다.

따라서 루프백 주소에서 기다리고 있는 경우는 컨테이너 밖의 다른 외부 주소와 네트워크로 간주되어 접속이 안되도록 되어 있습니다.

컨테이너의 서비스에 외부에서 접속 할 수 있도록 하기 위한 설정 방법엔 여러 가지가 있습니다. 첫 번째 방법은 기다리는 주소에 컨테이너의 네트워크 주소(예를 들면 172.26.0.2/16의 경우 172.26.0.0)를 지정하는 방법입니다. 이 경우 동일한 네트워크(이 경우 Docker Compose 프로젝트의 컨테이너)에서만 접속할 수 있습니다.

두 번째 방법은 와일드카드 주소인 0.0.0.0을 사용하여 모든 주소에서 접속을 허용하도록 설정하는 방법입니다. 여기에서는 나중에 외부에서의 접근도 확인할 수 있도록 와일드카드 주소를 사용합니다.

기다리는 주소를 지정하는 방법은 애플리케이션에 따라 다릅니다.

Sinatra 임베디드 서버에서는 ruby 파일의 뒤에 -o 0.0.0.0 및 옵션을 지정하여 모든 주소로부터 접속을 허용하도록 설정할 수 있습니다.

docker-compose.yml의 command 설정을 다음과 같이 수정합니다.

데이터 2-3-7-3 : docker-compose.yml(수정)

```
version: "3"

services
 # Sinatra 샘플 애플리케이션
 app:
  build: .

  command: ruby app.rb -o 0.0.0.0

  volumes:
   - .:/app
   - app-bundle:/usr/local/bundle

volumes:
 # Bundler로 설치한 gem 보관 볼륨
 app-bundle:
```

변경 사항을 반영하기 위해 일단 서비스를 중지하고 컨테이너를 다시 만듭니다.

이전 단계에서 docker-compose up으로 서비스 실행 중인 경우 [Ctrl]+[C]키를 입력하여 서비스를 중지할 수 있습니다.

커맨드 2-3-7-15

```
^CGracefully stopping... (press Ctrl+C again to force)
Stopping sinatra-sample_app_1 ... done
```

설정을 수정한 후 docker-compose up을 실행하면 변경된 설정에 따라 컨테이너가 다시 만들어집니다.

커맨드 2-3-7-16

```
$ docker-compose up
Recreating sinatra-sample_app_1 ... done
Attaching to sinatra-sample_app_1
app_1  | The Gemfile's dependencies are satisfied
app_1  | [2021-04-13 04:16:04] INFO  WEBrick 1.7.0
app_1  | [2021-04-13 04:16:04] INFO  ruby 3.0.1 (2021-04-05) [x86_64-linux]
app_1  | == Sinatra (v2.1.0) has taken the stage on 4567 for development with backup from WEBrick
app_1  | [2021-04-13 04:16:04] INFO  WEBrick::HTTPServer#start: pid=1 port=4567
```

서비스 컨테이너 내부에서 ss 커맨드로 지금 기다리고 주소가 *:4567과 와일드카드 주소로 되어 있는지 확인합니다.

커맨드 2-3-7-17

```
$ docker-compose exec app ss -ltp
State    Recv-Q   Send-Q    Local Address:Port      Peer Address:Port
LISTEN   0        4096      127.0.0.11:45159          0.0.0.0:*
LISTEN   0        128       0.0.0.0:4567            0.0.0.0
```

이 상태에서 다른 컨테이너의 외부에서 제대로 접속되어 있는지 확인합니다.

커맨드 2-3-7-18

```
$ docker-compose run --rm app curl -v app:4567
Creating sinatra-sample_app_run ... done
The Gemfile's dependencies are satisfied
* Expire in 0 ms for 6 (transfer 0x555f28b70fb0)
                                    ... 중략 ...
* Expire in 0 ms for 1 (transfer 0x555f28b70fb0)
```

```
* Expire in 0 ms for 1 (transfer 0x555f28b70fb0)
*   Trying 172.19.0.2...
* TCP_NODELAY set
* Expire in 200 ms for 4 (transfer 0x555f28b70fb0)
* Connected to app (172.19.0.2) port 4567 (#0)
> GET / HTTP/1.1
> Host: app:4567
> User-Agent: curl/7.64.0
> Accept: */*
>
< HTTP/1.1 200 OK
< Content-Type: text/html;charset=utf-8
< Content-Length: 13
< X-Xss-Protection: 1; mode=block
< X-Content-Type-Options: nosniff
< X-Frame-Options: SAMEORIGIN
< Server: WEBrick/1.7.0 (Ruby/3.0.1/2021-04-05)
< Date: Tue, 13 Apr 2021 04:20:08 GMT
< Connection: Keep-Alive
<
Hello world!
* Connection #0 to host app left intact
```

호스트 환경의 파일 소유자 수정하기

이것으로 Sinatra 애플리케이션을 실행하기 위한 환경 세트를 구축되었습니다.

Linux 환경의 경우, 호스트 환경의 파일을 확인해 봅니다.

컨테이너 내부에서 만든 파일의 소유자가 root로 되어있는 것을 확인할 수 있습니다.

이 상태로는 호스트 환경에서 편집하기 어려울 수 있기 때문에 소유자를 현재 사용자로 수정하는 것이 좋습니다. 소유자를 현재 사용자로 수정하는 방법 중에서 가장 빠른 것은 chown 커맨드를 사용하는 것입니다.

컨테이너 환경에서 파일이 생성 및 수정된 경우, 필요하다면 매번 아래의 커맨드로 소유자를 수정해 둡니다.

커맨드 2-3-7-19

```
$ sudo chown -R "$(id -u):$(id -g)" .
```

····
서비스 설정 정리하기

마지막으로 애플리케이션이 포함된 이미지를 빌드하도록 하고, 외부로 서비스를 제공할 수 있는
설정으로 정리해 봅니다.

Dockerfile은 다음과 같습니다.

엔트리 포인트 설정 후에 애플리케이션 파일을 복사하여 서버를 실행하는 커맨드를 설정합니다.

▌ 데이터 2-3-7-4 : Dockerfile

```
# Docker 공식 Ruby 이미지
FROM ruby:3.0.1-buster

# 애플리케이션 배치 디렉터리
WORKDIR /app

# Bundler로 gem 설치
COPY Gemfile Gemfile.lock ./
RUN bundle install

COPY docker-entrypoint.sh /
RUN chmod +x /docker-entrypoint.sh
ENTRYPOINT ["/docker-entrypoint.sh"]

# 애플리케이션 파일 복사
COPY . ./

# 서버를 실행하기 위한 커맨드와 포트 설정
CMD ["ruby", "app.rb", "-o", "0.0.0.0"]
EXPOSE 4567
```

COPY 커맨드로 파일을 모두 복사해야 하므로 불필요한 파일이 포함되지 않도록 dockerignore
파일을 만들어 둡니다.

여기에서는 프로젝트를 Git으로 관리할 것을 염두해서 .git 디렉터리도 제외하도록 했습니다.

▌ 데이터 2-3-7-5 : .dockerignore

```
.git
.env
docker-compose.*
Dockerfile
```

docker-entrypoint.sh의 내용은 다음과 같습니다.

데이터 2-3-7-6 : docker-entrypoint.sh

```
#!/bin/bash

set -eu

# 필요하다면 Bundler로 gem 인스톨
bundle check || bundle install

exec "$@"
```

일부 설정을 이미지에 포함해야 했기 때문에 해당 docker-compose.yml 파일의 설정이 필요합니다. 최종 내용은 다음과 같습니다.

데이터 2-3-7-7 : docker-compose.yml

```
version: "3"

services:
  # Sinatra 샘플 애플리케이션
  app:
    build: .

    ports:
      - "10080:4567"

    volumes:
      - .:/app
      - app-bundle:/usr/local/bundle

volumes:
  # Bundler로 설치한 gem 보관 볼륨
  app-bundle:
```

여기에서는 불필요한 설정을 삭제했으며, 호스트 환경의 포트 10080으로 Sinatra 서버에 접속할 수 있도록 했습니다.

그러면 docker-compose up으로 서비스를 실행해 봅니다.

이미지를 빌드할 필요가 있기 때문에 --build 옵션을 지정하고, 또한 서비스에 접속하지 않도록 -d 옵션도 추가했습니다.

커맨드 2-3-7-20

```
$ docker-compose up -d --build
Creating network "sinatra-sample_default" with the default driver
Building app
Step 1/10 : FROM ruby:3.0.1-buster
 ---> 343efcc83bc0
Step 2/10 : WORKDIR /app
 ---> Running in 49ce365a2542
Removing intermediate container 49ce365a2542
 ---> a9be97f44aa0
Step 3/10 : COPY Gemfile Gemfile.lock ./
 ---> c285a7e32bd6
Step 4/10 : RUN bundle install
 ---> Running in e932229167dc
Fetching gem metadata from https://rubygems.org/....
Using bundler 2.2.15
Fetching rack 2.2.3
Fetching tilt 2.0.10
Fetching tilt 2.0.10
Installing ruby2_keywords 0.0.4
Installing ruby2_keywords 0.0.4
Installing webrick 1.7.0
Fetching mustermann 1.1.1
Installing rack 2.2.3
Fetching rack-protection 2.1.0
Installing mustermann 1.1.1
Installing rack-protection 2.1.0
Fetching sinatra 2.1.0
Installing sinatra 2.1.0
Bundle complete! 2 Gemfile dependencies, 8 gems now installed.
Use `bundle info [gemname]` to see where a bundled gem is installed.
Removing intermediate container e932229167dc
 ---> 8c543b82948c
Step 5/10 : COPY docker-entrypoint.sh /
 ---> 3fcfe59815fd
Step 6/10 : RUN chmod +x /docker-entrypoint.sh
 ---> Running in b9f8a738998f
Removing intermediate container b9f8a738998f
 ---> c81b0986c794
```

```
Step 7/10 : ENTRYPOINT ["/docker-entrypoint.sh"]
 ---> Running in 1ae2f3c09d1b
Removing intermediate container 1ae2f3c09d1b
 ---> 6e845c0d8116
Step 8/10 : COPY . ./
 ---> 6cf2eafec1ef
Step 9/10 : CMD ["ruby", "app.rb", "-o", "0.0.0.0"]
 ---> Running in 55d0f75677c8
Removing intermediate container 55d0f75677c8
 ---> 3690e62ffb23
Step 10/10 : EXPOSE 4567
 ---> Running in d07f4a7398bd
Removing intermediate container d07f4a7398bd
 ---> f7c36d4b9e0b


Successfully built f7c36d4b9e0b
Successfully tagged sinatra-sample_app:latest
Creating sinatra-sample_app_1 ... done
```

빌드한 이미지로 서비스 컨테이너가 다시 만들어졌습니다.
docker-compose ps으로 서비스의 상태를 확인해 봅니다.

커맨드 2-3-7-21

```
$ docker-compose ps
      Name            Command         State      Ports
---------------------------------------------------------------------------
sinatra-sample_app_1  /docker-entrypoint.sh ruby ...   Up     0.0.0.0:10080->4567/tcp
```

호스트 환경의 포트 10080에서 컨테이너의 포트 4567에 접속되어 있는 것을 알 수 있습니다. 마지막 마무리로 호스트 환경에서 접속할 수 있는지 확인해 봅니다.

커맨드 2-3-7-22

```
$ curl localhost:10080
Hello world!
```

서버의 동작은 브라우저에서 URL에 접근해서 확인할 수 있습니다.

다음 이미지와 같이 응답 텍스트가 확인되면 정상적으로 접속이 완료된 것입니다.

이미지 2-3-7-1 : 브라우저에서 sinatra 서버에 접속

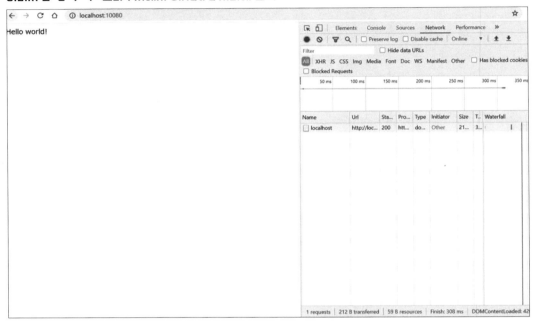

개발 작업에 적합한
Docker 환경 구축하기

이 챕터에서는 Ruby on Rails(Rails)를 예로 들어 좀 더 복잡한 Docker 환경을 구축하는 방법에 대해 알아보겠습니다.

Rails는 단독으로 동작하는 웹 애플리케이션이지만, 개발에 있어서는 데이터 베이스 서버 뿐만 아니라 Spring 서버도 같이 사용해야 할 경우도 있습니다. 프런트 엔드 개발 스타일에 따라 추가 Webpack과 Vue.js 등 Node.js의 환경도 필요합니다.

Ruby와 Node.js의 환경에서는 베이스 이미지가 다르기 때문에 각각의 언어가 움직일 수 있는 환경이 준비된 이미지를 빌드하면 편리하게 개발 환경을 만들 수 있습니다.

3-1
Ruby on Rails 실행 환경 구축하기

먼저 Ruby on Rails를 이용한 Web 애플리케이션의 실행 환경을 구축해 봅니다.
Ruby뿐만 아니라 Node.js도 같은 환경에서 사용할 수 있는 것이 특징입니다.

3-1-1 Ruby on Rails란

Ruby on Rails는 Ruby로 만든 오픈 소스 Web 애플리케이션 프레임워크 중 하나입니다.
줄여서 RoR 또는 단순히 Rails로 불리는 경우도 있습니다. 이후 빠른 설명을 위해서 Ruby on Rails는 Rails로 약칭하겠습니다.

Ruby on Rails Web 사이트 : https://rubyonrails.org/

이미지 3-1-1-1 : Ruby on Rails Web 사이트

Rails는 실제로 애플리케이션을 구축할 때보다 적은 코드로 개발할 수 있는 것이 특징으로, 다음의 4단계로 최소한의 웹 애플리케이션을 만들 수 있습니다.

• Ruby가 설치된 환경에 rails gem 추가
• rails new 애플리케이션 만들기
• 필요한 처리 구현
• rails server로 Web 서버 실행

Rails에서는 rails new를 실행하면 샘플 Web 애플리케이션이 실행하도록 되어 있지만 실제로는 데이터 베이스에 접속하기 때문에 추가 설정이 필요하거나 운영 환경에서 보안을 위한 추가 설정이 필요합니다.

여기에서는 데이터 베이스에 접속하는 처리도 포함해서 만들어 봅니다.

다음 단계는 앞서 Chapter 2에서 설명한 Sinatra 샘플과 비슷한 부분은 간략하게 진행하겠습니다. 필요에 따라 Chapter 2-3의 설명을 참고하길 바랍니다.

3-1-2 사전 준비

Sinatra 샘플과 작업 디렉터리를 나누기 위해 별도의 디렉터리를 만들고 프로젝트 이름을 설정하는 .env 파일을 준비합니다.

커맨드 3-1-2-1

```
$ mkdir rails-sample
$ cd rails-sample
$ echo 'COMPOSE_PROJECT_NAME=rails-sample' > .env
```

Rails에서는 환경에 따라 환경 변수의 값을 전환할 수 있는 dotenv라는 gem이 있으며, gem도 .env를 읽을 수 있게 되어 있습니다.

나중에 설명하겠지만 Docker Compose는 다른 방법으로 환경 변수를 설정할 수 있기 때문에 dotenv를 사용하지 않는다는 전제로 진행하겠습니다.

3-1-3 **Docker Compose 프로젝트 만들기**

Sinatra에서 했던 것과 마찬가지로 Docker Compose 프로젝트에 필요한 파일을 만듭니다.
다음과 같은 내용의 docker-compose.yml 파일을 만듭니다.

데이터 3-1-3-1 : docker-compose.yml

```
version: "3.7"

services:
  # Rails 샘플 애플리케이션
  app:
    build: .

    init: true

    ports:
      - "3000:3000"

    volumes:
      - .:/app
```

미리 Rails 서버가 대기하는 포트 번호를 지정해 두었고, init:true 설정을 추가하고 좀비 프로세스
의 처리가 되도록 했습니다.

기본 개발 환경에서는 rails나 rake 커맨드를 실행하면 프리로더 Spring이 백그라운드로 움직이며,
Web 서버의 경우에도 여러 개의 워커 구성에서는 여러 프로세스로 실행하는 것이 일반적입니다.
app 컨테이너에서도 init 설정을 사용할 수 있도록 version에 "3.7"을 지정하고 있습니다.

여기에서는 상태 유지를 단순화하기 위해 Sinatra 샘플과는 달리 Bundler에 설치되는 gem은 (볼
륨 등을 사용하지 않고) 이미지들만 사용하도록 하고 있습니다.

다음으로 Dockerfile 파일을 만듭니다. Rails 관련 gem은 설치에 시간이 걸리므로 여기에서는
bundle install에 -j4 옵션을 지정하여 4 병렬로 설치되도록 합니다.

데이터 3-1-3-2 : Dockerfile

```
# Docker 공식 Ruby 이미지 사용
FROM ruby:3.0.1-buster

# 애플리케이션 배치 디렉터리
WORKDIR /app
```

```
# Bundler로 gem인스톨
ARG BUNDLE_INSTALL_ARGS="-j 4"
COPY Gemfile Gemfile.lock ./

RUN bundle install ${BUNDLE_INSTALL_ARGS}

# 엔트리 포인트 설정
COPY docker-entrypoint.sh /
RUN chmod +x /docker-entrypoint.sh
ENTRYPOINT ["/docker-entrypoint.sh"]

# 애플리케이션 파일 복사
COPY . ./

# 서버를 실행하기 위한 커맨드와 포트 설정
CMD ["rails", "server", "-b", "0.0.0.0"]
EXPOSE 3000
```

다음과 같은 내용의 .dockerignore 파일을 만듭니다.

데이터 3-1-3-3 : .dockerignore

```
.git
.env
docker-compose.*
Dockerfile
```

다음으로 docker-entrypoint.sh 파일을 만듭니다. Sinatra 샘플과 달리 Bundler에 대해서는 의존관계만을 확인합니다.

데이터 3-1-3-4 : docker-entrypoint.sh

```
#!/bin/bash

set -eu

# Bundler 의존관계 확인
bundle check || true

exec "$@"
```

다음으로 Gemfile을 만듭니다. 버전은 집필 시점에서 최신 버전인 Rails 6.0.3를 사용합니다.

데이터 3-1-3-5 : Gemfile

```
source "https://rubygems.org"

gem "rails", "= 6.0.3"
```

마지막으로, 빈 상태의 Gemfile.lock 파일을 만듭니다. 여기에서 만든 Gemfile 및 Gemfile.lock 파일은 일시적인 것으로, 이후 단계에서 Rails 애플리케이션을 만들 때 덮어쓰기하면 됩니다.

이제 이미지 빌드에 필요한 모든 파일이 갖춰졌습니다. 일단 docker-compose build를 실행하여 이미지를 빌드할 수 있는지 확인합니다.

커맨드 3-1-3-1

```
$ docker-compose build
Building app
Step 1/11 : FROM ruby:3.0.1-buster
 ---> 343efcc83bc0
Step 2/11 : WORKDIR /app
 ---> Using cache
 ---> 256c7123a462
Step 3/11 : ARG BUNDLE_INSTALL_ARGS="-j 4"
 ---> Using cache
 ---> cadbeaded8c8
 ---> cadbeaded8c8
 ---> de5fe45def05
Step 5/11 : RUN bundle install ${BUNDLE_INSTALL_ARGS}
 ---> Running in ba3ab1db3753
Fetching gem metadata from https://rubygems.org/............
Using rake 13.0.3
Fetching zeitwerk 2.4.2

                            ... 중략 ...

Fetching rails 6.0.3
Installing rails 6.0.3
Bundle complete! 1 Gemfile dependency, 44 gems now installed.
Use `bundle info [gemname]` to see where a bundled gem is installed.
Removing intermediate container ba3ab1db3753
 ---> b4850178233b
```

```
Step 6/11 : COPY docker-entrypoint.sh /
 ---> 19fc34c3ba0b
Step 7/11 : RUN chmod +x /docker-entrypoint.sh
 ---> Running in ee87a0d8cb0b
Removing intermediate container ee87a0d8cb0b
 ---> b808abae8287
Step 8/11 : ENTRYPOINT ["/docker-entrypoint.sh"]
 ---> Running in 51ac6797b783
Removing intermediate container 51ac6797b783
 ---> fd16a4b6dcf4
Step 9/11 : COPY . ./
 ---> de61a1b17054
Step 10/11 : CMD ["rails", "server", "-b", "0.0.0.0"]
 ---> Running in 03328500fa2a
Removing intermediate container 03328500fa2a
 ---> 7d9780491544
Step 11/11 : EXPOSE 3000
 ---> Running in 2f570508be2c
Removing intermediate container 2f570508be2c
 ---> c6c6f3bdef5d

Successfully built c6c6f3bdef5d
Successfully tagged rails-sample_app:latest
```

처음 두 커맨드는 Sinatra 애플리케이션의 예와 동일하므로 캐시가 사용되고 있다는 것을 알 수 있습니다.

빌드한 이미지로 rails 커맨드를 사용할 수 있는지 확인해야 합니다.

커맨드 3-1-3-2

```
$ docker-compose run --rm app bash
Creating rails-sample_app_run ... done
The Gemfile's dependencies are satisfied
root@c7f3ff0347c6:/app# rails --version
Rails 6.0.0
root@c7f3ff0347c6:/app#
```

....
Gemfile을 bundle 커맨드로 준비하기

이전 단계에서 Gemfile 및 Gemfile.lock 파일을 직접 작성했지만, Sinatra 예에서 설명한 바와 같이 Ruby 이미지에서 bundle 커맨드를 사용하여 만들 수도 있습니다.

우선 다음과 같은 커맨드를 실행하여 Gemfile을 만듭니다.

커맨드 3-1-3-3

```
$ docker run --rm -v "$(pwd):/app" -w /app 'ruby:3.0.1-buster' bundle init
Writing new Gemfile to /app/Gemfile
```

여기에서는 호스트 환경에서 실행하는 쉘이 bash인 것을 상정하고 있습니다.

「-v "$(pwd):/app"」과 같이 옵션을 지정하여 호스트 환경의 현재 디렉터리를 컨테이너 내부의 /app 디렉터리에 마운트하도록 되어 있습니다.

호스트 환경의 현재 디렉터리를 얻는 pwd 커맨드를 실행하여 $()를 사용해 그 결과를 출력합니다. 또한 「-w /app」 같이 옵션을 지정함으로써, 컨테이너 내부에서는 /app 디렉터리를 현재 디렉터리로 하며 커맨드가 실행되도록 하고 있습니다.

Docker Compose 프로젝트에서 지정된 서비스의 이미지가 빌드되어 있지 않기 때문에, 여기에서는 베이스 이미지를 직접 지정하고 있습니다. 이어서 다음 커맨드로 Rails 프레임워크 rails gem을 의존관계에 추가합니다.

여기에서 gem은 설치할 필요가 없으므로 --skip-install을 지정합니다.

커맨드 3-1-3-4

```
$ docker run --rm -v "$(pwd):/app" -w /app 'ruby:3.0.1-buster' bundle add rails --version
'=6.0.0' --skip-install
Fetching gem metadata from https://rubygems.org/............
```

3-1-4 Node.js 환경 추가하기

이전 단계에서 생성된 이미지는 rails 커맨드를 사용할 수 있게 되어 있습니다.

이 상태로 개발을 진행할 수 있는데, 여기서 한 가지 유의할 점은 Rails에 JavaScript를 사용한 webpacker gem과 같은 기능들이 포함되어 있다는 것입니다.

기본 설정에서는 JavaScript 기능의 사용 여부를 확인하도록 되어 있으며, 이후의 구축 단계에서 rails console 등을 실행하면 오류가 발생하며 다음과 같은 메시지가 표시됩니다.

커맨드 3-1-4-1

```
/usr/local/bundle/gems/execjs-2.7.0/lib/execjs/runtimes.rb:58:in `autodetect': Could not find a
JavaScript runtime. See https://github.com/rails/execjs for a list of available runtimes.
(ExecJS::RuntimeUnavailable)
```

JavaScript를 사용하지 않도록 설정할 수 있지만 여기에서는 JavaScript의 처리를 사용할 수 있도록 이미지를 빌드합니다. 대상은 Node.js 환경과 패키지 관리자 Yarn입니다.

Yarn은 Rails로 만든 애플리케이션 webpacker gem에서도 사용할 수 있습니다.

공식 Ruby 이미지에 Node.js 환경을 추가하는 방법으로 몇 가지 예를 들면 다음과 같은 방법이 있습니다.

- 베이스 이미지의 패키지 관리 시스템을 사용하여 설치하기
- Node.js가 배포하는 바이너리 아카이브로 설치하기
- Node.js가 설치된 이미지에서 파일 복사해오기

이러한 방법으로 Node.js(집필 시점에서 최신 LTS인) 버전 14.16.1의 설치 방법을 설명하겠습니다.

베이스 이미지의 패키지 관리 시스템을 사용하여 설치하기

우선 베이스 이미지의 패키지 관리 시스템을 사용하여 설치하는 방법에 대해 알아보겠습니다. Node.js는 많은 배포판에 포함되어 있으며, 특히 deb 패키지와 rpm 패키지는 Node.js 공식 패키지로 제공되고 있습니다. Node.js 공식 패키지를 설치하면 배포판에 포함된 버전이 아닌 최신 버전의 Node.js도 사용할 수 있습니다.

다음 URL에서 Node.js와 Yarn의 설치 절차를 확인할 수 있습니다.

Node.js 공식 페이지
https://nodejs.org/en/download/package-manager/
NodeSource README
https://github.com/nodesource/distributions/blob/master/README.md
Yarn 공식 페이지
https://yarnpkg.com/en/docs/install/

이번 예제는 Debian GNU/Linux 10(버전명 buster)를 베이스로 하고 있기 때문에, Dockerfile에 다음의 내용을 추가하면 Node.js와 Yarn을 설치할 수 있습니다.

▌데이터 3-1-4-1 : Dockerfile

```
# Docker 공식 Ruby이미지 사용
FROM ruby:3.0.1-buster

# 애플리케이션 배치 디렉터리
WORKDIR /app

# Node.js v14 계열과 Yarn안정판 설치
RUN curl -sSfL https://deb.nodesource.com/setup_14.x | bash - \
  && curl -sSfL https://dl.yarnpkg.com/debian/pubkey.gpg | apt-key add - \
  && echo "deb https://dl.yarnpkg.com/debian/ stable main" | tee /etc/apt/sources.list.d/yarn.list \
  && apt-get update \
  && apt-get install -y \
    nodejs \
    yarn \
  && rm -rf /var/lib/apt/lists/*

# Bundler로 gem인스톨
ARG BUNDLE_INSTALL_ARGS="-j 4"
COPY Gemfile Gemfile.lock ./

RUN bundle install ${BUNDLE_INSTALL_ARGS}

# 엔트리 포인트 설정
COPY docker-entrypoint.sh /
RUN chmod +x /docker-entrypoint.sh
ENTRYPOINT ["/docker-entrypoint.sh"]

# 애플리케이션 파일 복사
COPY . ./

# 서버를 실행하기 위한 커맨드와 포트 설정
CMD ["rails", "server", "-b", "0.0.0.0"]
EXPOSE 3000
```

이 내용을 Bundler로 gem을 설치하는 이전 타이밍인 WORKDIR /app 명령 다음에 추가합니다.

gem 설치 이후에 타이밍에 추가해 버리면 Gemfile이 변경될 때마다 캐시가 비활성화되고, 패키지 재설치 작업이 실행됩니다.

그럼 이제 이미지를 빌드해 추가된 명령이 제대로 작동하는지 확인해 보겠습니다.

커맨드 3-1-4-2

```
$ docker-compose build
Building app
Step 1/12 : FROM ruby:3.0.1-buster
 ---> 343efcc83bc0
Step 2/12 : WORKDIR /app
 ---> Using cache
 ---> 256c7123a462
Step 3/12 : RUN curl -sSfL https://deb.nodesource.com/setup_14.x | bash -   && curl -sSfL https://dl.yarnpkg.com/debian/pubkey.gpg | apt-key add -   && echo "deb https://dl.yarnpkg.com/debian/ stable main" | tee /etc/apt/sources.list.d/yarn.list   && apt-get update   && apt-get install -y   nodejs yarn   && rm -rf /var/lib/apt/lists/*
 ---> Running in 8cbf3a948443

## Installing the NodeSource Node.js 14.x repo...

+ apt-get update
Get:1 http://deb.debian.org/debian buster InRelease [121 kB]
Get:2 http://security.debian.org/debian-security buster/updates InRelease [65.4 kB]
Get:3 http://deb.debian.org/debian buster-updates InRelease [51.9 kB]
Get:4 http://security.debian.org/debian-security buster/updates/main amd64 Packages [272 kB]
Get:5 http://deb.debian.org/debian buster/main amd64 Packages [7907 kB]
Get:6 http://deb.debian.org/debian buster-updates/main amd64 Packages [9504 B]
Fetched 8427 kB in 2s (3766 kB/s)
Reading package lists...
                              ... 중략 ...
The following NEW packages will be installed:
  nodejs yarn
0 upgraded, 2 newly installed, 0 to remove and 0 not upgraded.
Need to get 25.6 MB of archives.
After this operation, 125 MB of additional disk space will be used.
                              ... 중략 ...
Setting up nodejs (14.16.1-1nodesource1) ...
Setting up yarn (1.22.5-1) ...
Removing intermediate container 8cbf3a948443
 ---> d91d6f1ca5b5
```

```
Step 4/12 : ARG BUNDLE_INSTALL_ARGS="-j 4"
 ---> Running in 3c5178319259
Removing intermediate container 3c5178319259
 ---> d4e681b4d6ad
Step 5/12 : COPY Gemfile Gemfile.lock ./
 ---> d88b3b3f560e
Step 6/12 : RUN bundle install ${BUNDLE_INSTALL_ARGS}
 ---> Running in cd77bda2cc62
Fetching gem metadata from https://rubygems.org/............
Using rake 13.0.3
                              ... 중략 ...
Installing rails 6.0.0
Bundle complete! 1 Gemfile dependency, 44 gems now installed.
Use `bundle info [gemname]` to see where a bundled gem is installed.
Removing intermediate container cd77bda2cc62
 ---> 375481c42b5d
Step 7/12 : COPY docker-entrypoint.sh /
 ---> 07f74144167b
Step 8/12 : RUN chmod +x /docker-entrypoint.sh
 ---> Running in d5356e0b2f7a
Removing intermediate container d5356e0b2f7a
 ---> 705e7b93e0cc
Step 9/12 : ENTRYPOINT ["/docker-entrypoint.sh"]
 ---> Running in 77623c09333c
Removing intermediate container 77623c09333c
 ---> 4b0d76cf36a3
Step 10/12 : COPY . ./
 ---> 3bebeb6d2786
Step 11/12 : CMD ["rails", "server", "-b", "0.0.0.0"]
 ---> Running in 08f39bb2ef31
Removing intermediate container 08f39bb2ef31
 ---> ab20c982c70c
Step 12/12 : EXPOSE 3000
 ---> Running in 80181981757f
Removing intermediate container 80181981757f
 ---> 7ab3c4da559d

Successfully built 7ab3c4da559d
Successfully tagged rails-sample_app:latest
```

빌드한 이미지로 node 커맨드와 yarn 커맨드를 사용할 수 있는지 확인합니다.

커맨드 3-1-4-3

```
$ docker-compose run --rm app bash
Creating rails-sample_app_run ... done
The Gemfile's dependencies are satisfied
root@620eb148acc2:/app# which node yarn
/usr/bin/node
/usr/bin/yarn
root@620eb148acc2:/app# node --version
v14.16.1
root@620eb148acc2:/app# yarn --version
1.22.5
root@620eb148acc2:/app# exit
exit
```

패키지 관리 시스템을 사용해 설치하면 어떤 패키지든 같은 절차로 정리할 수 있다는 장점이 있습니다. 그뿐만 아니라 배포판에 내장되어 관리되고 있기 때문에 동작의 검증이 가능하다는 점을 또 하나의 장점으로 들 수 있습니다.

그러나 관리 시스템의 메타 데이터는 매번 업데이트되기 때문에 패키지 이름만 지정하면 빌드 시점에서 최신 버전의 패키지가 설치되어 버립니다.

이를 피하기 위해 패키지 버전을 엄격하게 관리하려고 하면 절차가 복잡해집니다.

또한 이 메타 데이터에 대한 접속(또는 다운로드)이 필요하기 때문에 빌드에 시간이 걸린다는 단점도 있습니다.

Node.js가 배포하는 바이너리 아카이브로 설치하기

그 밖에도 Node.js는 컴파일된 바이너리를 tarball(tar로 하나의 파일에 정리된 아카이브)로 배포하고 있습니다. 또한 Yarn도 tarball을 사용해 설치할 수 있게 되어 있습니다.

이 설치 단계는(집필 시점에서는) 다음 URL에서 참고할 수 있습니다.

https://github.com/nodejs/help/wiki/Installation
https://yarnpkg.com/en/docs/install#alternatives-stable

이를 참고하여 Dockerfile을 다음과 같이 준비합니다. 여기에서는 /opt/ 아래에 설치하는데, 이 위치가 패키지 관리 시스템으로 설치할 때와는 다른 위치라는 점을 유의해야 합니다.

▌데이터 3-1-4-2 : Dockerfile

```
# Docker 공식 Ruby 이미지 사용
FROM ruby:3.0.1-buster

# 애플리케이션 배치 디렉터리
WORKDIR /app

# 설치하는 Node.js와 Yarn 버전
# NODE_SHA256SUM 값은 https://nodejs.org/dist/${NODE_VERSION}/SHASUMS256.txt 참조
ENV \
  NODE_VERSION=v14.16.1 \
  NODE_DISTRO=linux-x64 \
  NODE_SHA256SUM=85a89d2f68855282c87851c882d4c4bbea4cd7f888f603722f0240a6e53d89df \
  YARN_VERSION=1.22.5

# Yarn 설치로 Node.js 버전을 확인하기 때문에 설치되는 곳의 PATH 설정
ENV PATH=/opt/node-${NODE_VERSION}-${NODE_DISTRO}/bin:/opt/yarn-${YARN_VERSION}/bin:${PATH}

# Node.js와 Yarn 설치
RUN curl -sSfLO https://nodejs.org/dist/${NODE_VERSION}/node-${NODE_VERSION}-
}-${NODE_DISTRO}.tar.xz \
  && echo "${NODE_SHA256SUM} node-${NODE_VERSION}-${NODE_DISTRO}.tar.xz" | sha256sum -c - \
  && tar -xJ -f node-${NODE_VERSION}-${NODE_DISTRO}.tar.xz -C /opt \
  && rm -v node-${NODE_VERSION}-${NODE_DISTRO}.tar.xz \
  && curl -o - -sSfL https://yarnpkg.com/install.sh | bash -s -- --version ${YARN_VERSION} \

# Bundler로 gem인스톨
ARG BUNDLE_INSTALL_ARGS="-j 4"
COPY Gemfile Gemfile.lock ./

RUN bundle install ${BUNDLE_INSTALL_ARGS}

# 엔트리 포인트 설정
COPY docker-entrypoint.sh /
RUN chmod +x /docker-entrypoint.sh
ENTRYPOINT ["/docker-entrypoint.sh"]

# 애플리케이션 파일 복사
COPY . ./
```

```
# 서버를 실행하기 위한 커맨드와 포트 설정
CMD ["rails", "server", "-b", "0.0.0.0"]
EXPOSE 3000
```

Node.js 설치 시에는 설치 파일의 SHA256 해시를 계산하여 검증하도록 하고 있습니다.
또한 Yarn 설치 시에는 설치 스크립트를 사용하도록 하고 있습니다.
Yarn 설치 스크립트에서는 tarball의 GPG 서명도 검증하도록 되어 있기 때문에 직접 다운로드해 사용하는 것보다 안전합니다.
이 내용을 (이전 apt install을 사용한 과정 대신) RUN bundle install 다음에 실행하여 이미지를 빌드해 보겠습니다.

커맨드 3-1-4-4

```
$ docker-compose build
Building app
Step 1/14 : FROM ruby:3.0.1-buster
 ---> 343efcc83bc0
Step 2/14 : WORKDIR /app
 ---> Using cache
 ---> 256c7123a462
Step 3/14 : ENV   NODE_VERSION=v14.16.1   NODE_DISTRO=linux-x64   NODE_SHA256SUM=85a89d2f6885
5282c87851c882d4c4bbea4cd7f888f603722f0240a6e53d89df   YARN_VERSION=1.22.5
 ---> Running in 2e6f3c36c4fd
Removing intermediate container 2e6f3c36c4fd
 ---> 626aab8c5319
Step 4/14 : ENV PATH=/opt/node-${NODE_VERSION}-${NODE_DISTRO}/bin:/opt/yarn-${YARN_VERSION}/
bin:${PATH}
 ---> Running in 278004cc5676
Removing intermediate container 278004cc5676
 ---> 5cd4f324b7ce
Step 5/14 : RUN curl -sSfLO https://nodejs.org/dist/${NODE_VERSION}/node-${NODE_VERSION}-
${NODE_DISTRO}.tar.xz    && echo "${NODE_SHA256SUM} node-${NODE_VERSION}-
${NODE_DISTRO}.tar.xz" | sha256sum -c -   && tar -xJ -f node-${NODE_VERSION}-
${NODE_DISTRO}.tar.xz -C /opt   && rm -v node-${NODE_VERSION}-${NODE_DISTRO}.tar.xz   &&
curl -o - -sSfL https://yarnpkg.com/install.sh | bash -s -- --version ${YARN_VERSION}   && mv
/root/.yarn /opt/yarn-v${YARN_VERSION}
 ---> Running in e05b7a3a801c
node-v14.16.1-linux-x64.tar.xz: OK
removed 'node-v14.16.1-linux-x64.tar.xz'
```

Installing Yarn!

> Downloading tarball...

... 중략 ...

> Successfully installed Yarn 1.22.5! Please open another terminal where the `yarn` command will now be available.

Removing intermediate container e05b7a3a801c

---> dacd6ab66fbb

Step 6/14 : ARG BUNDLE_INSTALL_ARGS="-j 4"

---> Running in 948d7e09ff53

Removing intermediate container 948d7e09ff53

---> c4feeb250fc6

Step 7/14 : COPY Gemfile Gemfile.lock ./

---> 79990fa2356d

Step 8/14 : RUN bundle install ${BUNDLE_INSTALL_ARGS}

---> Running in 8a5245b45446

Fetching gem metadata from https://rubygems.org/............

Using rake 13.0.3

... 중략 ...

Fetching rails 6.0.0

Installing rails 6.0.0

Bundle complete! 1 Gemfile dependency, 44 gems now installed.

Use `bundle info [gemname]` to see where a bundled gem is installed.

Removing intermediate container 8a5245b45446

---> 71888a35bfe9

Step 9/14 : COPY docker-entrypoint.sh /

---> 6a24c00667f9

Step 10/14 : RUN chmod +x /docker-entrypoint.sh

---> Running in 7b007457370f

Removing intermediate container 7b007457370f

---> e23f3b98e2db

Step 11/14 : ENTRYPOINT ["/docker-entrypoint.sh"]

---> Running in 234fa9986c66

Removing intermediate container 234fa9986c66

---> c6494a7bc48f

Step 12/14 : COPY . ./

---> 3a845d29e5c7

Step 13/14 : CMD ["rails", "server", "-b", "0.0.0.0"]

---> Running in c6a26b788aca

Removing intermediate container c6a26b788aca

---> b131e484c905

```
Step 14/14 : EXPOSE 3000
 ---> Running in ac2faaa8eff5
Removing intermediate container ac2faaa8eff5
 ---> 62dfa7bc2a78


Successfully built 62dfa7bc2a78
Successfully tagged rails-sample_app:latest
```

빌드한 이미지로 node 커맨드와 yarn 커맨드를 사용할 수 있는지 확인합니다.

▌커맨드 3-1-4-5

```
$ docker-compose run --rm app bash
The Gemfile's dependencies are satisfied
root@c011186430a3:/app# which node yarn
/opt/node-v14.16.1-linux-x64/bin/node
/root/.yarn/bin/yarn
root@c011186430a3:/app# node --version
v14.16.1
root@c011186430a3:/app# yarn --version
1.22.5
root@c011186430a3:/app# exit
exit
```

패키지 관리 시스템을 사용하지 않고 tarball을 이용한 소스 코드로 직접 설치하면 의도하고자 하는 특정 버전의 런타임이 설치 가능하며 관리가 용이하다는 장점이 있습니다.

또한, 패키지 관리 시스템의 메타 데이터 같은 불필요한 데이터를 다운로드할 필요가 없기 때문에 빌드 시간의 개선도 기대할 수 있습니다.

그러나 패키지 관리 시스템과는 달리 소프트웨어에 따라 설치 과정이 달라 설치가 다소 복잡하다는 단점이 있습니다. 또한, 이미지를 빌드할 때 다른 사이트에 접속해야 하기 때문에 만약 어떠한 이유로 해당 사이트가 다운되면 빌드를 실패할 수밖에 없다는 단점도 있습니다.

Node.js가 설치된 이미지에서 파일 복사해오기

마지막으로 Docker 공식 Node.js 이미지에서 Node.js 파일만 복사해 오는 방법을 소개하겠습니다. 초기 버전에서는 제공되지 않았던 Multi-stage build를 사용하여 다른 이미지에 포함된 파일을 모아서 사용할 수 있게 되었습니다.

Docker 공식 Node.js 이미지는 node 이미지로 배포되고 있어 다음의 URL에서 태그 등의 정보를 확인할 수 있습니다.

> https://hub.docker.com/_/node/

이번에는 Ruby 측의 이미지가 ruby:3.0.1-buster이므로, 베이스로 같은 배포판을 사용하는 node:14.16.1-buster를 사용하겠습니다.

▎ 커맨드 3-1-4-6

```
$ docker run --rm -it node:14.16.1-buster bash
Unable to find image 'node:14.16.1-buster' locally
14.16.1-buster: Pulling from library/node
bd8f6a7501cc: Already exists
44718e6d535d: Already exists
efe9738af0cb: Already exists
f37aabde37b8: Already exists
3923d444ed05: Already exists
aac9e540d3ed: Pull complete
3317abf06f97: Pull complete
f35f1b7a371e: Pull complete
a4b2dee7b585: Pull complete
Digest: sha256:509f8951071aad29c33f5b8add246f2dfe98ae4b5120a7a53b495584a9be54f1
Status: Downloaded newer image for node:14.16.1-buster
root@d5b478f429a7:/#
```

베이스 레이어가 ruby:3.0.1-buster와 동일하므로 이미 다운된 레이어가 사용되고 있다는 점을 유의하시기 바랍니다.

다음 커맨드를 실행하여 Node.js와 Yarn 파일이 어느 위치에 있는지 확인해보겠습니다.

▎ 커맨드 3-1-4-7

```
root@d5b478f429a7:/# which node yarn
/usr/local/bin/node
```

```
/usr/local/bin/yarn
root@d5b478f429a7:/# ls -l /usr/local/bin/node
-rwxr-xr-x 1 root root 73873984 Apr  6 17:28 /usr/local/bin/node
root@d5b478f429a7:/# ls -l /usr/local/bin/yarn
lrwxrwxrwx 1 root root 26 Apr 10 07:40 /usr/local/bin/yarn -> /opt/yarn-v1.22.5/bin/yarn
root@d5b478f429a7:/#
```

이 이미지에서는 Node.js가 /usr/local에 설치되어 있고, Yarn은 /opt/yarn-v1.22.5에 설치되어 있습니다.

다른 이미지에서는 다른 위치에 설치되어 있을 수도 있으니 이를 참고하여 다음의 내용을 Dockerfile에 준비합니다.

데이터 3-1-4-3 : Dockerfile

```
# Docker 공식 Ruby이미지 사용
FROM ruby:3.0.1-buster

# 애플리케이션 배치 디렉터리
WORKDIR /app

# node 이미지에서 Node.js와 Yarn 복사
COPY --from=node:14.16.1-buster /usr/local/ /usr/local/
COPY --from=node:14.16.1-buster /opt/ /opt/

# Bundler로 gem인스톨
ARG BUNDLE_INSTALL_ARGS="-j 4"
COPY Gemfile Gemfile.lock ./
RUN bundle install ${BUNDLE_INSTALL_ARGS}
# Yarn으로 Node 패키지 설치
COPY package.json yarn.lock ./
RUN yarn install

# 엔트리 포인트 설정
COPY docker-entrypoint.sh /
RUN chmod +x /docker-entrypoint.sh
ENTRYPOINT ["/docker-entrypoint.sh"]

# 애플리케이션 파일 복사
COPY . ./
```

```
# 서버를 실행하기 위한 커맨드와 포트 설정
CMD ["rails", "server", "-b", "0.0.0.0"]
EXPOSE 3000
```

이 내용을 (앞에서의 apt install이나 tar 사용 과정 대신) RUN bundle install 다음에 실행하여 이미지를 빌드해 봅니다.

커맨드 3-1-4-8

```
$ docker-compose build
Building app
Step 1/13 : FROM ruby:3.0.1-buster
 ---> 343efcc83bc0
Step 2/13 : WORKDIR /app
 ---> Using cache
 ---> 256c7123a462
Step 3/13 : COPY --from=node:14.16.1-buster /usr/local/ /usr/local/
 ---> Using cache
 ---> 724c9eef7dcc
Step 4/13 : COPY --from=node:14.16.1-buster /opt/ /opt/
 ---> 392c1bb62b04
Step 5/13 : ARG BUNDLE_INSTALL_ARGS="-j 4"
 ---> Running in 99e9444ff89a
Removing intermediate container 99e9444ff89a
 ---> 94e3b07f9f57
Step 6/13 : COPY Gemfile Gemfile.lock ./
 ---> c9bd5432e2eb
Step 7/13 : RUN bundle install ${BUNDLE_INSTALL_ARGS}
 ---> Running in f89dc0dd1942
Fetching gem metadata from https://rubygems.org/...........
Using rake 13.0.3
                                    ... 중략 ...

Successfully built a0dd10e2da2f
Successfully tagged rails-sample_app:latest
```

실제로 실행해보면 알겠지만, 앞의 두 단계에 비해 빌드에 걸리는 시간이 짧아지고 있습니다. Node.js의 위치를 확인했을 때 이미지를 pull하고 있으며, 이 이미지가 복사 원본으로 이용되고 있습니다.

이후의 빌드에서는 네트워크 접속 및 프로그램 실행없이 파일을 복사할 뿐이기 때문에 빠른 속도로 처리할 수 있습니다.

이미지가 존재하지 않는 경우에는 COPY --from=node:14.16.1-buster 명령을 실행하는 시점에서 이미지가 pull하는 것이 COPY 명령의 기능 중 하나입니다.

빌드한 이미지에서 node 커맨드와 yarn 커맨드를 사용할 수 있는지 확인합니다.

▌커맨드 3-1-4-9

```
$ docker-compose run --rm app bash
Creating rails-sample_app_run ... done
The Gemfile's dependencies are satisfied
root@4f9084238cbc:/app# node --version
v14.16.1
root@4f9084238cbc:/app# yarn --version
1.22.5
root@4f9084238cbc:/app# exit
exit
```

다른 이미지에서 설치된 파일을 복사해 오는 방법은 파일을 복사하기만 하면 되기 때문에 그만큼 빌드 시간을 단축할 수 있다는 장점이 있습니다.

이미 이미지를 pull한 경우엔 다운된 이미지를 사용하기 때문에 네트워크의 상태에 좌우되지 않고 빌드할 수 있는 장점도 있습니다. 그러나 각각의 이미지에 파일이 어떠한 상태로 배치되어 있는지는 정해져 있지 않기 때문에 항상 동일한 과정을 사용할 수 없다는 단점도 있습니다.

또한 베이스 이미지가 다른 경우, 바이너리의 호환성이 맞지 않아 제대로 작동하지 않을 수 있습니다.

이 책에서는 앞으로 node 이미지에서 파일을 복사해 오는 방법을 전제로 진행하겠습니다.

3-1-5 Node.js 패키지 사용할 수 있도록 하기

Node.js 환경을 사용할 수 있게 됐다면 이후로도 컨테이너로 Node.js 패키지를 사용할 수 있도록 해 놓습니다.

Node.js의 패키지를 사용하기 위해서는 크게 두 가지 설정이 필요합니다.

- 이미지를 빌드할 때 Node.js 패키지 설치
- node_modules에서 이미지에 포함된 파일 보이게 하기

우선 이미지를 빌드할 때 Node.js 패키지를 설치해야 합니다. 이 책에서는 패키지 관리자로 Yarn 을 사용하고 있기 때문에 패키지 설치를 위해 yarn install 커맨드를 사용합니다.

먼저 다음과 같이 package.json을 만들겠습니다.

이 파일은 JSON이어야 하며, 파일이 빈 상태면 오류가 난다는 점을 주의해야 합니다.

데이터 3-1-5-1 : package.json

```
{
  "private": true
}
```

그리고 빈 상태의 yarn.lock 파일도 만들어 둡니다.

여기에서 만든 파일은 Gemfile과 마찬가지로 이후 단계에서 Rails 애플리케이션을 만들 때 대체됩니다. 이어서 빌드하는 데 필요한 단계를 추가해 봅니다.

이것은 Gemfile에서 bundle install하는 방법과 비슷한 내용으로 되어 있습니다.

먼저 Dockerfile에 yarn install을 실행하는 방법을 추가하고, 다음 내용을 RUN bundle install 뒤에 추가합니다.

데이터 3-1-5-2 : Dockerfile

```
# Yarn으로 Node 패키지 설치
COPY package.json yarn.lock ./
RUN yarn install
```

더불어 docker-entrypoint.sh의 bundle install 뒤에 다음의 내용을 추가합니다.

데이터 3-1-5-3 : docker-entrypoint.sh(추가)

```
# Yarn 의존관계 확인
yarn check --integrity --silent || true
```

마지막으로 docker-compose.yml에 다음과 같은 설정을 추가하고 /app/node_modules에 익명 볼륨이 마운트되도록 설정해 둡니다.

데이터 3-1-5-4 : docker-compose.yml(추가)

```
## 추가한 부분과 관계 없는 부분은 생략

services:
  app:
    volumes:
      # node_modules은 이미지에 있는 것을 사용
      - /app/node_modules
```

익명의 볼륨을 사용한 경우 컨테이너를 만들 때마다 새로운 볼륨이 생성됩니다.

이때 파일을 복사하기 때문에 환경을 만드는 데 시간이 걸리게 된다는 점을 유의합니다.

명명된 볼륨을 사용하면 다른 컨테이너에서도 동일한 볼륨을 공유할 수 있으므로 복사의 빈도를 줄일 수 있습니다.

명명된 볼륨을 사용하는 방법 중 주의해야 할 점은 이후에 설명할 여러 컨테이너를 사용할 때 yarn install이 동시에 실행되지 않도록 하는 것입니다.

docker-compose build를 실행하여 이미지를 빌드할 수 있는지 확인합니다.

커맨드 3-1-5-1

```
$ docker-compose build
Building app
Step 1/15 : FROM ruby:3.0.1-buster
---> 343efcc83bc0
Step 2/15 : WORKDIR /app
---> Using cache
---> 086c36a22376
Step 3/15 : COPY --from=node:14.16.1-buster /usr/local/ /usr/local/
---> Using cache
---> fa6c93be7a20
```

```
Step 4/15 : COPY --from=node:14.16.1-buster /opt/ /opt/
 ---> Using cache
 ---> 3cd2ae373696
Step 5/15 : ARG BUNDLE_INSTALL_ARGS="-j 4"
 ---> Using cache
 ---> fec21d385207
Step 6/15 : COPY Gemfile Gemfile.lock ./
 ---> Using cache
 ---> a015ee7183c8
Step 7/15 : RUN bundle install ${BUNDLE_INSTALL_ARGS}
 ---> Using cache
 ---> 36f616fd303f
Step 8/15 : COPY package.json yarn.lock ./
 ---> 722573885277
Step 9/15 : RUN yarn install
 ---> Running in 3a33d0399d74
yarn install v1.22.5
[1/4] Resolving packages...
[2/4] Fetching packages...
[3/4] Linking dependencies...
[4/4] Building fresh packages...
success Saved lockfile.
Done in 0.07s.
Removing intermediate container 3a33d0399d74
 ---> a84fe5720c9b
Step 10/15 : COPY docker-entrypoint.sh /
 ---> 3ed1976d9b4e
Step 11/15 : RUN chmod +x /docker-entrypoint.sh
 ---> Running in 4b8bbcd9be69
Removing intermediate container 4b8bbcd9be69
 ---> bae2c3ede159
Step 12/15 : ENTRYPOINT ["/docker-entrypoint.sh"]
 ---> Running in b4663525bae5
Removing intermediate container b4663525bae5
 ---> 0fe207215e15
Step 13/15 : COPY . ./
 ---> 089db1cb466b
Step 14/15 : CMD ["rails", "server", "-b", "0.0.0.0"]
 ---> Running in 80692a67c7bf
```

```
Removing intermediate container 80692a67c7bf
 ---> 133a264ee444
Step 15/15 : EXPOSE 3000
 ---> Running in 063c4b3a9f54
Removing intermediate container 063c4b3a9f54
 ---> 042feb694abc

Successfully built 042feb694abc
Successfully tagged rails-sample_app:latest
```

이상으로 Ruby와 Node.js를 사용할 수 있는 환경을 만들었습니다.

3-2

Rails 애플리케이션 만들기

이제 이미지에 포함된 Rails gem을 사용하여 Rails 애플리케이션 파일을 만들어 봅니다.

3-2-1 rails 커맨드로 파일 세트 만들기

먼저 docker-compose run으로 컨테이너를 기동시킨 후 셸을 실행합니다.

커맨드 3-2-1-1

```
$ docker-compose run --rm app bash
Creating rails-sample_app_run ... done
The Gemfile's dependencies are satisfied
root@f03d3827ea56:/app#
```

Rails로 새로운 애플리케이션을 만들려면 rails new 커맨드를 사용합니다.
여기에서는 현재 디렉터리인 /app에 만들기 때문에 .를 지정하고 있습니다. 또한 --webpack=vue
로 Webpack(Rails로 지원하는 webpacker)과 Vue.js를 사용합니다.

커맨드 3-2-1-2

```
root@f03d3827ea56:/app# rails new . --webpack=vue
    exist
    create  README.md
    create  Rakefile
    create  .ruby-version
    create  config.ru
    create  .gitignore
  conflict  Gemfile
Overwrite /app/Gemfile? (enter "h" for help) [Ynaqdhm]
```

여기에서 Gemfile을 덮어 쓸 것인지 물어봅니다. 이전 단계에서 만든 Gemfile은 일시적이였기 때
문에 'y'를 입력하여 덮어씁니다.

커맨드 3-2-1-3

```
Overwrite /app/Gemfile? (enter "h" for help) [Ynaqdhm] y
   force  Gemfile
      run  git init from "."
Initialized empty Git repository in /app/.git/
   conflict  package.json
Overwrite /app/package.json? (enter "h" for help) [Ynaqdhm]
```

이어서 package.json을 덮어써도 되는지 물어봅니다. "y"를 입력한 후, 덮어씁니다.

커맨드 3-2-1-4

```
Overwrite /app/package.json? (enter "h" for help) [Ynaqdhm] y
   force  package.json
   create  app

                         ... 중략 ...

   from /usr/local/bundle/gems/railties-6.0.0/exe/rails:10:in `<top (required)>'
   from /usr/local/bundle/bin/rails:23:in `load'
   from /usr/local/bundle/bin/rails:23:in `<main>'
root@f03d3827ea56:/app#
```

이제 Rails 애플리케이션 파일 한 세트가 작성되었습니다. 일단 컨테이너에서 나옵니다.

커맨드 3-2-1-5

```
root@7d4f182b8e8c:/app# exit
exit
```

Linux 환경에서 (Docker Desktop for Mac 같은 가상 머신을 사용하지 않고) Docker를 움직이고 있는 경우, 생성된 파일의 소유자는 root로 되어 있습니다. 이런 경우에는 호스트 환경에서 파일을 편집하기 힘들기 때문에 매번 다음 커맨드를 실행하여 소유자를 다시 설정해야 합니다.
id 커맨드는 프로그램을 실행하는 사용자의 정보를 출력하는 커맨드이며, $(id -u)는 사용자 ID, $(id -g)는 그룹 ID로 치환합니다.

커맨드 3-2-1-6

```
$ sudo chown -R "$(id -u):$(id -g)" .
```

작성한 파일을 이미지에 포함시키기 위해 docker-compose build로 다시 빌드합니다.
빌드 중에 bundle install이나 yarn install 패키지가 설치되어 있는지 확인합니다.

커맨드 3-2-1-7

```
$ docker-compose build
Building app
                            ... 중략 ...
Step 7/15 : RUN bundle install ${BUNDLE_INSTALL_ARGS}
 ---> Running in 480516d951b9
The dependency tzinfo-data (>= 0) will be unused by any of the platforms Bundler is installing
for. Bundler is installing for ruby but the dependency is only for x86-mingw32, x86-mswin32,
x64-mingw32, java. To add those platforms to the bundle, run `bundle lock --add-platform x86-
mingw32 x86-mswin32 x64-mingw32 java`.
Fetching gem metadata from https://rubygems.org/...........
Fetching rake 12.3.2
Installing rake 12.3.2
                            ... 중략 ...
Step 9/15 : RUN yarn install
 ---> Running in 5591b2d3622d
yarn install v1.13.0
[1/4] Resolving packages...
[2/4] Fetching packages...
                            ... 중략 ...
Successfully built f439ba08e986
Successfully tagged rails-sample_app:latest
```

이제 애플리케이션 이미지가 빌드되었습니다. 계속해서 몇 가지 추가 단계를 마무리하겠습니다.

▼ rails console

rails의 기능은 Ruby 콘솔에서도 살펴볼 수 있습니다. 이는 rails의 console 명령어를 통해 작동하는데 쉘에서 커맨드인 rails console을 입력하면 Rails의 모든 기능을 사용할 수 있는 irb 콘솔이 나옵니다. 나온 콘솔에서 설치된 Rails의 버전을 확인하겠습니다.

커맨드 3-2-1-8

```
$ docker-compose run --rm app bash
Creating network "rails-sample_default" with the default driver
Creating rails-sample_app_run ... done
The Gemfile's dependencies are satisfied
root@382f9f951c89:/app# rails console
Running via Spring preloader in process 87
Loading development environment (Rails 6.0.3)
```

```
irb(main):001:0> Rails.version
=> "6.0.3"
irb(main):002:0>
```

3-2-2 Web 서버 실행하여 동작 확인하기

이어서 Web 서버의 동작을 확인하겠습니다. 이전 단계에서 Dockerfile의 CMD 명령으로 Rails의 Web 서버를 시작하도록 설정했습니다.

따라서 다음과 같이 docker-compose up을 실행하면 Web 서버가 시작됩니다.

커맨드 3-2-2-1

```
$ docker-compose up
Docker Compose is now in the Docker CLI, try `docker compose up`

Creating rails-sample_app_1 ... done
Attaching to rails-sample_app_1
app_1  | The Gemfile's dependencies are satisfied
app_1  | => Booting Puma
app_1  | => Rails 6.0.3 application starting in development
app_1  | => Run `rails server --help` for more startup options
app_1  | Puma starting in single mode...
app_1  | * Version 4.3.7 (ruby 3.0.1-p64), codename: Mysterious Traveller
app_1  | * Min threads: 5, max threads: 5
app_1  | * Environment: development
app_1  | * Listening on tcp://0.0.0.0:3000
app_1  | Use Ctrl-C to stop
```

로그에「A server is already running. Check /app/tmp/pids/server.pid.」라고 표시되어 서버가 움직이지 않는 경우, 다음과 같이 /app/tmp/pids/server.pid 파일을 삭제하고 다시 시도합니다. 이 문제에 대한 대처에 대해서는 이후에 다시 이야기하겠습니다.

커맨드 3-2-2-2

```
$ docker-compose run --rm app rm -vf /app/tmp/pids/server.pid
The Gemfile's dependencies are satisfied
removed '/app/tmp/pids/server.pid'
```

Web 서버 구동 중인 상태에서 호스트 환경의 브라우저로 열어 localhost:3000로 접속해 봅니다.

이미지 3-2-2-1 : Rails 애플리케이션 탑 페이지

Rails version: 6.0.3
Ruby version: ruby 3.0.1p64 (2021-04-05 revision 0fb782ee38) [x86_64-linux]

Rails 애플리케이션의 초기 페이지가 표시되는 것을 확인할 수 있습니다.

3-3

개발에 필요한 구성 추가하기

지금까지 Rails 애플리케이션이 동작할 수 있는 환경을 구축했습니다.
이어서 개발 작업에 필요한 구성을 추가해 보겠습니다.

3-3-1 컨테이너 시작할 때 클린업하기

앞에서 언급한 대로 서비스를 시작하려고 할 때 다음과 같은 로그가 표시되며 실패하는 경우도
있습니다.

커맨드 3-3-1-1

```
$ docker-compose up
Docker Compose is now in the Docker CLI, try `docker compose up`

Starting rails-sample_app_1 ... done
Attaching to rails-sample_app_1
app_1  | The Gemfile's dependencies are satisfied
app_1  | => Booting Puma
app_1  | => Rails 6.0.3 application starting in development
app_1  | => Run `rails server --help` for more startup options
app_1  | A server is already running. Check /app/tmp/pids/server.pid.
app_1  | Exiting
rails-sample_app_1 exited with code 1
```

이는 tmp/pids/server.pid 파일이 남아 있는 상태에서 서버를 시작하려고 할 때 나타나는 문제입니
다. 이 파일은 실행 중인 서버의 프로세스 ID(PID)가 기입된 것으로, 실행 중인 서버를 중지하거
나 설정을 다시 로드할 경우에 사용됩니다. 컨테이너를 중지할 때 종종 PID 파일이 남는 경우가
있는데, 호스트 환경의 볼륨을 마운트하는 경우에는 컨테이너 삭제 후에도 이 파일이 남아 있게
됩니다.

따라서 컨테이너를 시작하는 시점에서 PID 파일을 삭제해야 합니다. 엔트리포인트 처리에 tmp/
pids/server.pid 파일 삭제 과정을 추가하겠습니다. 해당 파일이 존재할 경우 삭제하는 셸 스크립
트를 엔트리 포인트에 추가합니다.

데이터 3-3-1-1 : docker-entrypoint.sh

```
## Yarn 의존관계 설정까지 생략

# Rails 서버를 실행하는 경우 PID 파일이 남으면 삭제
if [ "${1:-}" = rails -a "${2:-}" = server ]; then
  if [ -f tmp/pids/server.pid ]; then
    rm -v tmp/pids/server.pid
  fi
fi

exec "$@"
```

엔트리 포인트는 서버 시작 전에 실행되므로 server.pid가 남아있는 경우는 다음과 같이 파일을 삭제해야 서버가 기동됩니다.

커맨드 3-3-1-2

```
$ docker-compose up
Starting rails-sample_app_1 ... done
Attaching to rails-sample_app_1
app_1 | The Gemfile's dependencies are satisfied
app_1 | removed 'tmp/pids/server.pid'
app_1 | => Booting Puma
```
... 중략 ...

3-3-2 개발용 툴 설정 수정하기

그 다음으로 Rails 개발 툴이 Docker 환경에서도 움직일 수 있도록 설정을 수정합니다.

먼저 web-console 설정을 변경해 봅니다. 기본 설정으로 두고 페이지에 접속하면 다음과 같은 메시지가 표시됩니다.

데이터 3-3-2-1 : web-console 메시지

```
app_1 | Cannot render console from 172.19.0.1! Allowed networks:
127.0.0.0/127.255.255.255, ::1
```

오류 메시지에 따르면 Rails 서버에 다른 주소가 접근하고 있는 것처럼 보입니다.

브라우저로 localhost:3000에 접속되어 있어도 실제로는 포트에 접속되는 컨테이너의 환경에 대한 요청이 중계되고 있기 때문입니다.

컨테이너 외부에서의 접속도 허용하려면 「config/environments/development.rb」에 다음과 같은 설정을 추가합니다.

config/environments/development.rb 파일은 rails 프로젝트를 시작할 때 자동으로 생성되는 파일로 안에는 기본적인 rails의 세팅들이 들어가 있습니다. 여기에서 web-console 접근 가능 화이트리스트 설정을 추가해 Docker의 내부 네트워크에서 web-console에 접근할 수 있도록 하겠습니다. config/environments/development.rb 내의 Rails.application.configure do와 end의 안에 「config.web_console.whitelisted_ips = %w(172.16.0.0/12)」 커맨드를 추가합니다. 그 결과 config/environments/development.rb 파일은 아래와 같은 모습을 갖추게 됩니다.

데이터 3-3-2-2 : config/environments/development.rb(추가)

```
Rails.application.configure do
 # Settings specified here will take precedence over those in config/application.rb.

 # In the development environment your application's code is reloaded on
 # every request. This slows down response time but is perfect for development
 # since you don't have to restart the web server when you make code changes.
 config.cache_classes = false

 # Do not eager load code on boot.
 config.eager_load = false

 # Show full error reports.
 config.consider_all_requests_local = true

                              ... 중략 ...


 config.web_console.whitelisted_ips = %w(172.16.0.0/12)

end
```

그 밖에 디버거의 byebug나 pry-byebug를 사용할 경우, 추가 설정이 필요합니다.

디버거를 시작하면 Rails 서버의 표준 입력으로부터 커맨드를 받아들입니다.

Docker Compose를 사용할 때는 docker-compose up 등으로 시작한 서비스는 표준 입력이 닫힌 상태에서 실행되기 때문에 그대로는 docker attach로 접속하여 커맨드를 입력할 수 없다.

Rails 서버에서 표준 입력이 가상 터미널에 접속된 상태로 유지되도록 docker-compose.yml에 다음 설정을 추가합니다.

데이터 3-3-2-3 : docker-compose.yml(추가)

```
version: "3.7"

services:
# Rails 샘플 애플리케이션
app:
 build: .

 init: true

 #byebug 사용을 위한 설정
 stdin_open: true
 tty: true

 ports:
  - "3000:3000"

 volumes:
  - .:/app
  # node_modules은 이미지에 있는 것을 사용
  - /app/node_modules
```

여기까지 설정한 동작을 확인해보겠습니다. 미리 「docker-compose run --rm app rails generate controller Top index」 커맨드를 실행하여 컨트롤러를 만들어 둡니다.

커맨드 3-3-2-1

```
$ docker-compose run --rm app rails generate controller Top index

Creating rails-sample_app_run ... done
The Gemfile's dependencies are satisfied
Running via Spring preloader in process 85
    create  app/controllers/top_controller.rb
     route  get 'top/index'

                        ... 생략 ...
```

만들어진 컨트롤러의 파일 app/controllers/top_controller.rb에 다음과 같이 byebug 메서드 호출을
추가합니다.

데이터 3-3-2-4 : app/controllers/top_controller.rb

```
class TopController < ApplicationController
  def index
    byebug
  end
end
```

뷰 app/views/top/index.html.erb에 다음과 같이 〈% console %〉 호출을 추가합니다.

데이터 3-3-2-5 : app/views/top/index.html.erb

```
<h1>Top#index</h1>
<p>Find me in app/views/top/index.html.erb</p>

<% console %>
```

설정을 다시 읽어 들이기 위해 컨테이너를 다시 시작합니다.
서버가 움직이고 있는 컨테이너의 이름을 확인하고 docker attach하여 접속해 둡니다.

커맨드 3-3-2-2

```
$ docker-compose up -d

Recreating rails-sample_app_1 ... done
$ docker-compose ps
    Name                Command            State        Ports
-------------------------------------------------------------------------------
rails-sample_app_1   /docker-entrypoint.sh rail ...   Up      0.0.0.0:3000->3000/tcp
# docker attach rails-sample_app_1
```

브라우저로 http://localhost:3000/top/index에 접속하면 다음과 같이 Byebug 메시지가 표시되고
커맨드를 입력할 수 있게 되는 것을 확인할 수 있습니다.

커맨드 3-3-2-3

```
Started GET "/top/index" for 172.19.0.1 at 2021-04-14 01:18:36 +0000
Processing by TopController#index as HTML
Return value is: nil
```

```
[1, 5] in /app/app/controllers/top_controller.rb
    1: class TopController < ApplicationController
    2:   def index
    3:     byebug
=> 4:   end
    5: end
(byebug) params
<ActionController::Parameters {"controller"=>"top", "action"=>"index"} permitted: false>
(byebug) continue
 Rendering top/index.html.erb within layouts/application
 Rendered top/index.html.erb within layouts/application (Duration: 4.1ms | Allocations: 594)
[Webpacker] Compiling...
[Webpacker] Compiled all packs in /app/public/packs
[Webpacker] Hash: b81cd33dd815a9f8b106
Version: webpack 4.46.0
Time: 4398ms
Built at: 04/14/2021 1:19:16 AM
                     Asset    Size    Chunks Chunk    Names
  js/application-e88c6c3304a15e6886b6.js   124 KiB  application [emitted] [immutable]  application
js/application-e88c6c3304a15e6886b6.js.map   139 KiB  application [emitted] [dev]      application
   js/hello_vue-9976915e8878dfaf6190.js   266 KiB   hello_vue  [emitted] [immutable]  hello_vue
  js/hello_vue-9976915e8878dfaf6190.js.map   311 KiB   hello_vue  [emitted] [dev]      hello_vue
              manifest.json  689 bytes        [emitted]
```

... 생략 ...

Byebug를 나온 후 브라우저에서 콘솔을 사용할 수 있게 되어 있는지 확인합니다.

이미지3-3-2-1 : 탑 페이지 밑에 표시되는 콘솔

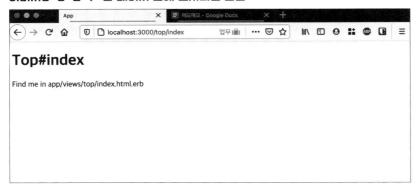

3-3-3 Spring을 사용하기 위한 구성 추가하기

개발 환경에서는 rails 커맨드나 rake 커맨드로 작업하는 경우가 많습니다.

Rails 개발 환경에서는 기본적으로 Spring을 사용하게 되어 있습니다. Spring은 애플리케이션을 백그라운드에서 계속 실행시킴으로써 커맨드를 빠르게 실행되게 하는 프리 로더입니다.

Spring은 필요한 시점에서 시작된 후 백그라운드에서 상주하도록 되어 있습니다.

그럼 명시적으로 기동되는 서비스를 정의해 보겠습니다.

docker-compose.yml에 다음과 같은 내용을 추가합니다. 구성을 단순화하기 위해 app 서비스 컨테이너는 Spring을 사용하지 않도록 했습니다.

데이터 3-3-3-1 : docker-compose.yml(추가)

```
version: "3.7"

services
# Rails 샘플 애플리케이션
app:
  build: .

  init: true

  # byebug 사용을 위한 설정
  stdin_open: true
  tty: true

  ports:
    - "3000:3000"

  # app 컨테이너의 Spring 무효화
  environment:
    - DISABLE_SPRING=1

  volumes:
    - .:/app
    # node_modules은 이미지에 있는 것을 사용
    - /app/node_modules

#Spring 서버 설정
spring:
```

```
build: .

command: spring server
entrypoint: /docker-entrypoint-spring.sh

init: true

# spring status와 spring stop이 제대로 작동되도록 설정
pid: host

environment:
  - SPRING_SOCKET=/tmp/spring/spring.sock

volumes:
  - .:/app
  # node_modules은 이미지 내부의 파일 사용
  - /app/node_modules
  - spring-tmp:/tmp/spring

volumes:
 # Spring의 임시 파일을 공유하는 볼륨
 spring-tmp:
```

entrypoint로 설정하는 docker-entrypoint-spring.sh는 Spring 서버용 엔트리 포인트입니다. 이 파일도 복사되도록 Dockerfile에서 엔트리 포인트를 설정하는 부분을 다음과 같이 수정해야 합니다.

데이터 3-3-3-2 : Dockerfile

```
# Docker 공식 Ruby 이미지 사용
FROM ruby:3.0.1-buster

# 애플리케이션 배치 디렉터리
WORKDIR /app

# node 이미지에서 Node.js와 Yarn 복사
COPY --from=node:14.16.1-buster /usr/local/ /usr/local/
COPY --from=node:14.16.1-buster /opt/ /opt/

# Bundler로 gem인스톨
ARG BUNDLE_INSTALL_ARGS="-j 4"
```

```
COPY Gemfile Gemfile.lock ./
RUN bundle install ${BUNDLE_INSTALL_ARGS}

# Yarn으로 Node 패키지 설치
COPY package.json yarn.lock ./
RUN yarn install

# 여기부터 변경
# 엔트리 포인트 설정
COPY docker-entrypoint*.sh /
RUN chmod +x /docker-entrypoint*.sh
ENTRYPOINT ["/docker-entrypoint.sh"]
# 여기까지 변경

# 애플리케이션 파일 복사
COPY . ./

# 서버를 실행하기 위한 커맨드와 포트 설정
CMD ["rails", "server", "-b", "0.0.0.0"]
EXPOSE 3000
```

docker-entrypoint-spring.sh은 다음과 같은 내용으로 작성합니다.

데이터 3-3-3-3 : docker-entrypoint-spring.sh

```
#!/bin/bash
set -eu

# Spring 서브 커맨드 혹은 옵션으로 시작하는 경우, spring 커맨드 경유
case "${1:-}" in
  binstub | help | server | status | stop | "-*" )
    set -- spring "$@"
    ;;
esac

# Spring 서버 기동 시, socket 파일 삭제
if [ "${1:-}" = spring -a "${2:-}" = server ]; then
  if [ -n "${SPRING_SOCKET}" -a -S "${SPRING_SOCKET}" ]; then
    rm -v "${SPRING_SOCKET}"
  fi
fi
```

```
exec "$@"
```

엔트리 포인트에서는 Spring의 서브 커맨드가 지정되면 spring 커맨드 앞으로 오도록 했습니다.
이렇게 함으로써 docker-compose run spring help와 같이 서비스 이름을 프레임 커맨드와 같이 수
행할 수 있습니다.

또한, Spring 서버의 컨테이너를 중지하는 경우 소켓 파일(SPRING_SOCKET으로 지정한 /tmp/
spring/spring.sock)이 남을 수 있습니다.

그래서 앞에서의 PID 파일과 같이, 시작할 때 소켓 파일을 삭제하는 작업도 추가했습니다.

일단 여기까지 진행했다면, docker-compose up －build로 이미지를 다시 빌드한 후 서비스를 시작
합니다. 여기에서는 spring 이미지의 로그만을 확인할 수 있도록 -d 옵션을 붙여 백그라운드에 실
행시킨 후 docker-compose logs 커맨드를 사용하도록 하고 있습니다.

▌커맨드 3-3-3-1

```
$ docker-compose up --build -d
Docker Compose is now in the Docker CLI, try `docker compose up`

Creating volume "rails-sample_spring-tmp" with default driver
Building app

                              ... 중략 ...

 => [stage-0  9/11] COPY docker-entrypoint*.sh /                        0.2s
 => [stage-0 10/11] RUN chmod +x /docker-entrypoint*.sh                 0.3s
 => [stage-0 11/11] COPY . ./                                           0.3s
 => exporting to image                                                  0.3s
 => => exporting layers                                                 0.3s
 => => writing image sha256:251904d46e7b732a33a66c597ec93aa17a006997c1edf07ee1194f50d44
dfa41                                                                   0.0s
 => => naming to docker.io/library/rails-sample_app                     0.0s
Successfully built 251904d46e7b732a33a66c597ec93aa17a006997c1edf07ee1194f50d44dfa41
Building spring

                              ... 중략 ...
 => CACHED [stage-0  9/11] COPY docker-entrypoint*.sh /                 0.0s
 => CACHED [stage-0 10/11] RUN chmod +x /docker-entrypoint*.sh          0.0s
 => CACHED [stage-0 11/11] COPY . ./                                    0.0s
 => exporting to image                                                  0.1s
```

```
  => => exporting layers                                                    0.0s
  => => writing image sha256:251904d46e7b732a33a66c597ec93aa17a006997c1edf07ee1194f50d44
  dfa41                                                                     0.0s
  => => naming to docker.io/library/rails-sample_spring                     0.0s

  Successfully built 251904d46e7b732a33a66c597ec93aa17a006997c1edf07ee1194f50d44dfa41
  Recreating rails-sample_app_1  ... done
  Creating rails-sample_spring_1 ... done
  $
  $ docker-compose logs -f spring
  Attaching to rails-sample_spring_1
```

spring 이미지를 다시 빌드하고 있지만, 내용은 이전의 app 이미지 빌드와 동일하므로 (캐시가 사용되어) 같은 이미지로 되어있는 것을 알 수 있습니다.

Spring 서버가 움직이고 있는 상태에서 다른 터미널로 docker-compose run을 사용하여 잘 움직이는지 확인해 보겠습니다.

커맨드 3-3-3-2

```
$ docker-compose run --rm spring rails console
Creating rails-sample_spring_run ... done
Running via Spring preloader in process 7068
Loading development environment (Rails 6.0.3)
irb(main):001:0> exit
$ docker-compose run --rm spring status
Creating rails-sample_spring_run ... done
Spring is running:

6358 spring server | app | started 6 mins ago
7015 ruby -I /usr/local/bundle/gems/spring-2.1.1/lib -e require 'spring/application/boot'
```

rails console이 Spring 서버를 통해 작동하고 있는지 확인할 수 있습니다. 또한 spring status를 실행하면 Spring 서버가 동작하고 있는 것을 확인할 수 있습니다. 또한 spring 컨테이너의 로그에서도 다음과 같이 접속이 오고 있음을 확인할 수 있습니다.

> **데이터 3-3-3-4 : spring 컨테이너 접속 상황**
>
> spring_1 | [2021-04-14 01:43:28 +0000] [6358] [server] accepted client
> spring_1 | [2021-04-14 01:43:28 +0000] [6358] [server] running command rails_console
> spring_1 | [2021-04-14 01:43:28 +0000] [6358] [application_manager:development] child not running;
> starting
> spring_1 | [2021-04-14 01:43:28 +0000] [7015] [application:development] initialized -> running
> spring_1 | [2021-04-14 01:43:28 +0000] [7015] [application:development] got client
> spring_1 | [2021-04-14 01:43:28 +0000] [7015] [application:development] preloading app

이것으로 Spring을 사용한 환경이 준비되었습니다.

여기에 소개한 구성에서는 docker-compose.yml에 pids:host를 지정하고 있는 부분을 주의해야 합니다. 이런 과정을 통해 프로세스 ID에 Docker 호스트 환경에서 할당된 값이 보이게 함으로써 다른 컨테이너에서 spring status를 실행해도 서버의 프로세스에 접속할 수 있습니다.

Linux 환경에서 (Docker Desktop for Mac과 같은 가상 머신을 사용하지 않고) Docker를 실행할 때 이렇게 설정하면 호스트 환경에서 Spring 서버에 접속할 수 있습니다. 이 경우 환경 변수는 「SPRING_SOCKET=tmp/spring.sock」와 같이 설정하고, 호스트 환경의 환경 변수는 「SPRING_SOCKET=tmp/spring.sock」와 더불어 「SPRING_SERVER_COMMAND="docker-compose up -d spring"」을 Spring 서버 시작 커맨드로 설정합니다.

3-3-4 **Webpacker를 사용하기 위한 구성 추가하기**

개발 환경에서는 Ruby 코드뿐만 아니라 JavaScript나 SASS/CSS 등 프런트 엔드 코드도 자주 변경하게 됩니다.

이 구성은 Webpacker을 사용하도록 하며, 기본 설정상 페이지에 접근이 있는 시점에서 다시 컴파일하게 되어 있습니다.

webpack-dev-server를 사용하면 변경된 JavaScript 코드를 다시 로드하는 live code reloading을 사용할 수 있습니다.

개발 환경에서는 Rails의 Web 서버와 함께 webpack-dev-server가 기동됩니다. Ruby와 Rails는 여러 프로세스를 관리하기 위해 foreman gem을 사용하는 경우가 많지만, 여기에서는 Spring과 같이 다른 서비스로 시작하도록 하겠습니다.

docker-compose.yml에 다음 내용과 같은 내용을 추가합니다.

데이터 3-3-4-1 : docker-compose.yml(추가)

```
version: "3.7"

services:
 # Rails 샘플 애플리케이션
 app:
  build: .

  init: true

  # byebug 사용을 위한 설정
  stdin_open: true
  tty: true

  ports:
   - "3000:3000"

  environment:
   # app 컨테이너의 Spring 무효화
   - DISABLE_SPRING=1
   #webpack 어셋을 webpack-dev-server에서 얻기
   - WEBPACKER_DEV_SERVER_HOST=webpack
   - WEBPACKER_DEV_SERVER_PUBLIC=localhost:3035

  volumes:
```

```
    - .:/app
    # node_modules은 이미지에 있는 것을 사용
    - /app/node_modules
#Spring 서버 설정
spring:
 build: .
 .
 command: spring server
 entrypoint: /docker-entrypoint-spring.sh

 init: true

 # spring status와 spring stop이 제대로 작동되도록 설정
 pid: host

 environment:
   - SPRING_SOCKET=/tmp/spring/spring.sock

 volumes:
   - .:/app
   # node_modules은 이미지 내부의 파일 사용
   - /app/node_modules
   - spring-tmp:/tmp/spring

# webpack-dev-server
webpack:
 build: .

 command: ruby ./bin/webpack-dev-server

 ports:
   - "3035:3035"

 environment:
   # 컨테이너 외부에서 접속되도록 설정
   - WEBPACKER_DEV_SERVER_HOST=0.0.0.0

 volumes:
   - .:/app
   # node_modules은 이미지 내부의 파일 사용
```

```
  - /app/node_modules

volumes:
# Spring의 임시 파일을 공유하는 볼륨
spring-tmp:
```

여기에서는 command에 ruby ./bin/webpack-dev-server를 지정하고 Ruby의 binstub(스텁 프로그램)을 통해 서버를 실행합니다.

컨테이너 밖에서도 이 서버에 접속할 수 있도록 WEBPACKER_DEV_SERVER_HOST 환경 변수를 설정합니다.

또한, app 컨테이너에 환경 변수를 설정했습니다. 먼저 WEBPACKER_DEV_SERVER_HOST 설정으로 webpack-dev-server가 호스트 이름 webpack에서 실행되는 것을 알 수 있습니다. webpacker gem은 호스트에 접속하여, 접속된 경우 webpack 관련 에셋을 다른 곳에서 얻을 수 있도록 URL을 다시 작성하도록 합니다.

이 URL의 호스트 이름을 EBPACKER_DEV_SERVER_PUBLIC으로 설정하고, 이 경우 컨테이너의 호스트 환경에서 localhost에 접근하는 것을 상정하고 있습니다. 동작을 확인하기 위해 docker-compose up --build로 이미지를 다시 빌드하고 서비스를 시작합니다.

커맨드 3-3-4-1

```
$ docker-compose up --build -d
Building app
                                      ... 중략 ...
Recreating rails-sample_spring_1 ... done
Recreating rails-sample_app_1    ... done
Creating rails-sample_webpack_1  ... done
```

먼저 Rails 애플리케이션을 만드는 단계에서 Vue.js를 사용하도록 옵션을 설정했기 때문에 샘플 hello_vue가 제공되는 것을 알 수 있습니다.

Rails의 컨트롤러(및 뷰)를 추가하고 화면을 확인해 보겠습니다.

커맨드 3-3-4-2

```
$ docker-compose run --rm spring rails generate controller HelloVue index
Creating rails-sample_spring_run ... done
Running via Spring preloader in process 9183
    create  app/controllers/hello_vue_controller.rb
     route  get 'hello_vue/index'
```

```
invoke  erb
create   app/views/hello_vue
create   app/views/hello_vue/index.html.erb
invoke  test_unit
create   test/controllers/hello_vue_controller_test.rb
invoke  helper
create   app/helpers/hello_vue_helper.rb
invoke   test_unit
invoke   assets
invoke   scss
create   app/assets/stylesheets/hello_vue.scss
```

뷰 파일은 app/views/hello_vue/index.html.erb에 작성되어 있습니다.

이 내용을 다음과 같이 변경합니다.

데이터 3-3-4-2 : app/views/hello_vue/index.html.erb(수정)

```
<%= javascript_pack_tag 'hello_vue' %>
```

컨테이너의 호스트 환경에서 브라우저로 http://localhost:3000/hello_vue/index에 접속해 봅니다.
"Hello Vue!"라는 메시지가 표시되면 다음 단계로 진행합니다.

이미지 3-3-4-1 : hello_vue 샘플 페이지

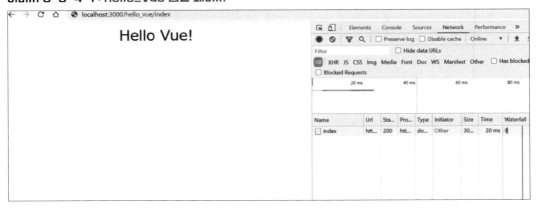

이어서 Vue 파일을 다시 작성하여 live code reloading가 작동하는지 확인합니다.

서비스를 시작한 채로 app/javascript/app.vue 파일의 내용을 다음과 같이 변경합니다. 여기서는
message의 내용을 "Welcome to Vue!"로 변경했습니다.

데이터 3-3-4-3 : app/javascript/app.vue(수정)

```
<template>
<div id="app">
 <p>{{ message }}</p>
</div>
</template>

<script>
export default {
 data: function () {
  return {
    message: "Welcome to Vue!"
  }
 }
}
</script>

<style scoped>
p {
 font-size: 2em;
 text-align: center;
}
</style>
```

수정한 파일을 저장한 후 브라우저 측의 화면이 업데이트되어 있으면 됩니다.

이미지 3-3-4-2 : 변경한 메시지가 반영된 샘플 페이지

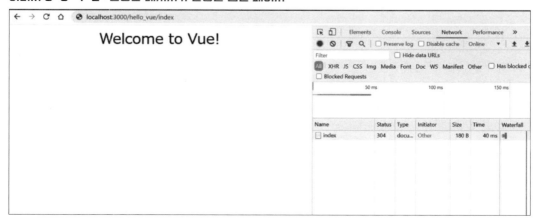

Docker Compose의 로그 화면에서 컴파일이 다시 실행되는 것을 확인할 수 있습니다.

▌데이터 3-3-4-4 : 다시 컴파일 했을 때의 로그

```
webpack_1  | Version: webpack 4.46.0
webpack_1  | Time: 513ms
webpack_1  | Built at: 04/14/2021 2:09:46 AM
webpack_1  |                  Asset      Size   Chunks           Chunk Names
webpack_1  |   js/application-d3b1d23e0f8b702bc99c.js   514 KiB  application  [immutable
application
webpack_1  | js/application-d3b1d23e0f8b702bc99c.js.map   579 KiB  application  [dev
application
webpack_1  |    js/hello_vue-4c9d798b139a4ecd7a50.js   656 KiB   hello_vue  [emitted]
[immutable]  hello_vue
webpack_1  | js/hello_vue-4c9d798b139a4ecd7a50.js.map   752 KiB   hello_vue  [emitted]
[dev]    hello_vue
webpack_1  |                  manifest.json  689 bytes          [emitted]
webpack_1  | 「wdm」: Compiled successfully.
```

Docker Desktop for Mac과 같은 가상 머신을 통해 Docker를 실행하는 경우, 파일이 변경되었을
때 그 변경 사항을 감지하지 못하는 경우가 종종 있습니다. 이러한 경우에는 config/webpacker.
yml의 development 부분의 watch_option에 poll: true 옵션을 추가하여 폴링을 감시합니다.

▌데이터 3-3-4-5 : config/webpacker.yml(추가)

```
## 관계 없는 부분은 생략

development:
<<: *default
compile: true

# Verifies that correct packages and versions are installed by inspecting package.json, yarn.lock, and
node_modules
check_yarn_integrity: true

# Reference: https://webpack.js.org/configuration/dev-server/
dev_server:
 https: false
 host: localhost
 port: 3035
 public: localhost:3035
```

```
hmr: false
# Inline should be set to true if using HMR
inline: true
overlay: true
compress: true
disable_host_check: true
use_local_ip: false
quiet: false
pretty: false
headers:
 'Access-Control-Allow-Origin': '*'
watch_options:
 ignored: '**/node_modules/**'
 # poll값을 true나 숫자(밀리초) 지정 시 옵션대로 poll을 감시한다 (하단 코드 추가)
 poll: true
 ## 관계없는 부분 생략
```

3-3-5 데이터 베이스 실행하기(PostgreSQL)

마지막으로 데이터 베이스(DB) 서버를 구축하여 데이터 베이스에 데이터가 저장되도록 구성해 보겠습니다. 이전 단계에서는 SQLite를 사용했고 개발 환경에서 데이터가 db/development.sqlite3 파일에 저장되었습니다.

운영 환경에서는 PostgreSQL이나 MySQL 같은 다른 데이터 베이스 서버에 데이터를 저장하도록 구성하는 것이 일반적입니다.

먼저 PostgreSQL을 사용하는 경우에 대해 알아보겠습니다. Heroku는 PostgreSQL의 관리 서비스를 제공하고 있기 때문에 Rails 애플리케이션을 Heroku에 배치하는 경우가 많습니다.

또한, PostgreSQL에 접속하는 경우에는 pq gem이 필요합니다. 미리 다음 커맨드로 Gemfile에 의존관계를 추가해야 합니다. 여기서는 집필 시점에서 최신 버전인 1.2.3 계열을 설치하겠습니다. 또한 gem 설치는 이미지를 빌드할 때에도 실행되므로 이 시점에선 --skip-install 옵션을 지정하여 설치하지 않도록 했습니다.

커맨드 3-3-5-1

```
$ docker-compose run --rm app bundle add pg --version "~>1.2.3" --skip-install
Creating network "rails-sample_default" with the default driver
Creating rails-sample_app_run ... done
The Gemfile's dependencies are satisfied
Fetching gem metadata from https://rubygems.org/............
Resolving dependencies...
```

이어서 docker-compose.yml에 다음의 내용을 추가합니다.

데이터 3-3-5-1 : docker-compose.yml(추가)

```
version: "3.7"

services:
# Rails 샘플 애플리케이션
app:
  build: .

  init: true

  # byebug 사용을 위한 설정
  stdin_open: true
  tty: true
```

```
# db 사용 여부 표시
depends_on:
 - db

ports:
 - "3000:3000"

environment:
 # app 컨테이너의 Spring 무효화
 - DISABLE_SPRING=1
 # db 컨테이너에 접속
 - DATABASE_URL=postgresql://postgres:rails-example-app@db/railssample_development
 # webpack 어셋을 webpack-dev-server에서 얻기
 - WEBPACKER_DEV_SERVER_HOST=webpack
 - WEBPACKER_DEV_SERVER_PUBLIC=localhost:3035

volumes:
 - .:/app
 # node_modules은 이미지에 있는 것을 사용
 - /app/node_modules


#Spring 서버 설정
spring:
 build: .

 command: spring server
 entrypoint: /docker-entrypoint-spring.sh

 init: true

 # spring status와 spring stop이 제대로 작동되도록 설정
 pid: host

 environment:
  - SPRING_SOCKET=/tmp/spring/spring.sock
  # db 컨테이너에 접속
  - DATABASE_URL=postgresql://postgres:rails-example-app@db/railssample_development
```

```
  volumes:
   - .:/app
   # node_modules은 이미지 내부의 파일 사용
   - /app/node_modules
   - spring-tmp:/tmp/spring


 # webpack-dev-server
 webpack:
  build: .

  command: ruby ./bin/webpack-dev-server

  ports:
   - "3035:3035"

  environment:
   # 컨테이너 외부에서 접속되도록 설정
   - WEBPACKER_DEV_SERVER_HOST=0.0.0.0

  volumes:
   - .:/app
   # node_modules은 이미지 내부의 파일 사용
   - /app/node_modules
# db 서버 설정
 image: postgres:13.2

  environment:
   - POSTGRES_DB=railssample_development
   - POSTGRES_PASSWORD=rails-example-app

  volumes:
   - db-data:/var/lib/postgresql/data

volumes:
# Spring의 임시 파일을 공유하는 볼륨
 spring-tmp:
# DB 저장소
 db-data:
```

DB에 접속할 때는 기본적으로 생성되는 사용자인 postgres를 사용합니다.

또한, 개발 환경의 데이터 베이스 이름을 railssample_development로 설정합니다.

DB 서버 설정에서는 데이터 베이스 파일의 저장 위치를 명명된 볼륨으로 하고 있습니다.

이 볼륨 지정이 없는 경우 (postgres 이미지의 설정에 따라) 익명 볼륨이 만들어져 마운트됩니다.

환경 변수 POSTGRES_DB에 데이터 베이스 이름을 설정하여 컨테이너 초기화 처리에서 개발 환경 Rails가 사용할 데이터 베이스가 생성되도록 합니다.

이미지를 다시 빌드하고 서비스를 시작합니다. DB에서 사용하는 postgres 이미지가 존재하지 않는 경우에는 pull됩니다.

▎ 커맨드 3-3-5-2

```
$ docker-compose up --build -d
Creating volume "rails-sample_db-data" with default driver
Pulling db (postgres:13.2)...
13.2: Pulling from library/postgres

                        ... 중략 ...


Creating rails-sample_webpack_1 ... done
Creating rails-sample_db_1     ... done
Creating rails-sample_spring_1 ... done
Creating rails-sample_spring_1 ... done
$
$ docker-compose logs -f app db
Attaching to rails-sample_app_1, rails-sample_db_1
db_1    | The files belonging to this database system will be owned by user "postgres".
db_1    | This user must also own the server process.

                        ... 중략 ...


db_1    |
db_1    | Success. You can now start the database server using:
db_1    |
db_1    |    pg_ctl -D /var/lib/postgresql/data -l logfile start
db_1    |
db_1    | initdb: warning: enabling "trust" authentication for local connections
db_1    | You can change this by editing pg_hba.conf or using the option -A, or
db_1    | --auth-local and --auth-host, the next time you run initdb.
```

db_1 | waiting for server to start....2021-04-14 02:43:49.921 UTC [49] LOG: starting PostgreSQL 13.2 (Debian 13.2-1.pgdg100+1) on x86_64-pc-linux-gnu, compiled by gcc (Debian 8.3.0-6) 8.3.0, 64-bit

db_1 | 2021-04-14 02:43:49.924 UTC [49] LOG: listening on Unix socket "/var/run/postgresql/.s.PGSQL.5432"

db_1 | 2021-04-14 02:43:49.937 UTC [50] LOG: database system was shut down at 2021-04-14 02:43:49 UTC

db_1 | 2021-04-14 02:43:49.945 UTC [49] LOG: database system is ready to accept connections

DB 서버가 실행되는 것을 확인했으니 이제 DB에 접속할 페이지를 만들어 테스트해 봅니다. 다음과 같은 커맨드로 scaffold를 만듭니다.

커맨드 3-3-5-3

```
$ docker-compose run --rm spring rails generate scaffold article title:string text:text
Creating rails-sample_spring_run ... done
Running via Spring preloader in process 13888
    invoke  active_record
    create    db/migrate/20210414054347_create_articles.rb
    create    app/models/article.rb
    invoke    test_unit
    create      test/models/article_test.rb
    create      test/fixtures/articles.yml
    invoke  resource_route
     route    resources :articles
    invoke  scaffold_controller
    create    app/controllers/articles_controller.rb
    invoke    erb
    create      app/views/articles
    create      app/views/articles/index.html.erb
    create      app/views/articles/edit.html.erb
    create      app/views/articles/show.html.erb
    create      app/views/articles/new.html.erb
    create      app/views/articles/_form.html.erb
    invoke    test_unit
    create      test/controllers/articles_controller_test.rb
    create      test/system/articles_test.rb
    invoke    helper
    create      app/helpers/articles_helper.rb
    invoke      test_unit
    invoke    jbuilder
```

```
create    app/views/articles/index.json.jbuilder
create    app/views/articles/show.json.jbuilder
create    app/views/articles/_article.json.jbuilder
invoke  assets
invoke    scss
create    app/assets/stylesheets/articles.scss
invoke  scss
create    app/assets/stylesheets/scaffolds.scss
```

이 모델은 Rails 가이드를 참고했습니다.

Rails 가이드

https://guides.rubyonrails.org/getting_started.html#creating-thearticle-model

이어서 마이그레이션을 실행합니다. 여기에서는 DB 컨테이너 측에서 데이터 베이스 이름을 설정하고 있기 때문에 이미 빈 상태의 데이터 베이스가 만들어져 있습니다.
따라서 rake db:create는 필요 없다는 점을 유의해야 합니다.

커맨드 3-3-5-4

```
$ docker-compose run --rm spring rake db:migrate
== 20201216081741 CreateArticles: migrating ==============================
-- create_table(:articles)
   -> 0.0133s
== 20201216081741 CreateArticles: migrated (0.0135s) =========================
```

데이터 베이스에 테이블이 만들어졌는지 확인합니다.

커맨드 3-3-5-5

```
$ docker-compose exec db psql -U postgres railssample_development
psql (13.2 (Debian 13.2-1.pgdg100+1))
Type "help" for help.

railssample_development=# \dt
        List of relations
 Schema |       Name        | Type | Owner
--------+--------------------+------+----------
 public | ar_internal_metadata | table | postgres
 public | articles          | table | postgres
```

```
public | schema_migrations  | table | postgres
(3 rows)


railssample_development=# \q
$
```

브라우저에서 http://localhost:3000/articles로 접속하여 생성된 페이지의 동작을 확인해 보겠습니다.

이미지 3-3-5-1 : 만들어진 scaffold 페이지

이것으로 PostgreSQL을 사용한 구성을 만들어 보았습니다.

3-3-6 데이터 베이스 실행하기(MySQL)

이어서 MySQL을 사용하는 경우에 대해 알아보겠습니다.

MySQL의 경우 mysql2 gem이 필요합니다. 미리 다음과 같은 커맨드로 Gemfile에 의존관계를 추가해 둡니다. 여기서는 집필 시점에서 최신 버전인 0.5 계열을 설치하겠습니다.

커맨드 3-3-6-1

```
$ docker-compose run --rm app bundle add mysql2 --version '~> 0.5.3' --skip-install
Creating rails-sample_app_run ... done
The Gemfile's dependencies are satisfied
Fetching gem metadata from https://rubygems.org/............
Resolving dependencies...
$
```

Gemfile의 마지막에 「gem "mysql2", "~> 0.5.3"」이 추가되어 있는지 확인합니다.

이어서 docker-compose.yml에 다음의 내용을 추가합니다.

데이터 3-3-6-1 : docker-compose.yml(추가)

```
version: "3.7"

services:
 # Rails 샘플 애플리케이션
 app:
  build: .

  init: true

  # byebug 사용을 위한 설정
  stdin_open: true
  tty: true

  # db 사용 여부 표시
  depends_on:
  depends_on:

  ports:
   - "3000:3000"

  environment:
```

```
    # app 컨테이너의 Spring 무효화
    - DISABLE_SPRING=1
    # db 컨테이너에 접속
    - DATABASE_URL=mysql2://root:rails-example-app@db/railssample_development
    # db 컨테이너에 접속
    - WEBPACKER_DEV_SERVER_HOST=webpack
    - WEBPACKER_DEV_SERVER_PUBLIC=localhost:3035

  volumes:
    - .:/app
    # node_modules은 이미지에 있는 것을 사용

#Spring 서버 설정
spring:
  build: .

  command: spring server
  entrypoint: /docker-entrypoint-spring.sh

  init: true

  # spring status와 spring stop이 제대로 작동되도록 설정
  pid: host

  environment:
    - SPRING_SOCKET=/tmp/spring/spring.sock
    # db 컨테이너에 접속
    - DATABASE_URL=mysql2://root:rails-example-app@db/railssample_development

  volumes:
    - .:/app
    # node_modules은 이미지 내부의 파일 사용
    - /app/node_modules
    - spring-tmp:/tmp/spring

    - spring-tmp:/tmp/spring
webpack:
  build: .
```

```
    command: ruby ./bin/webpack-dev-server

    ports:
      - "3035:3035"

    environment:
      # 컨테이너 외부에서 접속되도록 설정
      - WEBPACKER_DEV_SERVER_HOST=0.0.0.0

    volumes:
      - .:/app
      # node_modules은 이미지 내부의 파일 사용
      - /app/node_modules

  # db 서버 설정
  db:
    image: mysql:8.0.23

    command: >-
      --character-set-server=utf8mb4
      --collation-server=utf8mb4_unicode_ci
      --default-authentication-plugin=mysql_native_password

    environment:
      - MYSQL_DATABASE=railssample_development
      - MYSQL_ROOT_PASSWORD=rails-example-app

    volumes:
      - db-data:/var/lib/mysql

volumes:
  # Spring의 임시 파일을 공유하는 볼륨
  spring-tmp:
  # DB 저장소
  db-data:
```

여기에서는 MySQL 버전 8.0.23을 사용했습니다. MySQL 8.0부터는 기본 인증 방식이 변경되었기 때문에 주의해야 합니다.

이미지의 기동부터 마이그레이션까지의 절차는 앞에서 언급한 PostgreSQL의 경우와 같습니다.

여기에서는 앞의 MySQL이 실행된 것을 상정하고, 일단 docker-compose down -v으로 볼륨을 삭제합니다.

▌ **커맨드 3-3-6-2**

```
$ docker-compose down -v
Stopping rails-sample_app_1     ... done
Stopping rails-sample_webpack_1 ... done
Stopping rails-sample_spring_1  ... done
Stopping rails-sample_db_1      ... done
Removing rails-sample_app_1     ... done
Removing rails-sample_webpack_1 ... done
Removing rails-sample_spring_1  ... done
Removing rails-sample_db_1      ... done
Removing network rails-sample_default
Removing volume rails-sample_spring-tmp
Removing volume rails-sample_db-data
$
$ docker-compose up --build -d
Creating network "rails-sample_default" with the default driver
Creating volume "rails-sample_spring-tmp" with default driver
Creating volume "rails-sample_db-data" with default driver
Pulling db (mysql:8.0.23)...
8.0.23: Pulling from library/mysql
f7ec5a41d630: Already exists
```

... 중략 ...

```
Creating rails-sample_db_1      ... done
Creating rails-sample_webpack_1 ... done
Creating rails-sample_spring_1  ... done
Creating rails-sample_app_1     ... done
$
$ docker-compose logs -f app db
Attaching to rails-sample_app_1, rails-sample_db_1
db_1    | 2021-04-14 08:12:13+00:00 [Note] [Entrypoint]: Entrypoint script for MySQL Server
8.0.23-1debian10 started.
```

... 중략 ...

```
db_1    | 2021-04-14 08:12:48+00:00 [Note] [Entrypoint]: MySQL init process done. Ready for start up.
```

```
db_1     |
db_1     | 2021-04-14T08:12:49.062625Z 0 [System] [MY-010116] [Server] /usr/sbin/mysqld (mysqld
8.0.23) starting as process 1
db_1     | 2021-04-14T08:12:49.082182Z 1 [System] [MY-013576] [InnoDB] InnoDB initialization has
started.
db_1     | 2021-04-14T08:12:49.528653Z 1 [System] [MY-013577] [InnoDB] InnoDB initialization has
ended.
db_1     | 2021-04-14T08:12:49.793671Z 0 [System] [MY-011323] [Server] X Plugin ready for connec-
tions. Bind-address: '::' port: 33060, socket: /var/run/mysqld/mysqlx.sock
```

Chapter 3의 3-3-5절에 있는 PostgreSQL의 단계가 실행된 경우 scaffold가 이미 만들어져 있기 때문에 rake db:migrate만 실행합니다.

커맨드 3-3-6-3

```
$ docker-compose run --rm spring rake db:migrate
Creating rails-sample_spring_run ... done
== 20210414054347 CreateArticles: migrating ====================================
-- create_table(:articles)
   -> 0.0290s
== 20210414054347 CreateArticles: migrated (0.0292s) ===========================

$
```

데이터 베이스에 테이블이 작성되어 있는지 확인합니다.

커맨드 3-3-6-4

```
$ docker-compose exec db mysql -prails-example-app railssample_development
mysql: [Warning] Using a password on the command line interface can be insecure.
Reading table information for completion of table and column names
You can turn off this feature to get a quicker startup with -A

Welcome to the MySQL monitor.  Commands end with ; or \g.
Your MySQL connection id is 12
Server version: 8.0.23 MySQL Community Server - GPL

Copyright (c) 2000, 2021, Oracle and/or its affiliates.

Oracle is a registered trademark of Oracle Corporation and/or its
affiliates. Other names may be trademarks of their respective
```

owners.

Type 'help;' or '\h' for help. Type '\c' to clear the current input statement.

```
mysql> SHOW TABLES;
+----------------------------------------+
| Tables_in_railssample_development |
+----------------------------------------+
| ar_internal_metadata              |
| articles                          |
| schema_migrations                 |
+----------------------------------------+
3 rows in set (0.00 sec)

mysql> \q
Bye
```

이것으로 MySQL을 사용한 구성을 만들어 보았습니다.

제 3자가 배포한
Docker 이용하기

이 챕터에서는 제 3자가 배포하는 기존 Docker 환경을 커스터마이즈하는 예로서, 딥러닝
(Deep Learning) 환경을 NVIDIA Docker로 움직이는 방법에 대해서 알아보겠습니다.

딥러닝 업계에서는 Jupyter Notebook을 많이 사용하고 있습니다. 이미 이를 베이스로 한
Google의 Colaboratory를 활용하는 엔지니어들도 많을 것입니다.

Jupyter Notebook의 개발자는 Jupyter 애플리케이션 실행 환경을 Docker 이미지로 배포
하며, 이번 챕터에서는 이러한 Docker 이미지를 사용하여 Jupyter Notebook 후속으로 개
발된 JupyterLab을 움직여 보겠습니다. 이어서 배포 이미지를 바탕으로 PyTorch를 사용
할 수 있는 환경을 구축하고, NVIDIA Docker로 GPU를 사용한 학습 과정을 평가해 보겠습
니다.

4-1

JupyterLab 환경 만들기

먼저 JupyterLab을 구축하는 방법에 대해서 알아보겠습니다.

4-1-1 JupyterLab 이란

JupyterLab은 Jupyter Notebook의 후속으로 개발된 Web 베이스 애플리케이션입니다.
두 애플리케이션 모두 Project Jupyter에서 개발하고 있습니다.

Project Jupyter : https://jupyter.org/

이미지 4-1-1-1 : https://jupyter.org

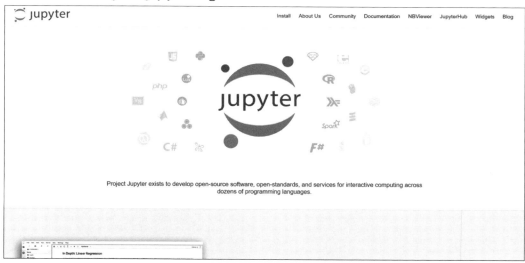

Jupyter Notebook은 Web 베이스로 움직이는 대화형 실행 환경입니다. Python 또는 R과 같은 언어로 코드를 작성해서 그 결과를 대화식으로 시각화하고, Markdown 베이스로 설명을 추가할 수 있습니다. 이러한 내용을 노트북(Notebook)이라는 단위로 하나의 파일에 저장하여 공유할 수 있으며, 공유한 곳에서도 코드를 편집하고 실행할 수 있는 것이 특징입니다.

Jupyter Notebook :
https://jupyter.readthedocs.io/en/latest/tryjupyter.html

이미지 4-1-1-2 : Jupyter Notebook

Jupyter Notebook은 하나의 노트북에서만 편집할 수 있는 UI로 되어 있었습니다.
JupyterLab은 UI가 (마치 하나의 통합 개발 환경처럼) 진화하고 있으며, 한 화면에서 여러 파일을
보거나 편집할 수 있도록 되어 있습니다.

JupyterLab：
https://jupyterlab.readthedocs.io/en/latest/index.html

이미지 4-1-1-3 : JupyterLab

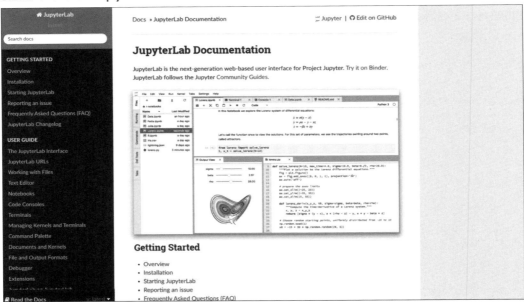

이러한 특징으로 JupyterLab이나 Jupyter Notebook은 코드뿐만 아니라 결과의 시각화와 해설 등
도 중시하는 업무에 적합합니다. 또한 머신러닝과 같은 데이터 과학 영역에서 많이 사용되는 툴
중 하나입니다.

4-1-2 사전 준비

그럼 컨테이너의 호스트 환경에 작업 디렉터리를 만듭니다.
계속해서 이 디렉터리가 현재 디렉터리라고 가정하고 진행하겠습니다.

커맨드 4-1-2-1

```
$ mkdir jupyterlab-sample
$ cd jupyterlab-sample
```

기본적으로 Docker Compose 프로젝트 이름으로 디렉터리 이름이 사용됩니다. 이것을 변경하기
위해서는 환경 변수 COMPOSE_PROJECT_NAME에 프로젝트 이름을 설정해 두거나 다음과
같이 환경 변수의 값을 설정한 것을 .env 파일로 만들어 둡니다.

데이터 4-1-2-1 : .env

```
COMPOSE_PROJECT_NAME=jupyterlab-sample
```

4-1-3 Jupyter Docker Stacks에 대해서

Project Jupyter는 서비스 운영을 위한 준비가 되어있는(ready-to-run) 환경을 Jupyter Docker Stacks
로 제공하고 있습니다. 우선 이것을 움직여 보겠습니다.

Jupyter Docker Stacks:
https://jupyter-docker-stacks.readthedocs.io/en/latest/

Jupyter Docker Stacks는 용도별로 여러 Docker 이미지를 제공하고 있습니다.
각각의 이미지와 이미지의 사용 방법은 다음 URL에 설명되어 있습니다.

https://jupyter-docker-stacks.readthedocs.io/en/latest/using/selecting.html
https://jupyter-docker-stacks.readthedocs.io/en/latest/using/common.html

설명에 의하면, docker run 커맨드에 인수를 전달함으로써 컨테이너 환경을 커스터마이즈할 수 있습니다. 집필 시점에서 제공되는 옵션은 다음과 같습니다.

표 4-1-3-1 : Jupyter Docker Stacks에서 사용 가능한 옵션

옵션	의미
-e NB_USER=jovyan	컨테이너 환경의 사용자 이름 변경한다(기본값은 jovyan). 이를 지정하는 경우는 docker run에 「――user root -w /home/$ NB_USER」 ($ NB_USER 변경하려는 사용자 이름)를 지정해야 한다.
-e NB_UID=1000	컨테이너 환경의 사용자 ID 변경한다(기본값은 1000). 호스트 환경 디렉터리를 마운트할 때 사용하면 호스트 환경의 사용자 및 사용 권한을 맞출 수 있다. 이를 지정하는 경우 docker run에 ――user root를 지정해야 한다. 대신 Docker를 제공하고 있고, ――user을 사용할 수도 있다.
-e NB_GID=100	컨테이너 환경의 사용자 주그룹 변경한다(기본값은 100). 호스트 환경 디렉터리를 마운트할 때 사용하면 호스트 환경의 사용자 및 사용 권한을 맞출 수 있다. 이를 지정하는 경우 docker run에 ――user root를 지정해야 한다. 대신 Docker가 준비한 ――group-add를 사용할 수도 있다.
-e NB_GROUP=\<name>	$NB_GID로 지정한 그룹의 그룹 이름을 지정할 수 있다.
-e NB_UMASK=\<umask>	컨테이너 환경에서 생성되는 파일의 umask를 설정한다.
-e CHOWN_HOME=yes	시작할 때 홈 디렉터리의 소유자를 $NB_UID와 $NB_GID로 변경한다. 이것은 -v 옵션으로 호스트 환경의 디렉터리를 마운트하는 경우에도 실행된다. 기본값으로는 변경은 재귀적으로 처리되지 않는다. 재귀적으로 변경하려면 chown에게 주는 옵션을 「-e CHOWN_HOME_OPTS='- R'」로 지정하면 된다.
-e CHOWN_EXTRA= "\<some dir>, \<someother dir>"	쉼표로 구분된 디렉터리의 소유자를 $NB_UID와 $NB_GID로 변경한다. chown에게 주는 옵션을 「-e CHOWN_EXTRA_OPTS='- R'」로 설정할 수 있다.
-e GRANT_SUDO=yes	NB_USER 사용자가 암호 없이 sudo 할 수 있도록 한다. OS 패키지를 설치할 때 유용하다. 이것을 지정하지 않아도 pip와 conda로 패키지를 설치할 수 있다. 이를 지정하는 경우 docker run에 ――user root를 지정해야 한다.
-e GEN_CERT=yes	자체 서명 인증서를 생성하고 HTTPS 접속하도록 설정한다.
-e JUPYTER_ENABLE_ LAB=yes	jupyter notebook 대신 jupyter lab을 실행하도록 지정한다. 커맨드 라인 설정을 변경하는 것보다 환경 변수를 설정하는 것이 더 쉬울 경우에 유용하다.
-v /some/host/folder/for/ work:/ home/jovyan/work	호스트 환경 디렉터리를 컨테이너 내부에 마운트한다.
--user 5000 --group-add us- ers	컨테이너를 지정된 사용자 ID로 실행하고, 사용자를 users 그룹에 추가하여 필요한 디렉터리의 변경 권한을 부여한다. 지금까지 NB_UID과 NB_GID를 사용하던 설정을 대체한다.

4-1-4 JupyterLab 컨테이너 구성하기

Docker Compose를 사용하여 Jupyter Docker Stacks 컨테이너를 움직여 보겠습니다.

컨테이너를 실행하는 것은 docker run만으로도 가능하지만, 추후에 사용자 정보를 설정하면 옵션의 길이가 길어집니다.

필요한 옵션을 Compose 파일에 설정해 놓으면, 컨테이너 관리를 쉽게 할 수 있습니다.

우선 JupyterLab 환경을 운영하기 위한 최소한의 설정을 준비합니다.

docker-compose.yml을 다음과 같이 작성합니다.

| 데이터 4-1-4-1 : docker-compose.yml

```
version: "3"

services:
  # JupyterLab
  jupyter:
    image: jupyter/datascience-notebook:65761486d5d3

    command: start.sh jupyter lab

    ports:
     - 8888:8888

    working_dir: /home/jovyan/work

    volumes:
     - .:/home/jovyan/work
```

여기에서는 jupyter/datascience-notebook 이미지를 사용합니다.

또한, 태그는 집필 시점 최신인 65761486d5d3을 지정하고 있습니다.

기본값인 latest을 사용하는 대신 특정 태그를 지정하여 항상 같은 이미지(환경)를 취득하도록 하고 있습니다. 이미지로 지정할 수 있는 태그 목록은 다음 URL에서 확인할 수 있습니다.

https://hub.docker.com/r/jupyter/datascience-notebook/tags/

시작 스크립트의 start.sh을 통해 jupyter lab 커맨드로 JupyterLab이 만들어지도록 지정합니다.
이미지의 기본값으로는 start-notebook.sh가 지정되어 있고, 환경 변수 JUPYTER_ENABLE_LAB
이 지정되지 않으면 jupyter notebook 커맨드로 Jupyter Notebook을 시작하도록 되어 있습니다.
ports의 설정에서는 기본적으로 기다리고 있는 8888번 포트를 공개하도록 설정되어 있습니다.
working_dir 설정과 volumes의 설정은 호스트 환경의 현재 디렉터리를 컨테이너 환경의 work 디
렉터리에 마운트합니다.
여기에 있는 /home/jovyan은 컨테이너 환경에서 사용할 수 있는 기본 사용자(jovyan)의 홈 디렉
터리입니다.
여기까지 설정하고 나면 컨테이너의 동작을 확인해 보겠습니다.
docker-compose up 커맨드로 서비스(컨테이너)를 시작합니다.

커맨드 4-1-4-1

```
$ docker-compose up
Creating network "jupyterlab-sample_default" with the default driver
Pulling jupyter (jupyter/datascience-notebook:65761486d5d3)...
65761486d5d3: Pulling from jupyter/datascience-notebook
a48c500ed24e: Pull complete
                            ... 중략 ...
7acaecc285ed: Pull complete
Creating jupyterlab-sample_jupyter_1 ... done
Attaching to jupyterlab-sample_jupyter_1
jupyter_1  | Executing the command: jupyter lab
jupyter_1  | [I 06:33:41.544 LabApp] Writing notebook server cookie secret to /home/jovyan/.
local/share/jupyter/runtime/notebook_cookie_secret
jupyter_1  | [I 06:33:42.266 LabApp] JupyterLab extension loaded from /opt/conda/lib/python3.7/
site-packages/jupyterlab
jupyter_1  | [I 06:33:42.266 LabApp] JupyterLab application directory is /opt/conda/share/
jupyter/lab
jupyter_1  | [W 06:33:42.268 LabApp] JupyterLab server extension not enabled, manually loading...
jupyter_1  | [I 06:33:42.272 LabApp] JupyterLab extension loaded from /opt/conda/lib/python3.7/
site-packages/jupyterlab
jupyter_1  | [I 06:33:42.272 LabApp] JupyterLab application directory is /opt/conda/share/
jupyter/lab
jupyter_1  | [I 06:33:42.273 LabApp] Serving notebooks from local directory: /home/jovyan/work
jupyter_1  | [I 06:33:42.273 LabApp] The Jupyter Notebook is running at:
jupyter_1  | [I 06:33:42.273 LabApp] http://(22d39364210b or 127.0.0.1):8888/?token=87b05850c0cc
317b24efe006855d1a1d1e247c7185ddcc61
jupyter_1  | [I 06:33:42.273 LabApp] Use Control-C to stop this server and shut down all kernels
```

(twice to skip confirmation).

jupyter_1 | [C 06:33:42.277 LabApp]

jupyter_1 |

jupyter_1 | To access the notebook, open this file in a browser:

jupyter_1 | file:///home/jovyan/.local/share/jupyter/runtime/nbserver-7-open.html

jupyter_1 | Or copy and paste one of these URLs:

jupyter_1 | http://(22d39364210b or 127.0.0.1):8888/?token=87b05850c0cc317b24efe006855d
1a1d1e247c7185ddcc61

JupyterLab 환경이 기동되었습니다.

로그 내용에서 알 수 있듯이 기본적으로 토큰 베이스 인증이 활성화되어 있습니다.

접속에 필요한 토큰은 로그에 기록된 URL의「token=」오른쪽 부분입니다(앞의 예시에서는
87b05850c0cc317b24efe006855d1a1d1e247c7185ddcc61).

서비스가 실행되고 있는지 확인하기 위해 호스트 환경의 브라우저로 http://localhost:8888/에 접
속해 보겠습니다. 다음 그림과 같은 인증 화면이 나타나면 완료입니다.

이미지 4-1-4-1 : JupyterLab 인증 화면

이 화면에서 토큰을 전송하여 진행할 수 있지만 추가 설정을 하기 위해 서비스(컨테이너)를 정지시켜 둡니다.

서비스를 중지하기 위해 Ctrl+C키를 입력하거나 다른 쉘에서 docker-compose stop을 실행합니다. 로그에는 「Use Control-C to stop this server」라고 출력되어 있지만, 실제로 Ctrl+C 키 입력은 Docker Compose 프로세스에 보내지고 있다는 점을 유의해야 합니다.

커맨드 4-1-4-2

```
^CGracefully stopping... (press Ctrl+C again to force)
Stopping jupyterlab-sample_jupyter_1 ... done
```

4-1-5 컨테이너 환경의 사용자 정보 설정하기

Docker가 움직이고 있는 호스트 환경이 Linux 환경인 경우, 컨테이너 내부에서 실행되는 프로세스의 사용자 정보를 설정하는 것이 좋습니다. 컨테이너 환경의 사용자 정보를 호스트 환경의 로그인 사용자와 정렬하여 호스트 환경의 디렉터리를 마운트하면 파일 접속(특히 쓰기)이 쉬워집니다. 호스트 환경에서 로그인한 사용자의 정보는 호스트 환경의 쉘로 id 커맨드를 실행하여 확인할 수 있습니다.

커맨드 4-1-5-1

```
$ id
uid=1000(ubuntu) gid=1000(ubuntu)
groups=1000(ubuntu),4(adm),20(dialout),24(cdrom),25(floppy),27
(sudo),29(audio),30(dip),44(video),46(plugdev),109(netdev),110(lxd),999(docker)
```

Mac이나 Windows 환경에서는 실행 사용자에 대한 설정이 필요하지 않습니다.

Docker for Desktop으로 가상 머신을 경유하는 경우, 마운트할 디렉터리에 적절한 접속 권한이 설정됩니다.

위의 옵션에 대한 설명처럼 Jupyter Docker Stacks는 컨테이너 환경에서 움직이는 사용자 정보를 커스터마이즈할 수 있습니다.

여기에서는 다음의 두 가지 방법을 소개하겠습니다.

• 환경 변수 설정
• Docker 옵션으로 실행 사용자 ID 지정

....
환경 변수 설정

우선 환경 변수로 사용자 정보를 설정하는 방법을 소개하겠습니다.

Docker Compose 파일의 Version 3 계열에는 --group-add에 해당하는 옵션(group_add)이 삭제되어 있기 때문에 이 방법으로 설정해야 합니다.

docker-compose.yml에 다음 설정을 추가 변경합니다.

기본적으로 제공되는 사용자 jovyan의 UID는 1000이고, 예로는 1001을 지정했습니다.

📄 데이터 4-1-5-1 : docker-compose.yml(추가)

```
## 추가한 부분과 관계 없는 부분은 생략

services:
  jupyter:

    ## JupyterLab 기본 설정 생략
    # 사용자 정보 변경. root 사용자로 기동
    user: root

    # 이 값들을 호스트 환경의 로그인 유저와 맞게 설정해 둔다
    environment:
      - NB_UID=1001
      - NB_GID=1001
      - CHOWN_HOME=yes
```

이러한 환경 변수는 Jupyter Docker Stacks를 제공하는 시작 스크립트(컨테이너의 /usr/local/bin/start.sh)로 처리되어 있다.

여기서 NB_UID 같은 환경 변수가 사용되고 있다면 사용자 정보와 파일의 권한이 적절하게 설정됩니다.

이러한 환경 변수를 사용하고 있기 때문에, 컨테이너 프로그램은 root 사용자로 시작해야 합니다. Compose 파일의 코멘트대로 --user root 설정에 해당하는 user: root를 설정합니다.

여기에서는 NB_USER를 설정할 뿐이고, 사용자 이름 변경까지는 하지 않았습니다.

시작 스크립트에는 기본적으로 제공되는 홈 디렉터리의 이름을 변경하는 과정이 있는데, 홈 디렉터리 아래에 볼륨을 마운트하고 있다면 그 과정이 생략됩니다.

이후 단계에서 홈 디렉터리의 파일이 필요하기 때문에 여기에서는 기본 사용자 이름을 사용하겠습니다.

이 설정으로 docker-compose run을 실행하여 컨테이너를 움직인 후 사용자 정보를 확인해 봅니다.

┃ 커맨드 4-1-5-2

```
$ docker-compose run --rm jupyter start.sh bash
Set username to: jovyan
usermod: no changes
Changing ownership of /home/jovyan to 1001:1001 with options ''
Set jovyan UID to: 1001
Add jovyan to group: 1001
Executing the command: bash
jovyan@a13124965aaf:~/work$ id
uid=1001(jovyan) gid=1001(jovyan) groups=1001(jovyan),100(users)
jovyan@a13124965aaf:~/work$ ls -al ~
total 12
drwsrwsr-x 1 jovyan jovyan   138 Apr  1 16:48  .
drwxr-xr-x 1 root    root      12 Mar 14 02:54  ..
-rw-rw-r-- 1  jovyan jovyan   220 Apr  4 2018  .bash_logout
-rw-rw-r-- 1  jovyan jovyan 3770 Mar 14 02:54  .bashrc
drwsrwsr-x 1 jovyan jovyan    20 Apr  1 15:09  .cache
drwsrwsr-x 1 jovyan jovyan    40 Mar 14 02:57  .conda
drwsrws--- 1 jovyan jovyan    42 Apr  1 15:09  .config
drwsrwsr-x 1 jovyan jovyan     0 Apr  1 15:02  .empty
drwsrws--- 1  jovyan jovyan   52 Apr  1 14:06  .jupyter
-rw-rw-r-- 1  jovyan jovyan   807 Apr  4 2018  .profile
drwxrwxr-x 1 jovyan jovyan    44 Apr  6 07:19  work
drwsrwsr-x 1 jovyan jovyan     6 Apr  1 14:04  .yarn
jovyan@a13124965aaf:~/work$ exit
exit
```

시작 스크립트에서 사용자 정보 및 접속 권한이 적절하게 변경되는 것을 알 수 있습니다.

Docker 옵션으로 실행 사용자 ID 지정

이어서 Docker 옵션으로 실행 사용자 ID를 지정하는 방법을 소개하겠습니다.

컨테이너에서 시작하는 프로세스의 사용자 ID와 그룹 ID는 docker run의 --user 옵션으로 지정할 수 있습니다. 이 경우 group_add를 설정해야 하므로 Docker Compose 파일의 Version 2 계열을 사용해야 합니다.

docker-compose.yml에 다음 설정을 추가 변경합니다.

그룹에 users를 추가하는 것이 포인트입니다.

█ 데이터 4-1-5-2 : docker-compose.yml(추가)

```
### version 2 지정
version: "2"

services:
 jupyter:

    ## JupyterLab 기본 설정 생략

    # user로 지정하는 UID를 호스트 환경의 로그인 사용자와 맞게 설정해 둔다.
    user: "1001"

    group_add:
      - users
```

여기에서 지정하는 사용자 ID는 컨테이너 환경 안에 있는 사용자임을 주의해야 합니다.

위의 설정과 같이 user 설정은 호스트 환경 사용자(문자열이 아닌 숫자) UID를 문자열 값으로 제공해야 합니다. 이 설정으로 docker-compose run을 사용해 컨테이너를 시작하고 사용자 정보를 확인해 봅니다.

█ 커맨드 4-1-5-3

```
$ docker-compose run --rm jupyter start.sh bash
Adding passwd file entry for 1001
Executing the command: bash
jovyan@15a68b46fe84:~/work$ id
uid=1001(jovyan) gid=0(root) groups=0(root),100(users)
jovyan@15a68b46fe84:~/work$ ls -al ~
total 12
drwsrwsr-x 1 nayvoj users   138 Apr  1 16:48 .
drwxr-xr-x 1 root    root     12 Mar 14 02:54 ..
-rw-rw-r-- 1   nayvoj users  220 Apr  4 2018 .bash_logout
-rw-rw-r-- 1   nayvoj users 3770 Mar 14 02:54 .bashrc
drwsrwsr-x 1 nayvoj users    20 Apr  1 15:09 .cache
drwsrwsr-x 1 nayvoj users    40 Mar 14 02:57 .conda
drwsrws--- 1 nayvoj users    42 Apr  1 15:09 .config
drwsrwsr-x 1 nayvoj users     0 Apr  1 15:02 .empty
```

Chapter 4

```
drwsrws--- 1  nayvoj users     52 Apr   1 14:06 .jupyter
-rw-rw-r-- 1  nayvoj users    807 Apr   4 2018 .profile
drwxrwxr-x 1  jovyan 1001      44 Apr   6 07:19 work
drwsrwsr-x 1 nayvoj users       6 Apr   1 14:04 .yarn
jovyan@15a68b46fe84:~/work$ id nayvoj
uid=1000(nayvoj) gid=100(users) groups=100(users)
jovyan@15a68b46fe84:~/work$ exit
exit
```

이 경우 시작 스크립트로 새로운 사용자 정보가 추가되는 것 같습니다.

또한 CHOWN_HOME을 설정하지 않았기 때문에 기존 파일의 소유자는 이전 사용자 ID로 남아 있습니다. 기존 파일이라도 users 그룹은 쓸 수 있도록 되어 있기 때문에 파일 작성 등은 문제없이 사용할 수 있습니다.

여기에서는 그룹 ID를 갖추는 것까지는 하지 않았기 때문에 work 디렉터리의 소유 그룹(이 예에서는 호스트 환경에서 설정되어 있는 그룹)이 1001이라는 숫자로 남아 있습니다.

--user 옵션으로는 사용자 ID 뿐만 아니라 그룹 ID를 포함하여 {UID}:{GID}와 같이 지정할 수 있지만 집필 시점의 이미지는 컨테이너에 존재하지 않는 그룹 ID를 지정하면 잘 작동하지 않는 것 같습니다.

다음 단계에서는 group_add를 사용하는 설정을 베이스로 진행합니다.

4-1-6 인증 정보 고정하기

이어서 인증 정보가 고정되도록 합니다. 앞서 설명한 단계에서 만든 환경에서는 인증 정보인 토큰은 자동 생성된 값이 사용되게 되어 있었습니다.

토큰은 로그에 출력되지만 일일이 확인하려면 불편할 뿐만 아니라 많은 시간이 소요됩니다.

또한 환경을 만들 때마다 값이 바뀌어 버리는 문제도 있습니다.

Docker 컨테이너의 시작 시에 설정함으로써 인증 정보를 고정할 수 있습니다.

JupyterLab과 Jupyter Notebook에서는 인증 정보를 설정하는 방법으로 토큰과 암호, 두 가지가 제공되고 있습니다.

토큰 인증을 설정하는 경우

토큰을 설정하는 경우, 다음과 같이 docker-compose.yml의 command 설정에 인수를 추가합니다.

데이터 4-1-6-1 : docker-compose.yml(추가)

```
## services - jupyter - command 부분만 다음과 같이 변경합니다.

  command: >-
    start.sh jupyter lab
    --NotebookApp.token=87b05850c0cc317b24efe006855d1a1d1e247c7185ddcc61
```

여기에서는 이전 로그에 기록된 토큰을 재활용했습니다. Jupyter Docker Stacks의 이미지에는 openssl 커맨드가 포함되어 있기 때문에 다음의 커맨드로 생성한 랜덤 값을 토큰으로 사용해도 좋습니다.

커맨드 4-1-6-1

```
$ docker-compose run --rm jupyter openssl rand -hex 24
210a31b6064e24cb412a9567d6572ea92eb871fcb04a7f20
```

동작을 확인하기 위해 docker-compose up으로 서비스(컨테이너)를 시작합니다.
앞에서 언급했던 예와 달리 토큰 값이 마스크되는 점을 유의해야 합니다.

커맨드 4-1-6-2

```
$ docker-compose up
Recreating jupyterlab-sample_jupyter_1 ... done
Attaching to jupyterlab-sample_jupyter_1
jupyter_1 | Executing the command: jupyter lab --NotebookApp.token=87b05850c0cc317b24efe006855d
1a1d1e247c7185ddcc61
                              ... 중략 ...
jupyter_1  | [I 08:05:28.710 LabApp] The Jupyter Notebook is running at:
jupyter_1  | [I 08:05:28.710 LabApp] http://(1dd2c3160980 or 127.0.0.1):8888/?token=...
jupyter_1  | [I 08:05:28.710 LabApp] Use Control-C to stop this server and shut down all kernels
(twice to skip confirmation).
```

Chapter 4

설정에 사용한 토큰을 이용하여 브라우저로 접속합니다.

이 경우 URL은 http://localhost:8888/?token=87b05850c0cc317b24efe006855d1a1d1e247c7185
ddcc61입니다. 인증을 통과하여 워크스페이스가 나타나면 OK입니다.

이미지 4-1-6-1 : JupyterLab 워크스페이스

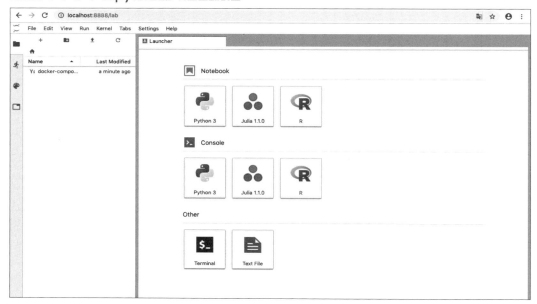

....

암호 인증을 설정하는 경우

암호를 설정하는 경우, 미리 다음의 커맨드로 암호를 인코딩해야 합니다.

여기에서는 "secret"이라는 암호를 사용했습니다.

커맨드 4-1-6-3

```
$ docker-compose exec jupyter python3 -c 'import IPython; print(IPython.lib.passwd("secret"))'
sha1:8345a7533e93:c96cc038ba00386b56f6d5cc050b1b8234d4bd5d
```

암호는 해시로 되어 있지만 (위의 예와 같은) 간단한 암호를 사용할 경우 토큰 사용할 때보다 보
안에 취약해질 수 있다는 점을 주의해야 합니다.

이 생성된 값이 설정되도록 다음과 같이 docker-compose.yml의 command 설정에 인수를 추가합
니다. 이때 앞에서 받은 암호화된 해시값을 password 값으로 넘겨줍니다.

데이터 4-1-6-2 : docker-compose.yml(수정)

```
## services - jupyter - command 부분만 다음과 같이 변경합니다.


    command: >-
      start.sh jupyter lab
       --NotebookApp.password=sha1:8345a7533e93:c96cc038ba00386b56f6d5cc050b1b8234d4bd5d
```

커맨드 4-1-6-4

```
$ docker-compose up
Recreating jupyterlab-sample_jupyter_1 ... done
Attaching to jupyterlab-sample_jupyter_1
jupyter_1 | Executing the command: jupyter lab --NotebookApp.password=sha1:8345a7533e93:c96cc03
8ba00386b56f6d5cc050b1b8234d4bd5d
                            ... 중략 ...
jupyter_1   | [I 08:06:30.216 LabApp] The Jupyter Notebook is running at:
jupyter_1   | [I 08:06:30.216 LabApp] http://(51a0e281171b or 127.0.0.1):8888/
jupyter_1   | [I 08:06:30.216 LabApp] Use Control-C to stop this server and shut down all kernels
(twice to skip confirmation).
```

브라우저로 http://localhost:8888/로 접속하면 다음과 같이 인증 화면이 나타납니다.

이미지 4-1-6-2 : JupyterLab 인증 화면

인증 화면에서 암호를 입력하고 전송합니다. 인증 통과 후 워크스페이스가 나타나면 OK입니다.

4-2

PyTorch 사용하기

앞에서 JupyterLab 환경을 만들어 보았습니다. 이어서 이 환경을 바탕으로 PyTorch를 사용할 수 있는 컨테이너 환경을 구축해 봅니다.

4-2-1 PyTorch란

PyTorch는 오픈 소스 기계 학습 플랫폼 중 하나입니다. Python 라이브러리로 제공되며, 코드 작성과 사용의 용이성, 성능 등의 장점이 많아 인기가 높아지고 있습니다.

　　PyTorch Web 사이트 : https://pytorch.org/

이미지 4-2-1-1 : PyTorch 공식 페이지

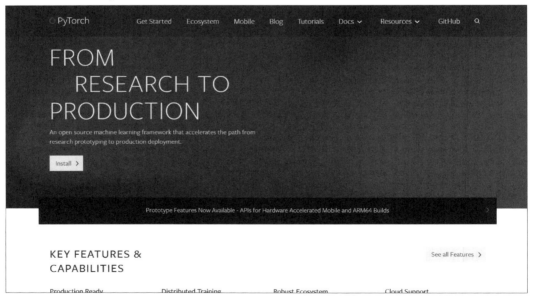

4-2-2 빌드된 이미지 사용하기

Chapter4의 4-1절에서 만든 디렉터리와 Docker Compose 파일을 바탕으로 로컬 환경에서 빌드된 이미지를 사용합니다.

docker-compose.yml 파일을 다음과 같이 작성합니다.

데이터 4-2-2-1 : docker-compose.yml

```
version: "2"

services:
  # JupyterLab 환경
  jupyter:
    build: .

    # 암호는 `secret`
    command: >-
      start.sh jupyter lab
      --NotebookApp.password=sha1:8345a7533e93:c96cc038ba00386b56f6d5cc050b1b8234d4bd5d

    ports:
      - 8888:8888

    # DataLoader가 사용하는 공유 메모리 크기를 확보
    shm_size: 4G

    working_dir: /home/jovyan/work

    volumes:
      - .:/home/jovyan/work

    # user로 지정하는 UID를 호스트 환경의 로그인 사용자와 맞게 설정해 둔다.
    user: "1000"

    group_add:
      - users
```

여기에서는 빌드에 필요한 build 설정을 image 구성 대신 지정하고 있습니다.

또한, PyTorch는 공유 메모리를 크기를 충분하게 확보하여 프로세스 간 통신이 원활하도록 설정합니다.

Chapter 4

빌드 시에 사용할 Dockerfile을 다음과 같이 작성합니다.

데이터 4-2-2-2 : Dockerfile

```
FROM jupyter/datascience-notebook:65761486d5d3
```

여기에서는 이전 단계에서 사용한 jupyter/datascience-notebook:65761486d5d3을 기본 이미지로 사용하도록 지정하고 있습니다.

이미지는 docker-compose build로 빌드할 수 있습니다.

커맨드 4-2-2-1

```
$ docker-compose build
Building jupyter
Step 1/1 : FROM jupyter/datascience-notebook:65761486d5d3
 ---> b7727d5d58e0
Successfully built b7727d5d58e0
Successfully tagged jupyterlab-sample_jupyter:latest
```

4-2-3 베이스 이미지 확인하기

빌드 순서는 Linux 배포판의 베이스 이미지에 따라 달라집니다. 따라서 먼저 배포판을 확인해야 합니다.

Jupyter Docker Stacks는 여러 이미지를 제공하고 있기 때문에, 배포판을 확인하기 위해서는 이미지의 부모-자식 관계를 순서대로 살펴보아야 합니다.

다음 URL의 설명에 따르면, 이번에 사용하는 jupyter/datascience-notebook(위에서 왼쪽 5단에서 2번째 이미지)은 파생 이미지의 하나로, 이러한 이미지는 jupyter/basenotebook(위에서 2단의 이미지)를 공유하고, 대부분의 이미지는 ubuntu(최상단 이미지)임을 알 수 있습니다.

https://jupyter-docker-stacks.readthedocs.io/en/latest/using/selecting.html#jupyter-datascience-notebook

이미지 4-2-3-1 : 이미지 관계도

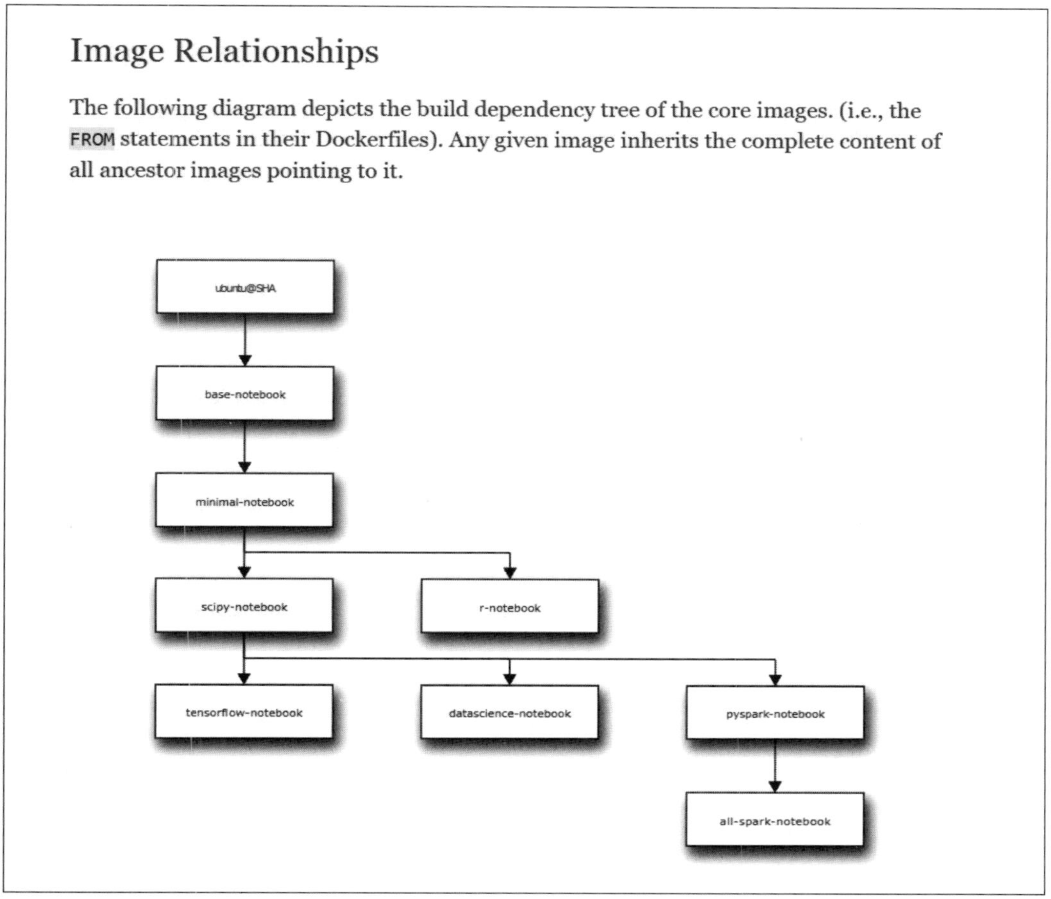
Image Relationships
The following diagram depicts the build dependency tree of the core images. (i.e., the FROM statements in their Dockerfiles). Any given image inherits the complete content of all ancestor images pointing to it.
ubuntu@SHA
base-notebook
minimal-notebook
scipy-notebook
r-notebook
tensorflow-notebook
datascience-notebook
pyspark-notebook
all-spark-notebook

Docker Hub나 GitHub에서 jupyter/base-notebook의 Dockerfile을 확인해 보겠습니다.

https://hub.docker.com/r/jupyter/base-notebook/dockerfile
https://github.com/jupyter/docker-stacks/blob/65761486d5d3875b6090e49e8a9a7fb208a50d75/base-notebook/Dockerfile

집필 시점의 이미지에는 FROM 명령의 내용이 다음과 같이 되어 있으므로, Ubuntu 18.04를 베이스로 하고 있다는 것을 알 수 있습니다.

┃ 데이터 4-2-3-1 : Dockerfile

```
# Ubuntu 18.04 (bionic) from 2018-05-26
# https://github.com/docker-library/official-images/commit/aac6a45b9eb2bffb8102353c350d341a410
fb169
ARG BASE_CONTAINER=ubuntu:bionic-20180526@sha256:c8c275751219dadad8fa56b3ac41ca6cb22219
ff117ca98fe82b42f24e1ba64e
FROM $BASE_CONTAINER
```

실제로 컨테이너 환경에서도 확인해 보겠습니다.

다음과 같이 docker-compose run을 사용하여 /etc/lsb-release의 내용을 확인합니다.

┃ 커맨드 4-2-3-1

```
$ docker-compose run --rm jupyter bash
jovyan@f5de5f9d3140:~/work$ cat /etc/lsb-release
DISTRIB_ID=Ubuntu
DISTRIB_RELEASE=18.04
DISTRIB_CODENAME=bionic
DISTRIB_DESCRIPTION="Ubuntu 18.04.1 LTS"
jovyan@f5de5f9d3140:~/work$
```

Ubuntu 18.04 LTS(포인트 릴리스인 Ubuntu 18.04.1 LTS)가 베이스로 되어 있는 것을 확인할 수 있습니다. 이어서 Python 버전도 확인해 보겠습니다.

┃ 커맨드 4-2-3-2

```
jovyan@f5de5f9d3140:~/work$ which python
/opt/conda/bin/python
jovyan@f5de5f9d3140:~/work$ python --version
Python 3.7.1
jovyan@f5de5f9d3140:~/work$ conda list '^python$'
# packages in environment at /opt/conda:
#
# Name                    Version          Build              Channel
Python                    3.7.1            h381d211_1003      conda-forge
jovyan@f5de5f9d3140:~/work$ exit
exit
```

Jupyter Docker Stacks에서의 Python은 베이스 이미지로 사용되는 Linux 배포판 (Ubuntu) 대신 Anaconda를 이용하고 있습니다.

Anaconda는 (애플리케이션 환경) 배포판 중의 하나로, 머신러닝 등 데이터 과학 분야에 사용하기 적합하다는 특징을 가지고 있습니다.

Anaconda : https://www.anaconda.com/

이미지 4-2-3-2 : Anaconda 웹 사이트

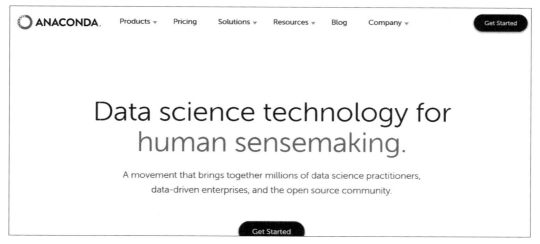

Anaconda는 환경을 관리하기 위한 CUI를 conda 커맨드로 제공하고 있습니다.

이를 이용하여 설치된 패키지를 찾거나 기존 또는 새로운 환경에 패키지를 설치할 수 있습니다.

4-2-4 PyTorch를 설치한 이미지 빌드하기

베이스가 되는 환경을 확인하였으니 이제 PyTorch를 설치해 보겠습니다. 앞에서 거론한 바와 같이 Jupyter Docker Stacks에서는 Anaconda를 사용한 환경이 구축되어 있습니다. 기본적으로 패키지 추가는 conda 커맨드를 사용하는 편이지만 용량이 큰 패키지의 경우 설치 도중 중단되는 경우가 있습니다. 이 경우는 pip 커맨드를 사용하여 설치하면 됩니다.

Dockerfile에 명령어를 추가하여 PyTorch 관련 패키지를 설치합니다.

데이터 4-2-4-1 : Dockerfile

```
FROM jupyter/datascience-notebook:65761486d5d3

RUN pip install torch torchvision torchsummary
```

torch의 경우 용량이 약 900메가이므로 pip로 설치해야 오류가 발생하지 않습니다.
이 커맨드는 다음 URL에서 확인할 수 있는 커맨드를 베이스로 하고 있습니다.

https://pytorch.org/get-started/locally/

이미지 4-2-4-1 : PyTorch 설치 과정

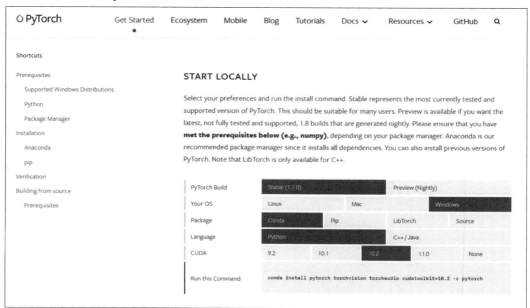

이어서 pip 커맨드로 torchsummary 패키지를 설치합니다. 이것은 PyTorch 모델 정보를 Keras의 model.summary()와 비슷하게 보여주는 패키지입니다.

변경한 내용을 확인하기 위해 docker-compose up --build로 이미지를 다시 빌드하고, 서비스를 시작합니다. 이때 빌드 과정에서 다운받는 PyTorch의 용량이 약 1기가에 달하므로 시간이 오래 걸리니 참고하시기 바랍니다.

커맨드 4-2-4-1

```
$ docker-compose up --build
Docker Compose is now in the Docker CLI, try `docker compose up`

Building jupyter
[+] Building 1662.1s (6/6) FINISHED
 => [internal] load build definition from Dockerfile                      0.0s
 => => transferring dockerfile: 137B                                      0.0s
 => [internal] load .dockerignore                                         0.0s
 => => transferring context: 2B                                           0.0s
 => [internal] load metadata for docker.io/jupyter/datascience-notebook:  0.0s
 => CACHED [1/2] FROM docker.io/jupyter/datascience-notebook:65761486d5d  0.0s
 => [2/2] RUN pip install torch torchvision torchsummary                  1643.5s
 => exporting to image                                                    18.4s
 => => exporting layers                                                   18.4s
 => => writing image sha256:94e02fa186cf3ab55a0fce8f2526262991f48fa04502  0.0s
 => => writing image sha256:94e02fa186cf3ab55a0fce8f2526262991f48fa04502  0.0s

Use 'docker scan' to run Snyk tests against images to find vulnerabilities and learn how to fix them
Successfully built 94e02fa186cf3ab55a0fce8f2526262991f48fa045027e0eac8f48218060162b
Successfully built 94e02fa186cf3ab55a0fce8f2526262991f48fa045027e0eac8f48218060162b
Recreating jupyterlab-sample_jupyter_1 ... done
Attaching to jupyterlab-sample_jupyter_1
jupyter_1  | Executing the command: jupyter lab --NotebookApp.password=sha1:8345a7533e93:c96cc03
8ba00386b56f6d5cc050b1b8234d4bd5d
jupyter_1  | [I 13:06:10.122 LabApp] Writing notebook server cookie secret to /home/jovyan/.local/share/
jupyter/runtime/notebook_cookie_secret
jupyter_1  | [I 13:06:11.460 LabApp] JupyterLab extension loaded from /opt/conda/lib/python3.7/site-
packages/jupyterlab
jupyter_1  | [I 13:06:11.461 LabApp] JupyterLab application directory is /opt/conda/share/jupyter/lab
jupyter_1  | [W 13:06:11.463 LabApp] JupyterLab server extension not enabled, manually loading...
jupyter_1  | [I 13:06:11.471 LabApp] JupyterLab extension loaded from /opt/conda/lib/python3.7/site-
packages/jupyterlab
```

jupyter_1 | [I 13:06:11.471 LabApp] JupyterLab application directory is /opt/conda/share/jupyter/lab

jupyter_1 | [I 13:06:11.473 LabApp] Serving notebooks from local directory: /home/jovyan/work

jupyter_1 | [I 13:06:11.473 LabApp] The Jupyter Notebook is running at:

jupyter_1 | [I 13:06:11.473 LabApp] http://(368cba653f45 or 127.0.0.1):8888/

jupyter_1 | [I 13:06:11.474 LabApp] Use Control-C to stop this server and shut down all kernels (twice to skip confirmation).

4-2-5 PyTorch 사용 여부 확인하기

방금 시작한 서비스에 접속하여 PyTorch를 사용할 수 있는지 확인해 보겠습니다.

http://localhost:8888에 접속하고, 인증하라는 메시지가 나타나면 암호를 입력하여 워크스페이스까지 이동합니다.

워크스페이스의 [Launcher] 탭에서 Python 등 환경을 시작할 수 있습니다. [Notebook] – [Python 3]을 클릭합니다.

이미지 4-2-5-1 : JupyterLab 워크스페이스

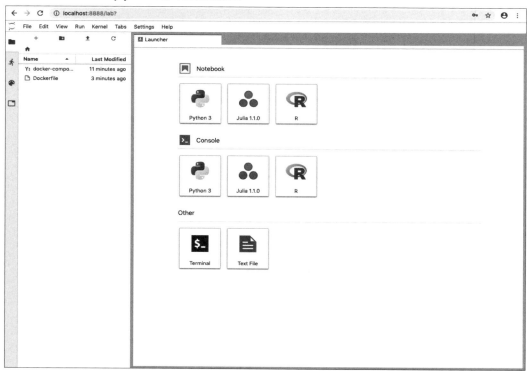

이미지 4-2-5-2 : 새롭게 만든 노트북

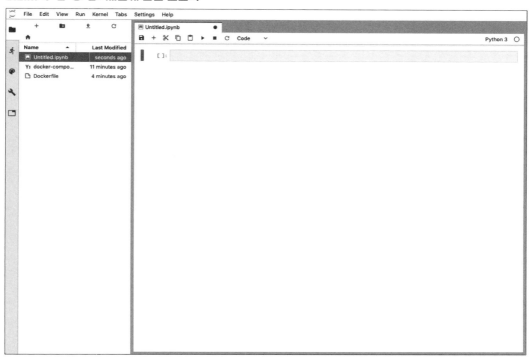

새로운 노트북이 만들어지고 편집 화면의 탭이 표시되었습니다.

편집 화면에 있는 텍스트 상자(셀)에 코드를 입력하고 실행할 수 있습니다.

여기에 다음과 같은 코드를 입력합니다.

데이터 4-2-5-1 : PyTorch 버전을 확인하는 Python 코드

```
import torch
import torchvision
import torchsummary
torch._version_
```

코드를 입력한 후 Shift + Enter 키를 누르면 입력한 코드가 실행됩니다.

이미지 4-2-5-3 : 노트북에서 Python 코드 실행하기

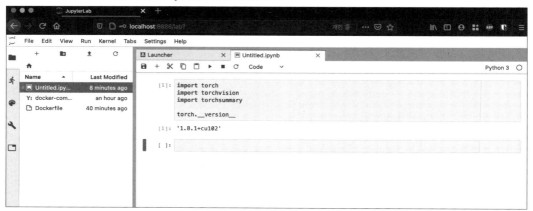

결과는 코드 화면에 표시됩니다. 여기에서는 pip로 최신 버전을 설치했기 때문에 2021년 기준 최신 버전인 '1.8.1+cu102'이 출력되었습니다.

4-2-6 PyTorch 코드 실행하기

이어서 PyTorch를 사용한 간단한 코드를 움직여 보겠습니다.

PyTorch에는 사전 학습된 모델이 준비되어 있으며, 이를 사용하여 이미지 분류 처리를 평가할 수 있습니다.

노트북의 파일 이름을 predict-test.ipynb로 변경하고 코드를 순서대로 입력하여 실행합니다. 여기에서 셀을 실행했을 때의 출력을 docstring 형식으로 추가했습니다.

먼저 모델을 준비합니다.

데이터 4-2-6-1 : ResNet18 모델 정의

```
import torchvision.models as models

model = models.resnet18(pretrained=True)

# 이 코드 예제에서는 CPU로 움직이고 있다.
torchsummary.summary(model, input_size=(3, 224, 224), device="cpu")

r"""
Downloading: "https://download.pytorch.org/models/resnet18-5c106cde.pth" to /home/jovyan/.torch/
models/resnet18-5c106cde.pth
46827520.0 bytes
-------------------------------------------------------------------
```

Layer (type)	Output Shape	Param #
Conv2d-1	[-1, 64, 112, 112]	9,408
BatchNorm2d-2	[-1, 64, 112, 112]	128

... 중략 ...

Params size (MB): 44.59
Estimated Total Size (MB): 107.96

"""

첫 실행할 때만, 이 시점에서 사전 학습된 모델이 다운로드됩니다.

성능이 좋은 환경에서는 "The notebook server will temporarily stop sending output to the client in order to avoid crashing it"이라는 경고 메시지가 나타날 수 있습니다.

메시지처럼 설정을 변경하는 것도 좋지만, 무시하고 계속 진행해도 문제 없습니다.

이미지 4-2-6-1 : 성능이 좋은 환경에서 발생하는 경고

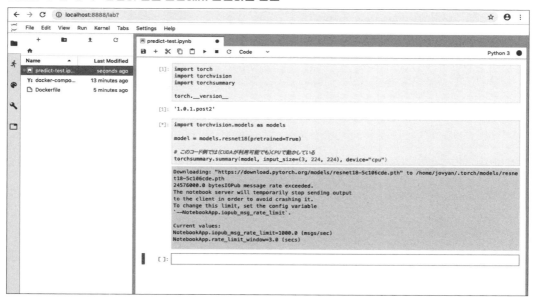

다음은 모델을 사용하여 이미지를 평가하는 함수를 준비합니다.

데이터 4-2-6-2 : 이미지를 평가하는 함수

```
import numpy as np
import torchvision.transforms as transforms

transform = transforms.Compose([
    transforms.Resize(224),
    transforms.ToTensor(),
    transforms.Normalize(mean=[0.485, 0.456, 0.406], std=[0.229, 0.224, 0.225]),
])

def predict_image(image):
    model.eval()

    inputs = torch.unsqueeze(transform(image).float(), 0)

    output = model(inputs)

    scores = output.detach().numpy()[0]
    index = np.flip(scores.argsort()[-3:])

    return zip(index, scores[index])

r"""
[출력 없음]
"""
```

여기에서 transform의 매개 변수에 지정하는 값은 다음 URL의 내용을 따랐습니다.

https://pytorch.org/docs/stable/torchvision/models.html

평가 함수인 모델의 출력은 각각의 분류 클래스(0에서 999까지의 1000 종류)에 대한 확실성(점수)입니다. 그 상위 3개를 꺼내 판정 결과(분류 클래스와 점수)를 준비합니다.
최종적인 predict_image()의 출력만으로는 분류 클래스가 수치로 되어 있기 때문에, 사전 학습으로 사용되는 ImageNet의 라벨과 대조해봐야 합니다.
이 정보는 다른 레포지토리에서 볼 수 있기 때문에 다운로드하여 라벨 매핑을 준비해 둡니다.

다음으로 라벨 매핑에 필요한 정보를 준비합니다.

데이터 4-2-6-3 : 매핑에 필요한 정보 다운로드

```
!wget -q -nc \
    https://raw.githubusercontent.com/Cadene/pretrained-models.pytorch/master/data/imagenet_classes.txt \
    https://raw.githubusercontent.com/Cadene/pretrained-models.pytorch/master/data/imagenet_synsets.txt

imagenet_classes = !cat imagenet_classes.txt
imagenet_synsets = !cat imagenet_synsets.txt

imagenet_synsets = {k: v for k, sep, v in [l.partition(' ') for l in imagenet_synsets]}

len(imagenet_classes), len(imagenet_synsets)

r"""
(1000, 1861)
"""
```

평가용 이미지를 준비합니다.

데이터 4-2-6-4 : 평가용 이미지 다운로드

```
!mkdir -p images
!wget -qNP images \
    https://upload.wikimedia.org/wikipedia/commons/4/4d/Cat_November_2010-1a.jpg \
    https://upload.wikimedia.org/wikipedia/commons/a/a0/Pineapple_and_backpack_%28Unsplash%29.jpg \
    https://upload.wikimedia.org/wikipedia/commons/1/15/Red_Apple.jpg \
    https://upload.wikimedia.org/wikipedia/commons/0/0e/Stipula_fountain_pen.jpg

!find images

r"""
images
images/Cat_November_2010-1a.jpg
images/Pineapple_and_backpack_(Unsplash).jpg
images/Red_Apple.jpg
images/Stipula_fountain_pen.jpg
"""
```

여기에서는 다음 URL에 있는 Wikimedia Commons 이미지를 사용했습니다.

https://commons.wikimedia.org/wiki/File:Cat_November_2010-1a.jpg
https://commons.wikimedia.org/wiki/File:Pineapple_and_backpack_(Unsplash).jpg
https://commons.wikimedia.org/wiki/File:Red_Apple.jpg
https://commons.wikimedia.org/wiki/File:Stipula_fountain_pen.jpg

마지막으로 모델에 이미지를 넘겨서 그 결과를 출력합니다.

데이터 4-2-6-4 : 평가용 이미지 다운로드

```
from PIL import Image

from glob import glob
from IPython.display import display

for f in sorted(glob('images/*.jpg')):
    image = Image.open(f)
    image = image.convert('RGB')

    results = predict_image(image)

    image.thumbnail((128, 128))
    display(image)

    print(f)
    for class_index, score in results:
        class_key = imagenet_classes[class_index]
        print(score, class_index, class_key, imagenet_synsets[class_key])
    print('----')

r"""
images/Cat_November_2010-1a.jpg
12.150208 281 n02123045 tabby, tabby cat
12.143345 282 n02123159 tiger cat
11.750703 285 n02124075 Egyptian cat
----

images/Pineapple_and_backpack_(Unsplash).jpg
20.066734 953 n07753275 pineapple, ananas
```

```
11.791717 944 n07718747 artichoke, globe artichoke
10.421897 956 n07760859 custard apple
----


images/Red_Apple.jpg
11.516341 948 n07742313 Granny Smith
11.057825 957 n07768694 pomegranate
9.154158 952 n07753113 fig
----


images/Stipula_fountain_pen.jpg
13.662623 563 n03388183 fountain pen
10.604084 418 n02783161 ballpoint, ballpoint pen, ballpen, Biro
8.836808 683 n03838899 oboe, hautboy, hautbois
----
"""
```

모델을 평가한 결과의 클래스를 보면, 어느 정도 분류되어 있다는 것을 확인할 수 있습니다.

이미지 4-2-6-2 : JupyterLab-5

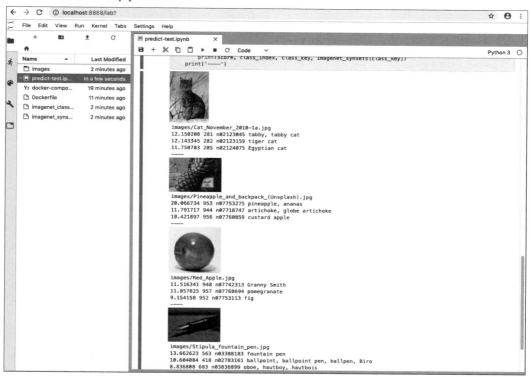

4-3
컨테이너 환경에서 GPU(CUDA) 사용하기

Chapter4의 4-2절에서 PyTorch 사용할 수 있는 환경을 갖추었습니다.
다음으로 컨테이너 환경에서 GPU(CUDA)를 사용하는 방법에 대해서 알아보겠습니다.

4-3-1 CUDA란

CUDA는 NVIDIA가 개발·제공하는 툴킷이며, GPGPU(General-purpose computing on graphics processing units: GPU를 이용한 범용 계산) 플랫폼 중 하나입니다.
CUDA를 사용하도록 프로그램을 작성함으로써 CUDA를 지원하는 NVIDIA 제품의 GPU에서 병렬 계산을 하는 프로그램을 움직일 수 있습니다.

CUDA Toolkit : https://developer.nvidia.com/cuda-toolkit

이미지 4-3-1-1 : CUDA Toolkit

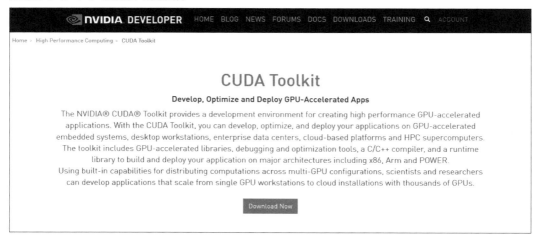

머신러닝 등 많은 양의 병렬도가 높은 계산을 해야 할 경우, GPU를 사용하여 CPU보다 높은 성능을 낼 수 있습니다.
우선 GPU를 사용하려면 드라이버를 설치해야 합니다.

이 호스트 환경뿐만 아니라 컨테이너 환경에서 사용하기 위해서 일반적으로 컨테이너 환경 속에도 동일한 드라이버를 넣어 두어야 합니다.

호스트 환경에서 드라이버의 코드가 커널 모드로 동작하기 때문에, 프로그램에서 장치로 접근하는 라이브러리(so 파일 등)도 이에 대응할 수 있도록 커널 모드 드라이버를 지원합니다.

드라이버의 일부인 라이브러리 파일을 Docker 이미지에 포함시켜 버리면, 이미지만으로 어떤 환경에 재배포 가능하다는 Docker의 장점을 잃어버립니다.

또한, 배포 방법에 따라 라이센스(재배포)의 문제가 발생할 위험이 있습니다.

이러한 문제를 해소하기 위해 NVIDIA는 Docker용 플러그인인 NVIDIA Docker를 제공합니다.

이것을 사용해서 드라이버 관련 파일을 이미지에 포함하지 않아도, 컨테이너 환경에서 용이하게 재배포 가능한 형태의 CUDA 애플리케이션을 움직일 수 있습니다.

NVIDIA Docker : https://github.com/NVIDIA/nvidia-docker

이미지 4-3-1-2 : NVIDIA Docker

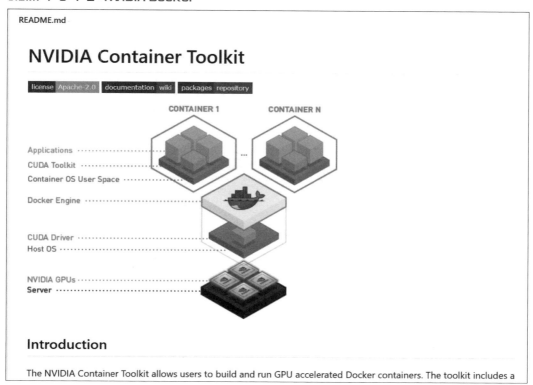

4-3-2 NVIDIA Docker 사용하기

그럼 NVIDIA Docker를 사용해 보겠습니다. 여기에서는 이전 단계에서 구축한 JupyterLab과 PyTorch 환경을 사용합니다.

NVIDIA Docker는 NVIDIA 그래픽 카드를 Docker에서 사용하기 위한 컨테이너로 반드시 해당 그래픽카드가 있어야 합니다. 따라서 NVIDIA 그래픽카드가 없지만 동작을 확인하고 싶다면 AWS의 GPU 인스턴스 (p3.2xlarge)를 사용하길 권유드립니다. 해당 인스턴스 사용을 위해서는 시간당 3달러의 금액을 결제하셔야 하므로 유의하시길 바랍니다.

OS가 포함되어 있는 AMI는 Deep Learning Base AMI (Ubuntu) Version 17.0을 사용합니다.

https://aws.amazon.com/marketplace/pp/B077GCZ4GR

이미지 4-3-2-1 : Deep Learning Base AMI(Ubuntu)

NVIDIA Docker 사용 여부 확인하기

먼저 NVIDIA Docker를 사용할 수 있는지 확인합니다.

NVIDIA Docker를 사용하기 위해서는 docker run과 docker create로 --runtime nvidia 옵션을 지정하거나 docker 커맨드 대신 nvidia-docker를 사용합니다.

커맨드 4-3-2-1

```
$ nvidia-docker version
NVIDIA Docker: 2.0.3
Client:
 Version:          18.09.3
 API version:      1.39
 Go version:       go1.10.8
 Git commit:       774a1f4
 Built:            Thu Feb 28 06:40:58 2019
 OS/Arch:          linux/amd64
 Experimental:     false

Server: Docker Engine - Community
 Engine:
  Version:         18.09.2
  API version:     1.39 (minimum version 1.12)
  Go version:      go1.10.6
  Git commit:      6247962
  Built:           Sun Feb 10 03:42:13 2019
  OS/Arch:         linux/amd64
  Experimental:    false
```

컨테이너 내부에서 nvidia-smi를 실행하여 GPU의 상태를 확인해 보겠습니다.

커맨드 4-3-2-2

```
$ docker run --runtime nvidia -e NVIDIA_VISIBLE_DEVICES=all -e NVIDIA_DRIVER_
CAPABILITIES=compute,utility -e NVIDIA_REQUIRE_CUDA="cuda>=9.0" --rm -it ubuntu:18.04 bash
root@63a865f11f15:/# which nvidia-smi
/usr/bin/nvidia-smi
root@63a865f11f15:/# nvidia-smi
Sat Apr 6 04:09:48 2019
+-----------------------------------------------------------------------------+
| NVIDIA-SMI 410.104      Driver Version: 410.104      CUDA Version: 10.0      |
|-------------------------------+----------------------+----------------------+
| GPU  Name        Persistence-M| Bus-Id        Disp.A | Volatile Uncorr. ECC |
| Fan  Temp  Perf  Pwr:Usage/Cap|         Memory-Usage | GPU-Util  Compute M. |
|===============================+======================+======================|
|   0  Tesla V100-SXM2...  On   | 0000000:00:1E.0 Off  |                    0 |
| N/A   41C    P0    27W / 300W |      0MiB / 16130MiB  |      0%      Default |
```

```
|------------------------------+-----------------------+-----------------------+
+------------------------------------------------------------------------------+
| Processes:                                              GPU Memory |
| GPU     PID   Type  Process  name                       Usage      |
|==============================================================================|
| No running processes found                                         |
+------------------------------------------------------------------------------+
root@63a865f11f15:/# exit
exit
```

위의 커맨드와 같이 NVIDIA Docker는 환경 변수에서 컨테이너를 설정해야 합니다.
구성된 이미지(nvidia/cuda 등)에는 CUDA를 사용하도록 적절하게 설정되어 있기 때문에 필요하지 않지만 다른 이미지를 베이스로 하는 경우에는 반드시 설정해야 합니다.
NVIDIA_VISIBLE_DEVICES는 컨테이너 내부에서 보이는 장치를 지정하는 환경 변수입니다.
이 값에 all을 설정하면 모든 장치가 컨테이너 환경에서도 보이게 됩니다.
또한 장치 번호를 0과 같이 지정하여 특정 장치만 보이도록 설정할 수도 있습니다.
NVIDIA_DRIVER_CAPABILITIES는 드라이버에 요구하는 기능을 설정하는 것입니다.
CUDA를 사용하는 경우에는 compute, utility, NVIDIA Video Codec SDK를 사용하는 경우에는
compute, video, utility를 설정해야 합니다.
NVIDIA_REQUIRE_CUDA는 호스트 환경에서 필요한 CUDA 버전을 설정하는 것입니다.
위의 환경에서 CUDA 버전 10이 설치되어 있기 때문에, 예를 들어 (집필 시점에서는 출시되지 않은) 버전 11 이상의 환경을 요구하도록 설정하면 다음과 같이 오류가 반환됩니다.

┃ 커맨드 4-3-2-3

```
$ docker run --runtime nvidia -e NVIDIA_VISIBLE_DEVICES=all -e NVIDIA_DRIVER_
CAPABILITIES=compute,utility -e NVIDIA_REQUIRE_CUDA="cuda>=11.0" --rm -it ubuntu:18.04 bash
docker: Error response from daemon: OCI runtime create failed: container_linux.go:344: starting
container process caused "process_linux.go:424: container init caused \"process_linux.go:407:
running prestart hook 1 caused \\\"error running hook: exit status 1, stdout: , stderr: exec
command: [/usr/bin/nvidia-container-cli --load-kmods configure --ldconfig=@/sbin/ldconfig.real
--device=all --compute --utility --require=cuda>=11.0 --pid=4361 /var/lib/docker/overlay2/
38af1c77d32ac2f8d20382f64290f6046ddec9ddce194761f691a6a92eb0237c/merged]\\\\nnvidia-
containercli:
requirement error: unsatisfied condition: cuda >= 11.0\\\\n\\\"\"": unknown.
```

....
CUDA를 끼원하는 PyTorch 환경 구축하기

NVIDIA Docker를 사용할 수 있는지 확인했다면, PyTorch 환경을 구축해 보겠습니다.

먼저 runtime 옵션이 지정되도록 docker-compose.yml 파일의 내용을 추가 변경합니다.

데이터 4-3-2-1 : docker-compose.yml(추가)

```
## 추가한 부분과 관계 없는 부분은 생략

## 버전을 2.4으로 변경
version: "2.4"

services:
  jupyter:
    # runtime 설정을 추가
    runtime: nvidia
```

Docker Compose 파일에서는 Version 2.3 이후 버전에 runtime 설정이 추가되었습니다.

따라서 여기에서는 집필 시점에는 Version 2 계열의 최신 버전인 2.4를 지정했습니다.

이어서 이미지도 대응시키면서 Dockerfile을 다음과 같이 준비합니다.

데이터 4-3-2-2 : Dockerfile

```
FROM jupyter/datascience-notebook:65761486d5d3

RUN conda install -y pytorch=1.0.1 torchvision=0.2.2 cudatoolkit=9.0 -c pytorch

RUN pip install torchsummary==1.5.1

ENV NVIDIA_VISIBLE_DEVICES all
ENV NVIDIA_DRIVER_CAPABILITIES compute,utility
ENV NVIDIA_REQUIRE_CUDA "cuda>=9.0"
```

CUDA를 지원하는 PyTorch가 사용되도록 Anaconda로 설치하는 패키지가 다른 이름(뒤에 -cpu가 붙어 있지 않은 것)으로 되어 있습니다. 또한, cudatoolkit=9.0을 추가하고 CUDA Toolkit(CUDA 지원에 필요한 라이브러리)도 설치되도록 하고 있습니다.

집필 시점에서 CUDA Toolkit의 최신 버전은 10.1이지만, 여기에서는 지원되는 환경이 넓은 9.0을 선택했습니다.

ENV 명령으로는 앞서 논했던 NVIDIA Docker의 설정을 이미지에 추가합니다.

환경 변수는 docker run으로 줄 수 있지만, 이미지 측에서 값을 설정해두면 매번 설정할 필요가 없습니다. 또한, NVIDIA_DRIVER_CAPABILITIES와 NVIDIA_REQUIRE_CUDA 같은 설정은 이미지 측의 구성(프로그램 및 라이브러리)에 의존하는 것이 일반적이기 때문에 이미지 측에 갖게 하는 것이 좋습니다.

Anaconda를 사용하지 않고 환경을 구축하는 경우, 다음 링크에 있는 nvidia/cuda 이미지를 베이스로 환경을 구축하는 것이 좋습니다.

> **CUDA 이미지** https : // hub.docker.com/r/nvidia/cuda

이 레포지토리는 CUDA Toolkit 설치 및 ENV 설정이 끝난 상태의 이미지를 제공하고 있습니다. 설치되어 있는 CUDA Toolkit 버전뿐만 아니라 베이스 이미지도 Ubuntu 18.04, Ubuntu 16.04, Centos 7, Centos 6중에서 선택할 수 있습니다.

· · · ·
컨테이너 동작 확인하기

그러면 이전 단계에서 변경한 Dockerfile로 움직임을 확인해 보겠습니다.

docker-compose up --build로 이미지를 다시 빌드하여 서비스를 시작합니다.

> **커맨드 4-3-2-4**

```
$ docker-compose up --build
Building jupyter
Step 1/6 : FROM jupyter/datascience-notebook:65761486d5d3
 ---> b7727d5d58e0
Step 2/6 : RUN conda install -y pytorch=1.0.1 torchvision=0.2.2 cudatoolkit=9.0 -c pytorch
 ---> Running in 1ba776a3aaef
Collecting package metadata: ...working... done
Solving environment: ...working... done
```

... 중략 ...

```
The following NEW packages will be INSTALLED:
    cudatoolkit        pkgs/main/linux-64::cudatoolkit-9.0-h13b8566_0
    intel-openmp       pkgs/main/linux-64::intel-openmp-2019.3-199
    mkl                pkgs/main/linux-64::mkl-2019.3-199
    ninja              conda-forge/linux-64::ninja-1.9.0-h6bb024c_0
    pytorch            pytorch/linux-64::pytorch-1.0.1-py3.7_cuda9.0.176_cudnn7.4.2_2
    torchvision        pytorch/noarch::torchvision-0.2.2-py_3


                                ... 중략 ...


Step 6/6 : ENV NVIDIA_REQUIRE_CUDA "cuda>=9.0"
 ---> Running in ab66a0dc58c5
Removing intermediate container ab66a0dc58c5
 ---> 6991bc426aaf
Successfully built 6991bc426aaf


                                ... 중략 ...


jupyter_1    | [I 02:03:43.988 LabApp] The Jupyter Notebook is running at:
jupyter_1    | [I 02:03:43.988 LabApp] http://(186df642a4af or 127.0.0.1):8888/
jupyter_1    | [I 02:03:43.988 LabApp] Use Control-C to stop this server and shut down all kernels
(twice to skip confirmation).
```

브라우저로 http://localhost:8888로 접속합니다.

워크스페이스에서 새 노트북을 만들어 셀에 코드를 입력한 후 실행합니다.

먼저 CUDA 사용 가능 여부와 사용 가능한 장치 수를 확인합니다.

▌데이터 4-3-2-3 : Dockerfile

```
torch.cuda.is_available(), torch.cuda.device_count()

r"""
(True, 1)
"""
```

이어서 첫 번째 장치 이름을 확인합니다.

█ 데이터 4-3-2-4 : 첫 번째 깡치 이름을 확인하기

```
torch.cuda.get_device_name(0)


r"""
'Tesla V100-SXM2-16GB'
"""
```

이전 단계에서 실행한 nvidia-smi 커맨드 결과와 같은 장치 이름을 얻을 수 있습니다.

4-3-3 GPU를 이용한 학습 처리 실행하기

이어서 간단한 학습 처리 과정을 제공하여 GPU를 사용한 경우의 처리 시간을 평가해 봅니다.
처리 내용은 다음 URL에 있는 PyTorch 튜토리얼을 바탕으로 했습니다.

> https://pytorch.org/tutorials/beginner/blitz/cifar10_tutorial.html

노트북의 파일 이름을 train-tutorial.ipynb로 변경하고 셀에 코드를 입력한 후 실행합니다.
먼저 필요한 라이브러리를 import합니다.

데이터 4-3-3-1 : 필요한 라이브러리 import하기

```
import torch
import torchvision
import torchvision.transforms as transforms


r"""
(출력없음)
"""
```

다음으로 CUDA가 사용 가능한 경우, 첫 번째 장치를 사용합니다.

데이터 4-3-3-2 : 계산을 실행하는 장치 설정하기

```
device = torch.device("cuda:0" if torch.cuda.is_available() else "cpu")
device


r"""
device(type='cuda', index=0)
"""
```

학습과 평가용 데이터 세트를 따로 준비합니다.
데이터 세트에는 CIFAR-10을 사용하고 있습니다. 처음 실행했을 때와 같은 데이터 세트가 존재
하지 않는 경우에는 자동으로 다운로드됩니다.

데이터 4-3-3-3 : 데이터 세트 준비

```
transform = transforms.Compose(
    [transforms.ToTensor(),
     transforms.Normalize((0.5, 0.5, 0.5), (0.5, 0.5, 0.5))])
```

```
trainset = torchvision.datasets.CIFAR10(root='./data', train=True, download=True,
transform=transform)
trainloader = torch.utils.data.DataLoader(trainset, batch_size=4, shuffle=True, num_workers=2)

testset = torchvision.datasets.CIFAR10(root='./data', train=False, download=True,
transform=transform)
testloader = torch.utils.data.DataLoader(testset, batch_size=4, shuffle=False, num_workers=2)

classes = ('plane', 'car', 'bird', 'cat', 'deer', 'dog', 'frog', 'horse', 'ship', 'truck')

r"""
Downloading https://www.cs.toronto.edu/~kriz/cifar-10-python.tar.gz to ./data/cifar-10-python.
tar.gz
100.0%
Files already downloaded and verified
"""
```

이미지를 표시하는 함수를 준비합니다. 이것을 사용하여 학습 데이터 세트에서 랜덤으로 선택한
샘플을 출력시켜 보겠습니다.

데이터 4-3-3-4 : 이미지를 출력하는 함수

```
import matplotlib.pyplot as plt
%matplotlib inline
import numpy as np

# functions to show an image


def imshow(img):
    img = img / 2 + 0.5 # unnormalize
    npimg = img.cpu().numpy()
    plt.imshow(np.transpose(npimg, (1, 2, 0)))
    plt.show()



# get some random training images
dataiter = iter(trainloader)
images, labels = dataiter.next()
```

```
# show images
imshow(torchvision.utils.make_grid(images))
# print labels
print(' '.join('%5s' % classes[labels[j]] for j in range(4)))




r"""
dog deer cat car
"""
```

이미지 4-3-3-1 : 학습용 데이터 세트 출력

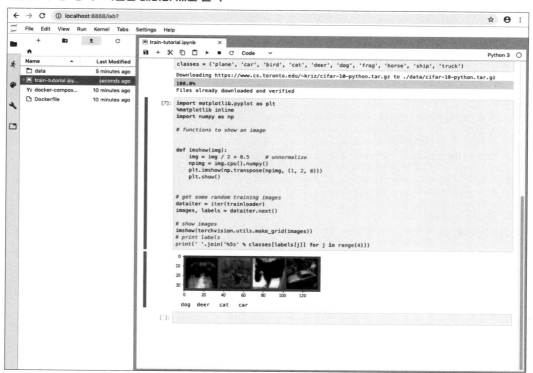

다음으로 학습에 이용하는 모델을 정의합니다.

데이터 4-3-3-5 : 학습에 사용하는 모델 정의

```python
import torch.nn as nn
import torch.nn.functional as F


class Net(nn.Module):
    def _init_(self):
        super(Net, self)._init_()
        self.conv1 = nn.Conv2d(3, 6, 5)
        self.pool = nn.MaxPool2d(2, 2)
        self.conv2 = nn.Conv2d(6, 16, 5)
        self.fc1 = nn.Linear(16 * 5 * 5, 120)
        self.fc2 = nn.Linear(120, 84)
        self.fc3 = nn.Linear(84, 10)
    def forward(self, x):
        x = self.pool(F.relu(self.conv1(x)))
        x = self.pool(F.relu(self.conv2(x)))
        x = x.view(-1, 16 * 5 * 5)
        x = F.relu(self.fc1(x))
        x = F.relu(self.fc2(x))
        x = self.fc3(x)
        return x

net = Net()
net.to(device)

r"""
Net(
   (conv1): Conv2d(3, 6, kernel_size=(5, 5), stride=(1, 1))
   (pool): MaxPool2d(kernel_size=2, stride=2, padding=0, dilation=1, ceil_mode=False)
   (conv2): Conv2d(6, 16, kernel_size=(5, 5), stride=(1, 1))
   (fc1): Linear(in_features=400, out_features=120, bias=True)
   (fc2): Linear(in_features=120, out_features=84, bias=True)
   (fc3): Linear(in_features=84, out_features=10, bias=True)
)
"""
```

모델에 학습용 데이터 세트를 학습시킵니다.

GPU를 사용하면 실행 시간이 상당히 단축될 것입니다.

데이터 4-3-3-6 : 모델을 학습시키는 처리의 실행

```python
import torch.optim as optim

criterion = nn.CrossEntropyLoss()
optimizer = optim.SGD(net.parameters(), lr=0.001, momentum=0.9)

for epoch in range(2): # loop over the dataset multiple times

    running_loss = 0.0
    for i, data in enumerate(trainloader, 0):
        # get the inputs
        inputs, labels = data
        inputs, labels = inputs.to(device), labels.to(device)

        # zero the parameter gradients
        optimizer.zero_grad()

        # forward + backward + optimize
        outputs = net(inputs)
        loss = criterion(outputs, labels)
        loss.backward()
        optimizer.step()

        # print statistics
        running_loss += loss.item()
        if i % 2000 == 1999: # print every 2000 mini-batches
            print('[%d, %5d] loss: %.3f' % (epoch + 1, i + 1, running_loss / 2000))
            running_loss = 0.0

print('Finished Training')
r"""
[1,  2000] loss: 2.197
[1,  4000] loss: 1.943
[1,  6000] loss: 1.769
[1,  8000] loss: 1.620
[1, 10000] loss: 1.552
[1, 12000] loss: 1.470
[2,  2000] loss: 1.401
[2,  4000] loss: 1.398
[2,  6000] loss: 1.364
```

```
[2,  8000] loss: 1.351
[2, 10000] loss: 1.309
[2, 12000] loss: 1.301
Finished Training
"""
```

모델의 학습 결과를 확인해 보겠습니다. 평가용 데이터 세트에서 꺼낸 샘플을 모델에 전달하여 실제 정답과 모델이 예측한 결과를 출력해 봅니다.

▌ 데이터 4-3-3-7 : 모델 학습 결과 확인하기

```
dataiter = iter(testloader)
images, labels = dataiter.next()
images, labels = images.to(device), labels.to(device)

outputs = net(images)
_, predicted = torch.max(outputs, 1)

imshow(torchvision.utils.make_grid(images))
print('GroundTruth: ', ' '.join('%5s' % classes[labels[j]] for j in range(4)))
print('Predicted:   ', ' '.join('%5s' % classes[predicted[j]] for j in range(4)))

r"""
GroundTruth:     cat  ship  ship  plane
Predicted:       cat  car   car   plane
"""
```

이미지 4-3-3-2 : 모델이 예측한 결과 출력

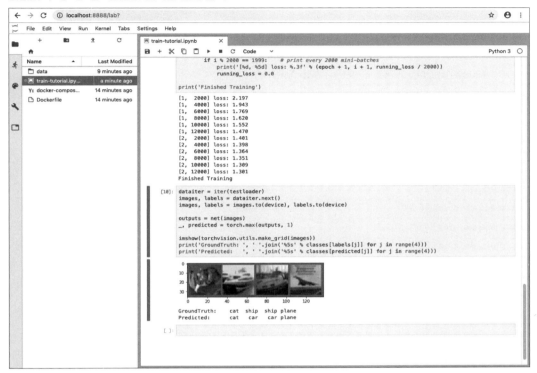

모델이 어느 정도 학습할 수 있는지 평가합니다.

평가용 데이터 세트를 사용하여 각 클래스의 정답률(accuracy)을 계산합니다.

데이터 4-3-2-8 : 학습한 모델 평가하기

```
class_correct = list(0. for i in range(10))
class_total = list(0. for i in range(10))
with torch.no_grad():
    for data in testloader:
        images, labels = data
        images, labels = images.to(device), labels.to(device)

        outputs = net(images)
        _, predicted = torch.max(outputs, 1)

        c = (predicted == labels).squeeze()
        for i in range(4):
            label = labels[i]
            class_correct[label] += c[i].item()
```

```
            class_total[label] += 1

for i in range(10):
    print('Accuracy of %5s : %2d %%' % (
        classes[i], 100 * class_correct[i] / class_total[i]))


r"""
Accuracy of plane : 63 %
Accuracy of   car : 65 %
Accuracy of  bird : 32 %
Accuracy of   cat : 37 %
Accuracy of  deer : 48 %
Accuracy of   dog : 59 %
Accuracy of  frog : 63 %
Accuracy of horse : 52 %
Accuracy of  ship : 67 %
Accuracy of truck : 61 %
"""
```

4-4

Visdom으로 데이터 시각화하기

머신러닝의 학습과 평가할 때에는 중간 데이터를 어떻게 시각화하느냐 관건입니다.
JupyterLab과 Jupyter Notebook 등은 Matplotlib 같은 도구로 시각화가 가능하지만, 시시각각 변하는 데이터를 다룬다거나 데이터들의 상호 작용이 필요한 부분에는 취약한 부분이 있습니다.
여기에서는 시각화 도구의 하나인 Visdom을 사용하는 환경을 구축해 보겠습니다.

4-4-1 Visdom이란

Visdom은 Facebook Research가 공개하고 있는 오픈 소스의 시각화 도구입니다.
머신러닝 등의 과학 계산에 사용되는 실험 데이터의 시각화에 적합하고, 상호작용적으로 실시간 대화식의 유연한 표현력을 갖추고 있는 것이 특징입니다.

Visdom : https://research.fb.com/downloads/visdom/

이미지 4-4-1-1 : GitHub에 있는 Visdom Readme.md

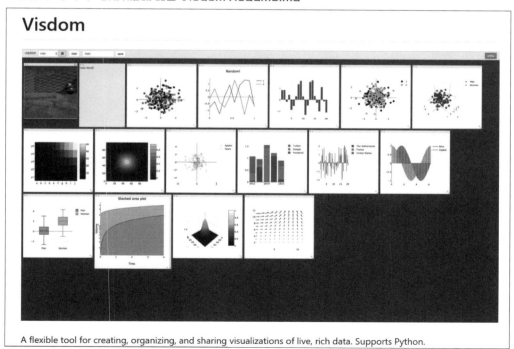

A flexible tool for creating, organizing, and sharing visualizations of live, rich data. Supports Python.

4-4-2 Visdom 서버가 작동하는 컨테이너 만들기

그럼 Visdom가 작동하는 컨테이너를 서비스로 추가하겠습니다.

docker-compose.yml을 다음과 같이 준비합니다.

데이터 4-4-2-1 : docker-compose.yml(추가)

```
## 추가한 부분과 관계 없는 부분은 생략

services:
  # Visdom서버
  visdom:
    build: .

    command: visdom --hostname 0.0.0.0

    ports:
      - 127.0.0.1:8097
```

Visdom 서버가 기동되도록 command 설정을 지정하고, 컨테이너 외부에서도 접속할 수 있도록 커맨드에 --hostname 0.0.0.0 옵션을 설정했습니다.

Visdom 서버는 기본 설정상 인증 없이 외부에 포트를 그대로 공개되는데 이 부분은 보안상 문제의 소지가 될 수 있습니다. 따라서 여기에서는 ports 설정에 127.0.0.1:8097로 지정하여 localhost로만 접속할 수 있도록 했습니다.

이어서 Dockerfile로 RUN pip install하던 부분을 다음과 같이 변경하여 visdom 패키지가 설치합니다.

데이터 4-4-2-1 : docker-compose.yml(추가)

```
## 추가한 부분과 관계 없는 부분은 생략

RUN pip install \
    torchsummary==1.5.1 \
    visdom==0.1.8.8
```

4-4-3 Visdom 서버의 동작 확인하기

이전 단계에서 변경한 구성으로 Visdom 서버의 동작을 확인해 보겠습니다.

docker-compose up --build로 이미지를 다시 빌드한 후 서비스를 시작합니다.

커맨드 4-4-3-1

```
$ docker-compose up --build
Building jupyter
```

... 중략 ...

```
Step 3/6 : RUN pip install    torchsummary==1.5.1    visdom==0.1.8.8
 ---> Running in 6d300accfa4a
Collecting torchsummary==1.5.1
Downloading https://files.pythonhosted.org/packages/7d/18/1474d06f721b86e6a9b9d7392ad68bed71
1a02f3b61ac43f13c719db50a6/torchsummary-1.5.1-py3-none-any.whl
Collecting visdom==0.1.8.8
Downloading https://files.pythonhosted.org/packages/97/c4/5f5356fd57ae3c269e0e31601ea6487e06
22fedc6756a591e4a5fd66cc7a/visdom-0.1.8.8.tar.gz (1.4MB)
Requirement already satisfied: numpy>=1.8 in /opt/conda/lib/python3.7/site-packages (from
visdom==0.1.8.8) (1.15.4)
Requirement already satisfied: scipy in /opt/conda/lib/python3.7/site-packages (from
visdom==0.1.8.8) (1.2.1)
```

... 중략 ...

```
Successfully installed torchfile-0.1.0 torchsummary-1.5.1 visdom-0.1.8.8 websocket-client-0.56.0
```

... 중략 ...

```
Successfully tagged jupyterlab-sample_visdom:latest
Creating jupyterlab-sample_visdom_1 ... done
Creating jupyterlab-sample_jupyter_1 ... done
Attaching to jupyterlab-sample_visdom_1, jupyterlab-sample_jupyter_1
```

... 중략 ...

```
visdom_1 | INFO:root:Application Started
```

서비스가 시작된 후, 브라우저로 http://localhost:8097로 접속하면 Visdom 화면이 표시됩니다.

이미지 4-4-3-1 : Visdom화면

이 시점에서는 시작한 지 얼마 되지 않아 아무것도 표시되지 않습니다.

다른 탭에서 JupyterLab 워크스페이스를 열고, 워크스페이스에서 새로운 노트북을 만듭니다.

셀에 다음 코드를 입력하고 실행합니다.

먼저 visdom 패키지를 사용할 수 있는지 확인합니다.

데이터 4-4-3-1 : Vidsom 버전 확인하기

```
import visdom
visdom._version_


r"""
'0.1.8.8'
"""
```

이어서 서버 접속에 필요한 세션을 만듭니다. 여기에서는 접속할 호스트 이름에 Docker Compose 파일에서 정의한 서비스 이름인 visdom을 설정하고 있습니다.

데이터 4-4-3-2 : Vidsom 서버에 접목

```
from visdom import Visdom

vis = Visdom(server='http://visdom')


r"""
WARNING:root:Setting up a new session...
"""
```

Visdom 서버에 데이터를 보냅니다. 여기에서는 표준 정규 분포에 따른 샘플 10000개를 만들어 히스토그램으로 표시하도록 했습니다.

데이터 4-4-3-3 : Vidsom 서버에 데이터 송신

```
import numpy as np

mu, sigma = 0, 1
samples = np.random.normal(mu, sigma, 10000)

vis.histogram(samples, opts={'numbins': 40}, win='fig1')


r"""
'fig1'
"""
```

Chapter 4

이미지 4-4-3-2 : Visdom에 데이터 송신 후의 노트북

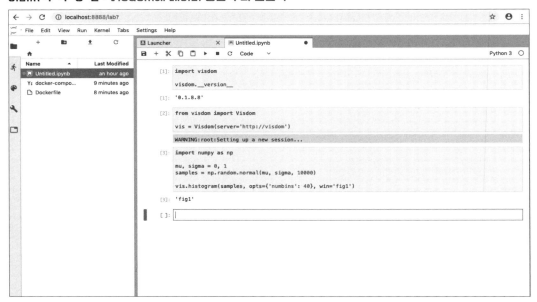

vis.histogram() 호출을 실행하면 Visdom 탭으로 전환합니다.

방금 추가한 히스토그램이 표시되는 것을 확인할 수 있습니다.

이미지 4-4-3-3 : 히스토그램이 Visdom쪽에서 표시

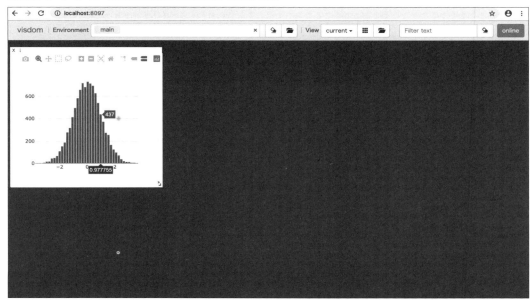

4-4-4 학습 처리 상태 실시간으로 표시하기

앞에서 서술한 학습 처리의 진행 상황을 실시간으로 표시해 보겠습니다.

데이터 4-3-3-6 코드의 # print statistics에 있는 print()의 처리를 다음과 같이 수정합니다.

데이터 4-4-4-1 : 학습 처리의 진척을 Visdom으로 표시하기(데이터 4-3-3-6을 수정)

```
# visualize statistics
running_loss += loss.item()
if i % 100 == 99: # print every 100 mini-batches
  x = i + len(trainloader) * epoch
  vis.line(
      X=np.array([x]),
      Y=np.array([loss.item()]),
      win="train_progress",
      name='Loss',
      update='append',
  )
  running_loss = 0.0
```

재작성한 코드를 실행하면 데이터가 노트북 출력이 아닌 Visdom에 보내져 실시간으로 그래프가 표시됩니다.

이미지 4-4-4-1 : 실시간으로 그래프가 표시

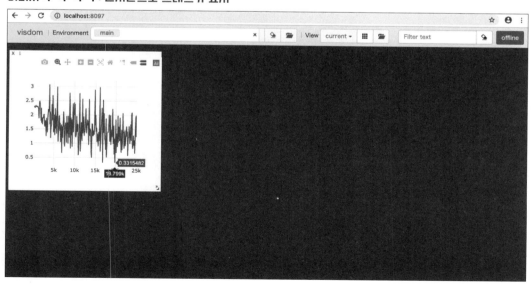

4-4-5 기본 설정으로 Visdom 사용하기

앞의 코드에서는 서버의 접속을 vis = Visdom (server =...)과 같이 명시적으로 지정했습니다. 이것은 Visdom 서버가 다른 주소에서 실행되기 때문입니다.

이것을 생략하면 기본값인 localhost가 사용되므로, 앞의 구성에서는 Visdom 서버에 접속할 수 없었습니다. 나중에 노트북의 코드를 공유하는 것까지 염두한다면, 기본 설정 그대로 코드를 동작시키는 것이 바람직할지도 모릅니다.

Docker(또는 Docker Compose)는 기본적으로 각각의 컨테이너(서비스)에 별도의 IP 주소를 지정하게 되어 있지만, network_mode를 설정하여 다른 서비스나 컨테이너와 동일한 네트워크(IP 주소)에서 동작하도록 설정할 수 있습니다.

docker-compose.yml 파일을 다음과 같이 설정하여 jupyter 컨테이너에서 visdom 서버로 localhost에 접속할 수 있습니다.

network_mode에 다른 컨테이너(또는 서비스)를 지정하기 위해서는 Docker Compose 파일의 버전 2 계열을 사용해야 합니다.

데이터 4-4-5-1 : docker-compose.yml(수정)

```
## 추가한 부분과 관계 없는 부분은 생략

# Version 2 계열을 지정한다(여기에서는 2.4)
version: "2.4"

services:
  jupyter:
    ports:
      - 8888:8888
      - 127.0.0.1:8097

  visdom:
    network_mode: "service:jupyter"

    # ports 설정은 삭제한다
```

Chapter **5**

Docker 기능 활용하기

이 챕터에서는 Docker가 제공하는 기능을 조금 더 깊이 있게 살펴보겠습니다.
소개하는 내용을 응용하여 더욱 간편하게 이미지와 컨테이너를 운용할 수 있습니다.

5-1

Docker 이미지

Docker 이미지는 컨테이너의 토대가 되는 부분입니다.
여기에서는 이미지 크기 최적화 및 빌드 시간의 단축에 대해 다룹니다.

5-1-1 이미지와 레이어

이미지에는 컨테이너 환경에서 제공되는 파일 세트(파일 시스템)나 프로그램 실행에 필요한 매개변수(예:환경 변수와 커맨드 라인) 등이 포함되어 있습니다.
특히 파일 시스템은 레이어라는 요소를 쌓아 효율적으로 관리하고 있습니다.

이미지 5-1-1-1 : 레이어의 구성

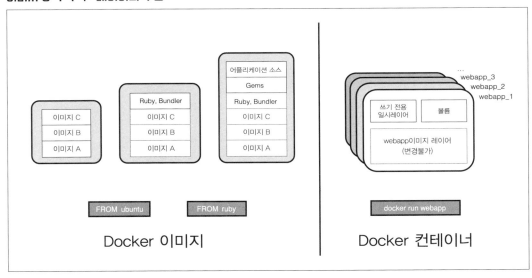

레이어는 이미지의 구성 요소로 어떤 이미지(이전 상태)에서 변경된 부분(파일)을 정리한 것입니다. 이미지를 생성(빌드)할 때 반드시 어떠한 이미지(아무것도 없는 상태에서 만드는 경우 scratch라는 특수한 이미지)를 기준으로 하여 그 이미지에 대한 변경 사항을 레이어 형태로 저장하게 되어 있습니다.

이 레이어는 빌드 단계를 지시하는 Dockerfile의 각각의 커맨드에 대응하고, 하나의 명령을 처리한 결과를 하나의 레이어로 쌓아갑니다. 레이어의 내용은 명령을 처리한 결과로, 베이스로 하는 이미지와 명령의 내용에 따라 결정됩니다.

따라서 이전 이미지가 동일한 내용이라면 명령이 같을 경우 동일한 결과가 나타나고, 결과가 같다면 이전에 실행한 결과인 레이어를 재사용할 수 있습니다(캐시).

명령이 동일한지 확인할 수 있습니다. 예를 들어 RUN 명령은 커맨드 문자열로, COPY 명령은 복사할 파일의 내용(체크섬)으로 판단할 수 있습니다. 이러한 의존관계를 염두에 두고 캐시를 효율적으로 사용함으로써 빌드 시간을 단축할 수 있습니다.

5-1-2 레이어 조사하기

간단한 이미지를 빌드하면서 레이어에 대해 알아보겠습니다.

여기에서는 주로 Rails 애플리케이션에 사용되는 경우가 많은 구성 요소를 준비했습니다.

MySQL 어댑터인 mysql2 gem과 PDF 문서 생성에 사용되는 pdfkit gem을 설치하는 것입니다.

> Mysql2 : https://github.com/brianmario/mysql2
> PDFKit : https://github.com/pdfkit/pdfkit

조사용 Docker 이미지 준비하기

다음과 같은 Dockerfile을 만들어 둡니다.

데이터 5-1-2-1 : Dockerfile

```
FROM ruby:2.6.1-stretch

# 패키지 설치
RUN apt-get update
RUN apt-get install -y --no-install-recommends \
    libssl1.0-dev
RUN rm -rf /var/lib/apt/lists/*

WORKDIR /app

# Gem 설치
COPY Gemfile Gemfile.lock ./
RUN bundle install
```

```
# 애플리케이션 복사
COPY . ./
CMD ["ruby", "app.rb"]
```

Dockerfile에서는 Gem을 설치하기 전에 wkhtmltopdf의 동작에 필요한 패키지(한국어 폰트 및 SSL 라이브러리)를 설치하도록 하고 있습니다.

FROM 명령으로 지정하는 베이스 이미지의 배포판이 Debian 9 Stretch이므로 여기에서는 apt-get 을 사용하여 libssl1.0-dev를 설치했습니다.

지금까지는 「&&」를 사용하여 하나의 RUN 명령으로 패키지를 설치했지만, 여기에서는 명령을 정리하는 효과를 확인하기 위해 일단 별도의 레이어로 해보겠습니다.

Gemfile 파일을 다음과 같은 내용으로 만듭니다.

▌데이터 5-1-2-2 : Gemfile

```
# frozen_string_literal: true

source "https://rubygems.org"

gem "mysql2", "~> 0.5.2"
gem "pdfkit", "~> 0.8.2"
gem "wkhtmltopdf-binary", "~> 0.12.4"
```

또한 Gemfile.lock과 app.rb는 빈 내용으로 준비해 둡니다.

이 파일이 포함된 디렉터리에서 docker build를 실행하여 이미지를 빌드하고, 이미지 이름은 「pdfkit-app」으로 합니다.

▌커맨드 5-1-2-1

```
$ docker build -t pdfkit-app .
Sending build context to Docker daemon 4.096kB
Step 1/9 : FROM ruby:2.6.1-stretch
 ---> 99ef552a6db8
```
                           ... 중략 ...

```
The following NEW packages will be installed:
  fonts-ipaexfont fonts-ipaexfont-gothic fonts-ipaexfont-mincho libssl1.0-dev
0 upgraded, 4 newly installed, 1 to remove and 18 not upgraded.
```
                           ... 중략 ...

```
Bundle complete! 3 Gemfile dependencies, 4 gems now installed.
Bundled gems are installed into `/usr/local/bundle`
                              ... 중략 ...

Step 9/9 : CMD ["ruby", "app.rb"]
 ---> Running in f1f2e094cc5a
Removing intermediate container f1f2e094cc5a
 ---> e73ab92cbdd3
Successfully built e73ab92cbdd3
Successfully tagged pdfkit-app:latest
```

이미지 크기 조사하기

이제 빌드된 이미지의 크기를 조사해 보겠습니다.

커맨드 5-1-2-2

```
$ docker images pdfkit-app
REPOSITORY        TAG            IMAGEID            CREATED             SIZE
pdfkit-app        latest         e73ab92cbdd3       About a minute ago  1.12GB
```

이미지의 크기는 1.12GB로 출력되었습니다. 여기에 표시되는 크기는 이미지에 포함된 파일의 총 량과 비슷합니다.
이어서 베이스 이미지의 크기도 알아보겠습니다.

커맨드 5-1-2-3

```
$ docker images ruby:2.6.1-stretch
REPOSITORY        TAG            IMAGEID            CREATED             SIZE
Ruby              2.6.1-stretch  99ef552a6db8       4 weeks ago         876MB
```

베이스 이미지 크기는 876MB로 출력되었습니다. 빌드된 이미지의 80% 정도를 베이스 이미지가 차지하고 있습니다. 이 결과를 통해 나머지 20% 정도인 250MB는 Dockerfile 단계에서 추가된 레이어(파일)가 차지하고 있다는 것을 알 수 있습니다.
레이어별 크기는 docker history에서 확인할 수 있습니다.

커맨드 5-1-2-4

```
$ docker history pdfkit-app
IMAGE            CREATED              CREATED BY                              SIZE
```

```
COMMENT
e73ab92cbdd3    About a minute ago    /bin/sh -c #(nop) CMD ["ruby" "app.rb"]          0B
69c0c7661283    About a minute ago    /bin/sh -c #(nop) COPY dir:242d1c30632b2e191Ɛ    535B
0a70ecf11deb    About a minute ago    /bin/sh -c bundle install                        207MB
947d65a6b4be    About a minute ago    /bin/sh -c #(nop) COPY multi:4d7dcc01b89bd34Ɛ    150B
17012ee93b23    About a minute ago    /bin/sh -c #(nop) WORKDIR /app                   0B
aa27e571f96a    About a minute ago    /bin/sh -c rm -rf /var/lib/apt/lists/*           0B
f31fbb05461e    About a minute ago    /bin/sh -c apt-get install -y --no-install-rƐ    23.4MB
2f0c73208e04    About a minute ago    /bin/sh -c apt-get update                        16.3MB
99ef552a6db8    7 weeks ago           /bin/sh -c #(nop) CMD ["irb"]                    0B
<missing>       7 weeks ago           /bin/sh -c mkdir -p "$GEM_HOME" && chmod 777Ɛ    0B
<missing>       7 weeks ago           /bin/sh -c #(nop) ENV PATH=/usr/local/bundlƐ     0B
<missing>       7 weeks ago           /bin/sh -c #(nop) ENV BUNDLE_PATH=/usr/locaƐ     0B
<missing>       7 weeks ago           /bin/sh -c #(nop) ENV GEM_HOME=/usr/local/bƐ     0B
<missing>       7 weeks ago           /bin/sh -c set -ex && buildDeps=' bison Ɛ        40.4MB
<missing>       7 weeks ago           /bin/sh -c #(nop) ENV RUBYGEMS_VERSION=3.0.3      0B
<missing>       7 weeks ago           /bin/sh -c #(nop) ENV RUBY_DOWNLOAD_SHA256=Ɛ     0B
<missing>       7 weeks ago           /bin/sh -c #(nop) ENV RUBY_VERSION=2.6.1          0B
<missing>       7 weeks ago           /bin/sh -c #(nop) ENV RUBY_MAJOR=2.6              0B
<missing>       7 weeks ago           /bin/sh -c mkdir -p /usr/local/etc && { eƐ       45B
<missing>       7 weeks ago           /bin/sh -c set -ex; apt-get update; apt-geƐ      562MB
<missing>       7 weeks ago           /bin/sh -c apt-get update && apt-get installƐ    142MB
<missing>       7 weeks ago           /bin/sh -c set -ex; if ! command -v gpg > /Ɛ     7.81MB
<missing>       7 weeks ago           /bin/sh -c apt-get update && apt-get installƐ    23.2MB
<missing>       7 weeks ago           /bin/sh -c #(nop) CMD ["bash"]                   0B
<missing>       7 weeks ago           /bin/sh -c #(nop) ADD file:e4bdc12117ee95eaaƐ    101MB
```

250MB 정도의 용량 중 bundle install 과정에서 증가한 용량이 가장 크고(207MB), apt-get의 2 개의 과정에서 증가된 용량이 그 다음으로 크다는 것을 알 수 있습니다.

각각의 레이어는 docker save 커맨드로 꺼내 조사할 수 있지만, 그보다 간단한 방법으로 조사할 수 있도록 툴이 제공되고 있습니다. 그 툴을 이용해 조사해 보겠습니다.

툴을 사용하며 세부 사항 알아보기

이미지 크기를 조사하는 툴에는 여러 가지가 있지만 그중 하나인 dive를 사용하여 세부 사항을 알아보겠습니다.

GitHub dive 페이지 : https://github.com/wagoodman/dive

이미지 5-1-2-1 : dive

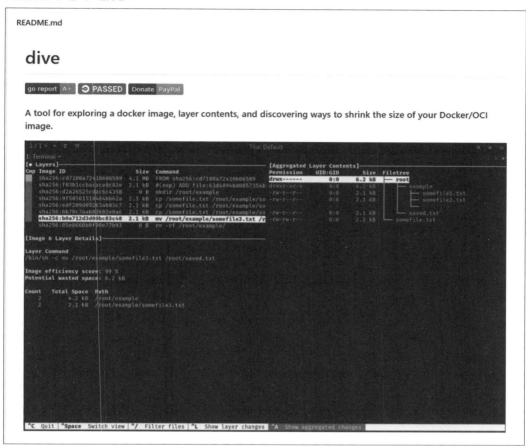

여기에서 빌드한 pdfkit-app를 dive로 조사하기 위해 다음 커맨드를 실행합니다.

커맨드 5-1-2-5

```
$ docker run --rm -it -v /var/run/docker.sock:/var/run/docker.sock -e DOCKER_API_VERSION=1.39
wagoodman/dive:v0.7.2 pdfkit-app
```

여기에서는 집필 시점에서 최신 버전인 v0.7.2을 사용하도록 명시했습니다.

최신 버전을 사용하려면 해당 부분을 latest로 지정해야 합니다.

커맨드를 실행하면 아래와 같은 화면이 나타납니다.

Chapter 5

이미지 5-1-2-2 : dive 화면

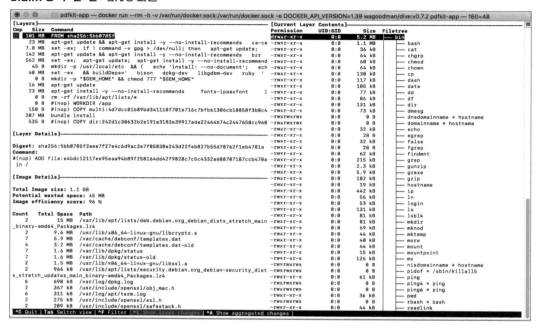

화면은 키보드 입력으로 조작합니다. README에 있는 키 바인딩을 다음과 같이 인용했습니다.

표 5-1-2-1 : dive에서 사용 가능한 키 바인딩

키 바인딩	설명
Ctrl - C	툴 종료
Tab ⇆	레이어 뷰(왼쪽)와 파일 트리 뷰(오른쪽) 포커스를 전환
Ctrl - F	파일 검색
Page Up	위로 이동
Page Down	아래로 이동
Ctrl - a	레이어 보기 : 이전 레이어를 포함하여 (집약한) 이미지의 내용을 표시
Ctrl - l	레이어 보기 : 선택한 레이어의 변경만 표시
Space bar	파일 트리 보기 : 디렉터리를 확장/축소 전환
Ctrl - Space bar	파일 트리 보기 : 모든 디렉터리에서 확장/축소 전환
Ctrl - a	파일 트리 뷰 : 추가된 파일 표시/숨기기 전환
Ctrl - r	파일 트리 보기 : 삭제된 파일 표시/숨기기 전환
Ctrl - m	파일 트리 보기 : 변경된 파일 표시/숨기기 전환
Ctrl - u	파일 트리 뷰 : 변경되지 않은 파일 표시/숨기기 전환
Ctrl - b	파일 트리 뷰 : 파일 속성 표시/숨기기 전환

키 바인딩은 아니지만, 커서 키로 대상 레이어나 파일을 선택할 수 있습니다.

5-1-3 이미지 크기 최적화하기

조사하기 위해 빌드한 pdfkit-app 이미지를 베이스로 하여 이미지 크기를 최적화해 보겠습니다.

....
이미지 크기 최적화 방법

이미지 크기를 최적화하는 데에는 크게 두 가지 방법이 있습니다.

- 레이어에 불필요한 파일이 포함되지 않도록 크기 줄이기
- 각 레이어에 포함된 파일을 적절하게 구성하기

각각의 레이어를 줄이는 것은 이미지 크기를 최적화하기 위한 원칙입니다.
이미지는 레이어 스택으로 구성되어 있으며, 일단 포함된 레이어(포함된 파일)는 유지해야 합니다.
후속 레이어에서 파일을 삭제해도 해당 레이어 파일을 삭제했다는 정보가 추가될 뿐 원본 레이어
에 포함된 데이터가 삭제되는 것은 아닙니다.
레이어 크기를 줄이기 위해선, 예를 들어 불필요한 패키지도 크기를 차지하기 때문에, apt-get으
로 설치할 패키지를 최소한으로 하고, 빌드 및 설치 등의 과정에서 생성된 캐시(일회성으로밖에
사용되지 않는다) 파일을 일일이 삭제하는 것 등이 있습니다. 또한 궁극적으로 이미지 크기를 작
게 하는 방법으로 모든 레이어의 변경을 통합하는 방법도 있습니다.
이것은 docker build에 --squash 옵션을 지정하면 쉽게 구현할 수 있습니다.

또 다른 방법 중 하나인, 레이어에 포함된 파일을 적절하게 구성하는 방법은 여러 이미지를 다운
로드했을 때, 이미지의 총량을 최적화하기 위한 중요한 관점입니다.
앞에서 설명한 바와 같이 docker build --squash 등으로 단일 레이어로 정리해 버리면 이미지의 크
기를 최소화할 수 있지만, 다른 이미지 레이어를 공유하는 경우에는 최적화가 어렵게 됩니다.

즉, 적절한 베이스 이미지를 선택(혹은 구축)하여, 각각의 이미지를 베이스 이미지와 차이가 적게 구성하는 것이 전체적으로 차지하는 용량을 최적화할 수 있는 방법입니다.

또한, 레이어 수는 점유 공간뿐만 아니라 다운로드 시간에도 영향을 줍니다.

docker pull로 이미지를 다운로드하는 경우, 레이어 단위로 병렬 수행되기 때문입니다.

하나의 거대한 레이어로 구성된 이미지보다 적절하게 분할된 여러 레이어로 구성된 이미지 쪽이 총 다운로드 시간이 짧아지는 경향이 있습니다.

레이어에 불필요한 파일이 포함되지 않도록 하기

먼저 각각의 레이어에 불필요한 파일이 포함되지 않도록 합니다.

▼ apt-get가 만드는 파일

이전 챕터에서는 RUN 명령으로 apt-get을 실행하는 부분에 불필요한 파일이 남지 않도록 했습니다. 구체적으로는 apt-get update와 apt-get install을 「&&」로 연결하고 마지막에 rm -rf /var/lib/apt/lists/*하도록 했습니다.

pdfkit-app 이미지는 이를 고려하지 않고 빌드했습니다.

이러한 경우의 레이어를 dive로 확인해 보겠습니다.

이미지 5-1-3-1 : dive 레이어 뷰

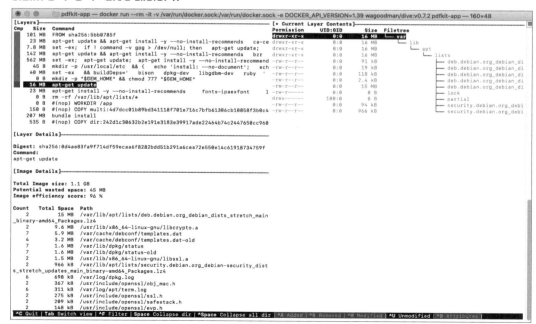

이미지 5-1-3-1에서 선택된 부분인 apt-get update하는 레이어를 보면 패키지 목록 파일에서 16MB의 레이어가 생성되어 있는 것을 알 수 있습니다.

이 파일은 후속 apt-get install에서는 필요하지만, 그 후로는 필요하지 않습니다.

또한 일단 생성된 레이어는 변경되지 않기 때문에 생성된 후에는 rm으로 삭제해도 이미지의 전체 크기는 변하지 않습니다.

이러한 커맨드(레이어)를 다음과 같이 하나로 묶는 것으로, 이미지 크기를 줄일 수 있습니다.

│ 데이터 5-1-3-1 : Dockerfile

```
FROM ruby:2.6.1-stretch

# 패키지 설치
RUN apt-get update && \
  apt-get install -y --no-install-recommends \
  libssl1.0-dev \
  && \
  rm -rf /var/lib/apt/lists/*

WORKDIR /app

# Gem 설치
COPY Gemfile Gemfile.lock ./
RUN bundle install

# 애플리케이션 복사
COPY . ./
CMD ["ruby", "app.rb"]
```

커맨드를 연결하기 위해서는 「&&」를 사용하는 것이 좋습니다. 쉘에서는 커맨드를 연결하기 위해 「;」를 사용할 수 있지만 「;」을 사용하면 이전 커맨드가 실패하더라도 후속 커맨드가 실행되어 버립니다. Docker에서는 RUN 명령의 커맨드가 실패하면 빌드가 실패되도록 되어 있습니다. 그렇기 때문에 여기에서는 「&&」를 사용하여 이전 커맨드가 실패했을 때 쉘 커맨드 「&&」와 같이 후속 커맨드가 실행되지 않고 빌드가 실패해 버립니다.

이러한 처리를 기본으로 위해서는 set -e 커맨드를 사용하면 됩니다.

이것을 커맨드의 맨 앞에서 실행해 두면 「;」 또는 줄 바꿈으로 구분되어 있어도 오류가 발생한 시점에서 커맨드가 실패하게 됩니다. 외부 스크립트 파일에서 처리를 제공하는 경우 스크립트 파일에서 set -e를 실행해 두는 것이 편리합니다.

또한 apt-get으로 패키지를 설치할 때 의존관계(패키지의 동작에 필요한) 패키지뿐만 아니라 필수는 아니지만 설치해 두면 좋은 권장 패키지도 함께 설치됩니다. 불필요한 패키지를 설치하면 이미지 크기가 증가하기 때문에 가능하면 권장 패키지는 설치하지 않는 것이 좋습니다.

--no-install-recommends 옵션을 지정하여 권장 패키지가 설치되지 않게 할 수 있습니다.

▼ bundle install이 만드는 파일

bundle install을 실행하는 레이어는 207MB의 파일로 만들어졌습니다.

이 레이어에 포함되어 있는 파일도 dive로 조사해 보겠습니다.

이미지 5-1-3-2 : bundle install로 만든 파일(1)

이미지 5-1-3-3 : bundle install로 만든 파일(2)

이미지 속 오른쪽의 파일 트리 뷰에서 다음을 알 수 있습니다.

- 홈 디렉터리 아래인 ~/.bundle/cache에 캐시 파일이 생성되어 있습니다(커맨드를 실행하는 것은 root 사용자이므로 홈 디렉터리는 /root).
- ${GEM_HOME}/cache에 gem이 캐시되어 있습니다(여기에서 ${GEM_HOME}은 /usr/local/bundle).
- wkhtmltopdf-binary gem이 큽니다(bin에 있는 파일의 크기가 크다).

처음 두 파일은 불필요하면 제거하는 것이 좋습니다. 또한 마지막 wkhtmltopdf-binary gem은 바이너리 파일(bin)의 크기가 큰데, 여기에 여러 플랫폼에 대응하기 위한 각각의 바이너리가 포함되어 있어서 그런 것 같습니다. 여기에서는 wkhtmltopdf_linux_amd64 바이너리만을 사용하고 있기 때문에 그 외의 플랫폼 파일은 삭제해도 문제없을 것입니다.

이러한 불필요한 파일을 삭제하기 위해서 gem을 설치하는 부분을 다음과 같이 작성합니다.

데이터 5-1-3-2 : Dockerfile(우평)

```
FROM ruby:2.6.1-stretch

# 패키지 설치
RUN apt-get update && \
```

```
    apt-get install -y --no-install-recommends \
      libssl1.0-dev \
      && \
    rm -rf /var/lib/apt/lists/*


WORKDIR /app


# Gem 설치
COPY Gemfile Gemfile.lock ./
RUN bundle install && \
   rm -rf \
     ${gem contents wkhtmltopdf-binary | grep -E '_darwin_x86$|_linux_x86$'} \
     ~/.bundle/cache \
     "${GEM_HOME}/cache"


# 애플리케이션 복사
COPY . ./
CMD ["ruby", "app.rb"]
```

여기까지의 대응을 적용한 이미지를 확인해 보겠습니다.

이미지 5-1-3-4 : bundle install 후 불필요한 파일을 삭제한 경우

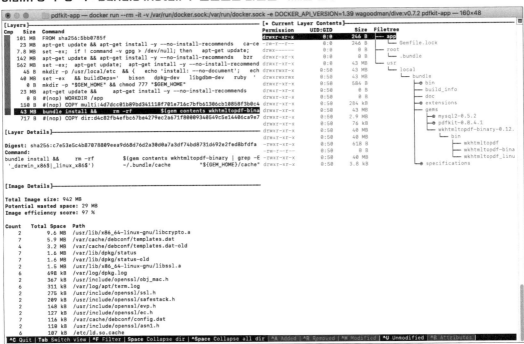

적용한 결과 이미지의 전체 크기는 942MB이며, 베이스 이미지에 추가된 레이어의 전체 크기를 158MB 정도 줄인 것을 알 수 있습니다.

....
베이스 이미지로 slim 이미지를 사용

추가되는 레이어의 크기를 줄일 수 있어도 베이스 이미지 크기는 변하지 않기 때문에 크기를 줄이는 것에는 한계가 있습니다. 베이스 이미지로 콤팩트한 것을 사용하면 이미지의 전체 크기를 좀 더 줄일 수 있습니다.

이를 위해 Docker 공식 Ruby 이미지는 slim 이미지와 alpine 이미지를 제공하고 있습니다. 여기에서는 베이스 이미지에 slim 이미지를 사용하여 크기를 얼마나 줄일 수 있는지 확인해 보겠습니다. alpine 이미지에 대해서는 나중에 자세히 설명하겠습니다.

표준 이미지와는 달리, slim 이미지는 Ruby의 실행에 필요한 최소한의 파일만 포함하고 있고, 이이미지를 나타내는 태그에는 -slim이 붙어 있습니다.

Dockerfile의 첫 번째 FROM 명령을 다음과 같이 바꾸어 slim 이미지를 사용하게 합니다.

데이터 5-1-3-3 : Dockerfile(수정)

```
FROM ruby:2.6.1-slim-stretch

# 패키지 설치
RUN apt-get update && \
  apt-get install -y --no-install-recommends \
    libssl1.0-dev \
    && \
  rm -rf /var/lib/apt/lists/*

WORKDIR /app

# Gem 설치

COPY Gemfile Gemfile.lock ./
RUN bundle install && \
  rm -rf \
    $(gem contents wkhtmltopdf-binary | grep -E '_darwin_x86$|_linux_x86$') \
    ~/.bundle/cache \
    "${GEM_HOME}/cache"

# 애플리케이션 복사
```

```
COPY . ./
CMD ["ruby", "app.rb"]
```

우선 이 상태에서 이미지를 빌드합니다.

이미지 이름은 pdfkit-app-slim으로 지금까지와는 다른 이미지로 빌드한다는 점을 주의해야 합니다.

커맨드 5-1-3-1

```
$ docker build -t pdfkit-app-slim .
Sending build context to Docker daemon 4.096kB
Step 1/7 : FROM ruby:2.6.1-slim-stretch
2.6.1-slim-stretch: Pulling from library/ruby

                                  ... 중략 ...
Step 5/7 : RUN bundle install &&       rm -rf          $(gem contents wkhtmltopdf-binary | grep -E
'_darwin_x86$|_linux_x86$')        ~/.bundle/cache        "${GEM_HOME}/cache"
 ---> Running in bffbbe22365f
etching gem metadata from https://rubygems.org/...............
Resolving dependencies...

                                  ... 중략 ...
To see why this extension failed to compile, please check the mkmf.log which can be found here:

    /usr/local/bundle/extensions/x86_64-linux/2.6.0/mysql2-0.5.2/mkmf.log

extconf failed, exit code 1

Gem files will remain installed in /usr/local/bundle/gems/mysql2-0.5.2 for inspection.
Results logged to
/usr/local/bundle/extensions/x86_64-linux/2.6.0/mysql2-0.5.2/gem_make.out

An error occurred while installing mysql2 (0.5.2), and Bundler cannot continue.
Make sure that `gem install mysql2 -v '0.5.2' --source 'https://rubygems.org/'` succeeds before bundling.

In Gemfile:
  mysql2
The command '/bin/sh -c bundle install && rm -rf $(gem contents wkhtmltopdf-binary |
grep -E '_darwin_x86$|_linux_x86$') ~/.bundle/cache "${GEM_HOME}/cache"' returned a non-zero code: 5
```

커맨드의 출력을 통해 bundle install 실행에 오류가 있는 것을 알 수 있습니다.

Ruby의 실행에 필요한 파일만 포함되어 있는 slim 이미지는 확장 모듈을 빌드하기 위한 환경이 준비되어 있지 않습니다. slim 이미지에 포함되지 않은 패키지로는 빌드 툴(컴파일러와 make 등)과 라이브러리(이 경우 libmysqlclient-dev) 등이 있습니다.

필요한 라이브러리와 툴은 로그 파일로 조사할 수 있습니다. 출력에 있는 「---〉 Running in bffbbe22365f」를 보면, RUN 명령을 실행하던 중 오류가 발생한 컨테이너의 ID가 bffbbe22365f임을 알 수 있습니다.

다음과 같이 docker cp 커맨드를 실행하여 로그 파일을 꺼낼 수 있습니다.

커맨드 5-1-3-2

```
$ docker cp bffbbe22365f:/usr/local/bundle/extensions/x86_64-linux/2.6.0/mysql2-0.5.2 .
```

여기에서는 디렉터리별로 파일을 복사했습니다.

현재 디렉터리 아래의 mysql2-0.5.2/gem_make.out 파일과 mysql2-0.5.2/mkmf.log 파일에 로그가 복사됩니다. 이 경우 확장 모듈의 빌드에는 gcc, make, default-libmysqlclient-dev 3개가 필요합니다. bundle install을 실행하기 전에 필요한 패키지를 설치하도록 gem을 다음과 같이 수정합니다.

데이터 5-1-3-4 : Dockerfile(수정)

```
$ docker build -t pdfkit-app-slim .

# 패키지 설치
RUN apt-get update && \
  apt-get install -y --no-install-recommends \
    libssl1.0-dev \
    && \
  rm -rf /var/lib/apt/lists/*

WORKDIR /app

# Gem 설치
COPY Gemfile Gemfile.lock ./
RUN build_deps=" \
    default-libmysqlclient-dev \
    gcc \
    make \
  " && \
  apt-get update && \
  apt-get install -y --no-install-recommends $build_deps && \
  \
```

```
    bundle install && \
    rm -rf \
      $(gem contents wkhtmltopdf-binary | grep -E '_darwin_x86$|_linux_x86$') \
      ~/.bundle/cache \
      "${GEM_HOME}/cache" \
      && \
    \
    apt-get remove -y --purge --auto-remove $build_deps && \
    rm -rf /var/lib/apt/lists/*

# 애플리케이션 복사
COPY . ./
CMD ["ruby", "app.rb"]
```

필요한 패키지를 build_deps 변수에 공백으로 구분하여 저장하고 bundle install 전에 apt-get install 했습니다.

그리고 bundle install 후에는 apt-get remove --purge --auto-remove로 삭제하도록 했습니다.

이 상태에서 docker build를 실행하여 이미지를 빌드해 보겠습니다.

█ 커맨드 5-1-3-3

```
$ docker build -t pdfkit-app-slim .
Sending build context to Docker daemon 4.608kB
Step 1/7 : FROM ruby:2.6.1-slim-stretch
 ---> 26682ea22183
                              ... 중략 ...
Step 5/7 : RUN build_deps=" default-libmysqlclient-dev gcc make " &&
apt-get update && apt-get install  -y --no-install-recommends $build_deps && bundle
install && rm -rf $(gem contents wkhtmltopdf-binary | grep -E '_darwin_x86$|_linux_
x86$') ~/.bundle/cache "${GEM_HOME}/cache" && apt-get remove -y
--purge --auto-remove $build_deps && rm -rf /var/lib/apt/lists/*
 ---> Running in e41b83458331


                              ... 중략 ...


The following NEW packages will be installed:
  binutils cpp cpp-6 default-libmysqlclient-dev gcc gcc-6 libasan3 libatomic1
  libcc1-0 libcilkrts5 libgcc-6-dev libgomp1 libisl15 libitm1 liblsan0
  libmariadbclient-dev libmariadbclient-dev-compat libmariadbclient18 libmpc3
  libmpfr4 libmpx2 libquadmath0 libtsan0 libubsan0 make mysql-common
```

0 upgraded, 26 newly installed, 0 to remove and 5 not upgraded.

... 중략 ...

Setting up default-libmysqlclient-dev:amd64 (1.0.2) ...
Setting up gcc (4:6.3.0-4) ...
Processing triggers for libc-bin (2.24-11+deb9u4) ...
Fetching gem metadata from https://rubygems.org/..............
Resolving dependencies...
Using bundler 1.17.3
Fetching mysql2 0.5.2
Installing mysql2 0.5.2 with native extensions
Fetching pdfkit 0.8.4.1
Installing pdfkit 0.8.4.1
Fetching wkhtmltopdf-binary 0.12.4
Installing wkhtmltopdf-binary 0.12.4
Bundle complete! 3 Gemfile dependencies, 4 gems now installed.
Bundled gems are installed into `/usr/local/bundle`

... 중략 ...

The following packages will be REMOVED:
  binutils* cpp* cpp-6* default-libmysqlclient-dev* gcc* gcc-6* libasan3*
  libatomic1* libcc1-0* libcilkrts5* libgcc-6-dev* libgomp1* libisl15*
  libitm1* liblsan0* libmariadbclient-dev* libmariadbclient-dev-compat*
  libmariadbclient18* libmpc3* libmpfr4* libmpx2* libquadmath0* libtsan0*
  libubsan0* make* mysql-common* xz-utils*
0 upgraded, 0 newly installed, 27 to remove and 5 not upgraded.
After this operation, 109 MB disk space will be freed.

... 중략 ...

Successfully built 44f99898539f
Successfully tagged pdfkit-app-slim:latest

오류 없이 이미지가 빌드되었습니다. 중간의 로그 출력을 통해 확장 모듈의 빌드에 필요한 패키지가 109MB의 용량을 차지하고 있는 것을 알 수 있습니다.
이러한 패키지를 레이어에 포함시키지 않는 것만으로도, 상당한 용량 절감을 기대할 수 있습니다.

빌드된 이미지의 동작을 irb로 확인해 보면, mysql2 모듈을 요구한다는 오류가 있음을 알 수 있습니다.

커맨드 5-1-3-4

```
$ docker run --rm -it pdfkit-app-slim bash
root@a23db1bfd597:/app# irb
irb(main):001:0> require 'mysql2'
Traceback (most recent call last):
        10: from /usr/local/bin/irb:23:in `<main>'
         9: from /usr/local/bin/irb:23:in `load'
         8: from /usr/local/lib/ruby/gems/2.6.0/gems/irb-1.0.0/exe/irb:11:in `<top (required)>'
         7: from (irb):1
         6: from /usr/local/lib/ruby/site_ruby/2.6.0/rubygems/core_ext/kernel_require.rb:34:in `require'
         5: from /usr/local/lib/ruby/site_ruby/2.6.0/rubygems/core_ext/kernel_require.rb:130:in `rescue in require'
         4: from /usr/local/lib/ruby/site_ruby/2.6.0/rubygems/core_ext/kernel_require.rb:130:in `require'
         3: from /usr/local/bundle/gems/mysql2-0.5.2/lib/mysql2.rb:33:in `<top (required)>'
         2: from /usr/local/lib/ruby/site_ruby/2.6.0/rubygems/core_ext/kernel_require.rb:54:in `require'
         1: from /usr/local/lib/ruby/site_ruby/2.6.0/rubygems/core_ext/kernel_require.rb:54:in `require'
LoadError (libmariadbclient.so.18: cannot open shared object file: No such file or directory - /usr/local/bundle/gems/mysql2-0.5.2/lib/mysql2/mysql2.so)
irb(main):002:0> exit
root@a23db1bfd597:/app#
```

이러한 오류가 발생하는 이유는 빌드 후 작동에 필요한 패키지(라이브러리 본체)가 제거되었기 때문입니다.

확장 모듈을 빌드할 때 사용하던 패키지의 의존관계에 의해서 포함되었지만, 이번에는 이 패키지를 의도적으로 이미지에 포함해야 합니다.

조금 전의 오류 출력 내용을 보면 필요한 라이브러리 파일이 ibmariadbclient.so.18임을 알 수 있습니다. 이 파일 이름은 다음과 같이 ldd 커맨드를 사용해서도 확인할 수 있습니다.

커맨드 5-1-3-5

```
root@a23db1bfd597:/app# ldd /usr/local/bundle/extensions/x86_64-linux/2.6.0/mysql2-0.5.2/mysql2/mysql2.so
```

```
        linux-vdso.so.1 (0x00007ffd74311000)
        libruby.so.2.6 => /usr/local/lib/libruby.so.2.6 (0x00007fafa2ab9000)
        libmariadbclient.so.18 => not found
        libpthread.so.0 => /lib/x86_64-linux-gnu/libpthread.so.0 (0x00007fafa289c000)
        libz.so.1 => /lib/x86_64-linux-gnu/libz.so.1 (0x00007fafa2682000)
        libm.so.6 => /lib/x86_64-linux-gnu/libm.so.6 (0x00007fafa237e000)
        libdl.so.2 => /lib/x86_64-linux-gnu/libdl.so.2 (0x00007fafa217a000)
        libc.so.6 => /lib/x86_64-linux-gnu/libc.so.6 (0x00007fafa1ddb000)
        librt.so.1 => /lib/x86_64-linux-gnu/librt.so.1 (0x00007fafa1bd3000)
        libgmp.so.10 => /usr/lib/x86_64-linux-gnu/libgmp.so.10 (0x00007fafa1950000)
        libcrypt.so.1 => /lib/x86_64-linux-gnu/libcrypt.so.1 (0x00007fafa1718000)
        /lib64/ld-linux-x86-64.so.2 (0x00007fafa323e000)
root@a23db1bfd597:/app# exit
```

출력에 있는 libmariadbclient.so.18 행이 not found로 되어 있어 파일이 존재하지 않음을 알 수 있습니다. 이전 단계에서 (slim 이미지가 아닌) 표준 이미지로 빌드한 이미지인 pdfkit-app를 사용하여 이 파일이 포함된 패키지를 조사합니다.

베이스 이미지의 배포판이 Debian 또는 Ubuntu인 경우에는 파일을 제공하는 패키지 이름을 알아내기 위해서 dpkg -S 커맨드를 사용합니다.

▌커맨드 5-1-3-6

```
$ docker run --rm -it pdfkit-app bash
root@f0fd00e88821:/app# dpkg -S libmariadbclient.so.18
libmariadbclient18:amd64: /usr/lib/x86_64-linux-gnu/libmariadbclient.so.18.0.0
libmariadbclient18:amd64: /usr/lib/x86_64-linux-gnu/libmariadbclient.so.18
root@f0fd00e88821:/app# exit
```

라이브러리의 동작에 필요한 패키지가 libmariadbclient18임을 알 수 있었습니다.

이 패키지는 MySQL(에서 파생된 오픈 소스 버전의 MariaDB) 클라이언트 라이브러리입니다.

마찬가지로 wkhtmltopdf도 필요한 라이브러리 파일이 부족하기 때문에, 의존관계 패키지를 조사합니다.

▌커맨드 5-1-3-7

```
$ docker run --rm -it pdfkit-app-slim bash
root@f4fbf5e46315:/app# ldd /usr/local/bundle/gems/wkhtmltopdf-binary-0.12.4/bin/wkhtmltopdf_
linux_amd64
        linux-vdso.so.1 (0x00007ffff789b000)
        libXrender.so.1 => not found
```

```
          libfontconfig.so.1 => not found
          libfreetype.so.6 => not found
          libXext.so.6 => not found
          libX11.so.6 => not found
          libz.so.1 => /lib/x86_64-linux-gnu/libz.so.1 (0x00007ff94ede0000)
          libdl.so.2 => /lib/x86_64-linux-gnu/libdl.so.2 (0x00007ff94ebdc000)
          librt.so.1 => /lib/x86_64-linux-gnu/librt.so.1 (0x00007ff94e9d4000)
          libpthread.so.0 => /lib/x86_64-linux-gnu/libpthread.so.0 (0x00007ff94e7b7000)
          libstdc++.so.6 => /usr/lib/x86_64-linux-gnu/libstdc++.so.6 (0x00007ff94e435000)
          libm.so.6 => /lib/x86_64-linux-gnu/libm.so.6 (0x00007ff94e131000)
          libgcc_s.so.1 => /lib/x86_64-linux-gnu/libgcc_s.so.1 (0x00007ff94df1a000)
          libc.so.6 => /lib/x86_64-linux-gnu/libc.so.6 (0x00007ff94db7b000)
          /lib64/ld-linux-x86-64.so.2 (0x00007ff94effa000)
root@f4fbf5e46315:/app# exit
exit
$ docker run --rm -it pdfkit-app bash
root@8ad5904fd3ca:/app# dpkg -S libXrender.so.1 libfontconfig.so.1 libfreetype.so.6 libXext.so.6
libX11.so.6 | awk -F: '{print $1;}' | sort -u
libfontconfig1
libfreetype6
libx11-6
libxext6
libxrender1
root@8ad5904fd3ca:/app# exit
exit
```

이것으로 부족한 패키지를 알아낼 수 있었습니다. 이 패키지를 설치하도록 apt-get install로 패키지를 설치하는 부분을 다음과 같이 변경합니다.

│ 데이터 5-1-3-5 : Dockerfile(수정)

```
FROM ruby:2.6.1-slim-stretch

# 패키지 설치
RUN apt-get update && \
  apt-get install -y --no-install-recommends \
    libfontconfig1 \
    libfreetype6 \
    libmariadbclient18 \
    libssl1.0-dev \
```

```
        libx11-6 \
        libxext6 \
        libxrender1 \
        && \
    rm -rf /var/lib/apt/lists/*

WORKDIR /app

# Gem 설치
COPY Gemfile Gemfile.lock ./
RUN build_deps=" \
        default-libmysqlclient-dev \
        gcc \
        make \
    " && \
    apt-get update && \
    apt-get install -y --no-install-recommends $build_deps && \
    \
    bundle install && \
    rm -rf \
        ${gem contents wkhtmltopdf-binary | grep -E '_darwin_x86$|_linux_x86$') \
        ~/.bundle/cache \
        "${GEM_HOME}/cache" \
        && \
    \
    apt-get remove -y --purge --auto-remove $build_deps && \
    rm -rf /var/lib/apt/lists/*

# 애플리케이션 복사
COPY . ./
CMD ["ruby", "app.rb"]
```

여기까지 대응한 상태에서 docker build를 수행하여 오류 없이 이미지를 빌드할 수 있는지 확인합니다.

커맨드 5-1-3-8

```
$ docker build -t pdfkit-app-slim .
Sending build context to Docker daemon 4.608kB
Step 1/7 : FROM ruby:2.6.1-slim-stretch
 ---> 26682ea22183
Step 2/7 : RUN apt-get update && apt-get install -y --no-install-recommends fontsipaexfont
libfontconfig1 libfreetype6 libmariadbclient18
libssl1.0-dev libx11-6 libxext6 libxrender1 && rm -rf /var/
lib/apt/lists/*
 ---> Running in 80ff090a78e0
```

... 중략 ...

```
The following NEW packages will be installed:
  fontconfig-config fonts-dejavu-core fonts-ipaexfont fonts-ipaexfont-gothic
  fonts-ipaexfont-mincho libbsd0 libexpat1 libfontconfig1 libfreetype6
  libmariadbclient18 libpng16-16 libssl1.0-dev libssl1.0.2 libx11-6
  libx11-data libxau6 libxcb1 libxdmcp6 libxext6 libxrender1 mysql-common ucf
0 upgraded, 22 newly installed, 1 to remove and 5 not upgraded.
```

... 중략 ...

```
Successfully built a07d1e25c877
Successfully tagged pdfkit-app-slim:latest
```

빌드된 이미지의 크기를 확인해 보겠습니다.

커맨드 5-1-3-9

```
$ docker images pdfkit-app-slim
REPOSITORY TAG        IMAGEID        CREATED         SIZE
pdfkit-app-slim latest  a07d1e25c877   2 minutes ago   216MB
```

이미지 5-1-3-5 : slim 이미지를 베이스로 용량을 줄인 이미지

slim 이미지를 베이스로 용량을 줄인 이미지의 전체 크기는 216MB로, 표준 베이스 이미지 (942MB)의 23% 정도밖에 되지 않습니다.

5-1-4 멀티 스테이지 빌드 사용하기

이전 단계에서는 이미지 크기를 줄이기 위해 확장 모듈의 빌드에 필요한 패키지를 제거했습니다. 초기 버전에서는 제공되지 않았던 멀티 스테이지 빌드(Multi-stage build)를 사용하여 절차를 단순화하고 빌드 시에 캐시를 효율적으로 사용해 보겠습니다.

여기에서는 gem을 설치하는 작업을 앞 부분에서 설명한 데이터 5-1-3-4와는 다른 위치에서 빌드 합니다. Dockerfile을 다음과 같이 작성합니다.

데이터 5-1-4-1 : Dockerfile

```
FROM ruby:2.6.1-stretch AS gemfiles

WORKDIR /app

# Gem 설치
COPY Gemfile Gemfile.lock ./
RUN bundle install && \
```

```
  rm -rf \
    $(gem contents wkhtmltopdf-binary | grep -E '_darwin_x86$|_linux_x86$') \
    "${GEM_HOME}/cache"


FROM ruby:2.6.1-slim-stretch

# 패키지 설치
RUN apt-get update && \
  apt-get install -y --no-install-recommends \
    libfontconfig1 \
    libfreetype6 \
    libmariadbclient18 \
    libssl1.0-dev \
    libx11-6 \
    libxext6 \
    libxrender1 \
    && \
  rm -rf /var/lib/apt/lists/*

# Gem 파일 가져오기
COPY --from=gemfiles /usr/local/bundle/ /usr/local/bundle/

WORKDIR /app

# 애플리케이션 복사
COPY . ./
CMD ["ruby", "app.rb"]
```

첫 번째 스테이지에서는 bundle install 관련 절차만 적용한 이미지를 gemfiles이라는 이름으로 빌드합니다.

이후 최종 이미지는 bundle install하고 있던 부분을 COPY --from=gemfiles로 설정하여, 설치 후 파일 세트를 복사할 수 있도록 합니다.

스테이지에 파일이 남아 있어도, COPY 되지 않는 부분은 최종 이미지에 영향이 없기 때문에 확장 모듈을 빌드했던 gemfiles 스테이지에서는 패키지를 삭제하지 않는다는 점을 주의해야 합니다.

이 내용으로 이미지를 빌드합니다.

커맨드 5-1-4-1

```
$ docker build -t pdfkit-app-slim .
Sending build context to Docker daemon 4.608kB
Step 1/10 : FROM ruby:2.6.1-stretch AS gemfiles
 ---> 99ef552a6db8

                         ... 중략 ...


Bundle complete! 3 Gemfile dependencies, 4 gems now installed.

                         ... 중략 ...


Step 5/10 : FROM ruby:2.6.1-slim-stretch
 ---> 26682ea22183

                         ... 중략 ...


Step 7/10 : COPY --from=gemfiles /usr/local/bundle/ /usr/local/bundle/
 ---> 67e396224967

                         ... 중략 ...


Successfully built f192a0dda290
Successfully tagged pdfkit-app-slim:latest
```

빌드된 이미지의 크기를 확인해 보겠습니다.

커맨드 5-1-4-2

```
$ docker images pdfkit-app-slim
REPOSITORY        TAG        IMAGEID        CREATED            SIZE
pdfkit-app-slim   latest     f192a0dda290   About a minute ago  215MB
```

이미지 5-1-4-1 : 멀티 스테이지 빌드를 사용해 감량한 이미지

이미지의 전체 크기를 215MB로 줄였습니다.

apt-get 등의 처리로 업데이트된 파일이 포함되지 않아서 이미지 크기를 더욱 줄일 수 있었습니다.

5-1-5 Alpine 이미지 사용하기

Docker 공식 이미지의 대부분은 Debian 또는 Ubuntu를 베이스로 하고 있지만, Alpine Linux를 베이스로 한 이미지도 제공하고 있습니다.

Ruby 이미지 중에 Alpine Linux를 베이스로 한 이미지에는 「-alpine」 태그가 붙어 있습니다.

Alpine Linux 설치에 필요한 스토리지 용량이 적은 것이 특징이며, 이미지 크기를 줄이기 위한 용도로 많이 사용됩니다.

Debian의 베이스 이미지(debian:stretchslim)는 55MB 정도의 용량이 필요하지만, Alpine의 베이스 이미지(alpine:3.9)는 5.5MB 정도의 용량으로도 충분하며, 베이스 이미지를 Alpine의 베이스 이미지로 바꾸는 것만으로도 50MB 정도의 용량을 줄일 수 있습니다.

용량을 줄이기 위해 다른 배포판과는 다른 프로그램(주요 커맨드는 BusyBox, 표준 C 라이브러리는 musl)을 사용하고 있는 점을 주의해야 합니다.

예를 들어, 지금까지 쉘에서 사용하던 bash가 설치되어 있지 않았다면, 필요한 경우 명시적으로 설치하거나 아니면 BusyBox의 sh를 사용해야 합니다.

다른 일반적인 커맨드도 옵션 등의 미묘한 동작의 차이로 인해 제대로 움직이지 않을 수 있습니다. 배포판이 다른 베이스 이미지로 바꾸기 위해선 스크립트 파일이나 애플리케이션의 동작을 재차 확인해 두는 것이 좋습니다.

····
패키지를 설치하는 경우의 과정

Apline Linux를 사용하는 경우에는 패키지 관리 메커니즘이 자신의 apk를 사용하도록 되어 있습니다. 추가 패키지를 설치하는 경우, Dockerfile 커맨드나 패키지 이름을 적절하게 해야 합니다. 패키지 관리에 사용하는 apk 커맨드는 Debian 또는 Ubuntu에서 사용하는 apt (혹은 apt-get)와 비슷합니다. 각각의 대응을 다음 표에 정리했습니다.

표 5-1-5-1 : apk 커맨드와 apt 커맨드 대용표

apk 커맨드	대응하는 apt 커맨드	커맨드 내용
apk add	apt install apt-get install	패키지 추가
apk del	apt remove apt-get remove	패키지 삭제
apk update	apt update apt-get update	패키지 일람 갱신
apk info	apt show apt-cache show	패키지 일람 표시
apk search	apt search apt-cache search	패키지 검색
apk upgrae	apt upgrade apt-get upgrade	설치된 패키지 업그레이드
apk fetch	apt install -d apt-get install -d	패키지 다운그레이드

apk 커맨드에는 크기를 절약하기 위한 유용한 옵션이 있습니다.

예를 들어 apk add에 --no-cache 옵션을 지정하면 패키지 인덱스 등의 파일을 남기지 않게 되어 rm -rf으로 제거할 필요가 없게 됩니다.

또한, apk add로 --virtual 옵션을 사용하면 설치된 패키지를 정리해 이름을 붙일 수 있습니다.

이러한 옵션을 사용하면 빌드 시에만 필요한 패키지를 설치하는 작업을 다음과 같이 쓸 수 있습니다.

Chapter 5

데이터 5-1-5-1 : Dockerfile(수정)

```
# GEM 설치와 관련된 모든 코드를 삭제하고 다음과 같이 변경합니다
# 빌드할 때만 필요한 패키지에 buildonly-deps라는 이름을 붙여서, bundle install 후에 삭제
RUN apk add --no-cache --virtual buildonly-deps \
        build-base \
        mariadb-connector-c-dev \
        && \
    bundle install && \
    apk del buildonly-deps
```

Alpine 이미지를 베이스로 빌드하기

그럼 먼저 샘플로 만든 pdfkit-app를 Alpine 베이스 이미지로 빌드해 보겠습니다.
Dockerfile은 다음과 같습니다.

데이터 5-1-5-2 : Dockerfile

```
FROM ruby:2.6.1-alpine3.9 AS gemfiles

# 빌드에 필요한 패키지 설치
RUN apk add --no-cache \
    build-base \
    mariadb-connector-c-dev

WORKDIR /app

# Gem설치
COPY Gemfile Gemfile.lock ./
RUN bundle install && \
  rm -rf "${GEM_HOME}/cache"



FROM ruby:2.6.1-alpine3.9

# 패키지 설치
RUN apk add --no-cache \
    mariadb-connector-c
RUN apk add --no-cache \
    wkhtmltopdf
```

```
# Gem파일 가져오기
COPY --from=gemfiles /usr/local/bundle/ /usr/local/bundle/

WORKDIR /app

# 애플리케이션 복사
COPY . ./
CMD ["ruby", "app.rb"]
```

Alpine Linux에서는 wkhtmltopdf-binary gem으로 설치되는 바이너리가 작동하지 않았기 때문에 RUN apk add로 Version 3.9에서 패키지로 제공되는 wkhtmltopdf를 설치했습니다.
여기에서는 패키지의 크기를 비교하기 위해 별도의 레이어에 설치하였습니다.
Gemfile에서는 wkhtmltopdf-binary를 제거하여 다음의 내용으로 작성합니다.

데이터 5-1-5-3 : Gemfile

```
# frozen_string_literal: true

source "https://rubygems.org"

gem "mysql2", "~> 0.5.2"
gem "pdfkit", "~> 0.8.2"
```

커맨드 5-1-5-1

```
$ docker build -t pdfkit-app-alpine .
Sending build context to Docker daemon 5.12kB
Step 1/12 : FROM ruby:2.6.1-alpine3.9 AS gemfiles
2.6.1-alpine3.9: Pulling from library/ruby


                          ... 중략 ...


Using bundler 1.17.3
Fetching mysql2 0.5.2
Installing mysql2 0.5.2 with native extensions
Fetching pdfkit 0.8.4.1
Installing pdfkit 0.8.4.1
Bundle complete! 2 Gemfile dependencies, 3 gems now installed.
```

... 중략 ...

Step 7/13 : RUN apk add --no-cache   mariadb-connector-c
 ---> Running in 960de8bba78d
fetch http://dl-cdn.alpinelinux.org/alpine/v3.9/main/x86_64/APKINDEX.tar.gz
fetch http://dl-cdn.alpinelinux.org/alpine/v3.9/community/x86_64/APKINDEX.tar.gz
(1/1) Installing mariadb-connector-c (3.0.8-r0)
OK: 26 MiB in 38 packages
Removing intermediate container 960de8bba78d
 ---> f0f502c9275a
Step 8/13 : RUN apk add --no-cache   wkhtmltopdf
 ---> Running in 2a6ceaa1f995
fetch http://dl-cdn.alpinelinux.org/alpine/v3.9/main/x86_64/APKINDEX.tar.gz
fetch http://dl-cdn.alpinelinux.org/alpine/v3.9/community/x86_64/APKINDEX.tar.gz

... 중략 ...

(84/84) Installing wkhtmltopdf (0.12.5-r0)
Executing busybox-1.29.3-r10.trigger
Executing glib-2.58.1-r2.trigger
OK: 164 MiB in 122 packages

... 중략 ...

Step 9/13 : RUN zip_basename=IPAexfont00301 && mkdir -p /tmp/_ && cd /tmp/_ && wget
-q https://oscdl.ipa.go.jp/IPAexfont/${zip_basename}.zip && unzip ${zip_basename}.zip &&
mkdir -p /usr/share/fonts/TTF && cp ${zip_basename}/*.ttf /usr/share/fonts/TTF/ &&
fc-cache && cd /tmp && rm -rf /tmp/_
 ---> Running in aceb58c08487
Archive: IPAexfont00301.zip
   creating: IPAexfont00301/
  inflating: IPAexfont00301/ipaexg.ttf
  inflating: IPAexfont00301/ipaexm.ttf
  inflating: IPAexfont00301/IPA_Font_License_Agreement_v1.0.txt
  inflating: IPAexfont00301/Readme_IPAexfont00301.txt

... 중략 ...

Successfully built fe180f0c2636
Successfully tagged pdfkit-app-alpine:latest

빌드된 이미지의 크기를 조사해 보겠습니다.

▍커맨드 5-1-5-2

$ docker images pdfkit-app-alpine

REPOSITORY	TAG	IMAGEID	CREATED	SIZE
pdfkit-app-alpine	latest	fe180f0c2636	About a minute ago	213MB

이미지 5-1-5-1 : alpine 이미지를 베이스로 감량한 이미지

이미지의 전체 크기는 213MB로, 이전의 215MB에 비해 크게 줄지는 않은 것 같습니다.

각 레이어의 크기를 자세히 살펴보면, PDF 생성에 사용되는 wkhtmltopdf를 Alpine 패키지로 설치하는 것이 이미지 크기의 증가로 이어지고 있음을 알 수 있습니다.

Debian 베이스 이미지에서 사용했던 wkhtmltopdf-binary gem을 사용한 경우 gem에 의해 설치되는 바이너리 파일의 크기는 40MB 정도였습니다.

하지만 Alpine의 경우, wkhtmltopdf 패키지에 의존하는 라이브러리가 많아 이를 설치한 레이어의 크기가 상당합니다. 여기서 레이어가 차지하는 용량은 139ME이며, 이는 gem의 경우에 비해 100MB 정도 증가된 수치입니다.

5-1-6 **BuildKit 사용하기**

BuildKit은 새로운 빌드용 백엔드이며, Docker 18.09버전부터 (experimental은 18.06부터) 채택되었습니다.

지금까지의 Docker 빌드 환경에서는 캐시의 취급이나 커맨드를 실행하는 컨테이너 환경 처리가 유연하지 않은 문제가 있었지만, BuildKit를 사용하면 이전보다 더 유연하고 빠르게 빌드할 수 있습니다.

BuildKit을 사용하여 빌드하기

Docker 18.09 이상 버전에서는 다음과 같이 docker 커맨드를 실행하는 환경에서 DOCKER_BUILDKIT 환경 변수를 설정하면 BuildKit이 활성화됩니다.

Docker Compose는 집필 시점에서는 지원되지 않습니다.

위의 pdfkit-app-alpine 이미지를 빌드한 환경에서 동작을 확인해 보겠습니다.

Linux 또는 Mac 환경에서 bash 계열의 쉘을 사용하는 경우에는 다음과 같이 DOCKER_BUILD-KIT=1을 앞에 지정하여 docker build 커맨드를 실행합니다.

실행 시간을 비교하기 위해 time 커맨드를 지정하고, 캐시를 사용하지 않도록 --no-cache 옵션을 지정합니다.

커맨드 5-1-6-1

```
$ time DOCKER_BUILDKIT=1 docker build --no-cache -t pdfkit-app-alpine .
[+] Building 25.9s (15/15) FINISHED
 => [internal] load build definition from Dockerfile
0.0s
 => => transferring dockerfile: 1.14kB
0.0s
 => [internal] load .dockerignore
0.0s
 => => transferring context: 2B
0.0s
 => [internal] load metadata for docker.io/library/ruby:2.6.1-alpine3.9
0.0s
 => [internal] helper image for file operations
0.0s
 => => resolve docker.io/docker/dockerfile-copy:v0.1.9@sha256:e8f159d3f00786604b93c675ee2783f8
dc
```

194bb565e61ca5788 0.0s

 => => sha256:e8f159d3f00786604b93c675ee2783f8dc194bb565e61ca5788f6a6e9d304061 2.03kB / 2.03kB

0.0s

 => => sha256:a546a4352bcaa6512f885d24fef3d9819e70551b98535ed1995e4b567ac6d05b 736B / 736B

0.0s

 => => sha256:494e63343c3f0d392e7af8d718979262baec9496a23e97ad110d62b9c90d6182 766B / 766B

0.0s

 => [internal] load build context

0.0s

 => => transferring context: 1.34kB

0.0s

 => [stage-1 1/6] FROM docker.io/library/ruby:2.6.1-alpine3.9

0.0s

 => => resolve docker.io/library/ruby:2.6.1-alpine3.9

0.0s

 => [stage-1 2/6] RUN apk add --no-cache   mariadb-connector-c

1.3s

 => [gemfiles 2/4] RUN apk add --no-cache   build-base   mariadb-connector-c-dev

11.6s

 => [stage-1 3/6] RUN apk add --no-cache   wkhtmltopdf

10.9s

 => [gemfiles 3/4] COPY Gemfile Gemfile.lock ./

0.7s

 => [stage-1 4/6] RUN zip_basename=IPAexfont00301 &&   mkdir -p /tmp/_ && cd /tmp/_ && wget -q https:/ 11.1s

 => [gemfiles 4/4] RUN bundle install &&   rm -rf "/usr/local/bundle/cache"

11.2s

 => [stage-1 5/6] COPY --from=gemfiles /usr/local/bundle/ /usr/local/bundle/

0.6s

 => [stage-1 6/6] COPY . ./

1.1s

 => exporting to image

0.7s

 => => exporting layers

0.7s

 => => writing image sha256:4329aeda1acc51cb920def8046e1f6d8e690d64e50680bbb8117ae 8d27653114

```
0.0s
 => => naming to docker.io/library/pdfkit-app-alpine
0.0s


real    0m25.958s
user    0m0.100s
sys     0m0.046s
```

앞부분의 출력에서 알 수 있듯이, BuildKit은 26초 정도에서 빌드가 완료됩니다.

빌드 프로세스는 네트워크의 상태 등에 좌우되지만, 네트워크의 튜닝 없이 BuildKit만으로도 체감상 빨라진 것을 알 수 있습니다. 비교를 위해 BuildKit를 사용하지 않을 경우의 빌드 시간도 측정해 보겠습니다.

커맨드 5-1-6-2

```
$ time docker build --no-cache -t pdfkit-app-alpine .
                          ... 중략 ...
real    0m44.234s
user    0m0.048s
sys     0m0.026s
```

이 경우 약 45초 정도의 시간이 걸렸습니다. 출력을 보면 멀티 빌드의 경우에는 각각의 스테이지가 병렬로 처리되고 있는 것을 알 수 있습니다.

이미지 5-1-6-1 : BuildKit을 사용한 빌드

BuildKit은 각각의 처리의 의존관계를 자세히 조사하며, 다른 스테이지의 파일 시스템에 의존하지 않는 경우 병렬로 처리합니다.

BuildKit 용으로 컴파일 최적화하기

BuildKit을 사용한 빌드에서는 멀티 스테이지 빌드를 활용하여 빌드 시간을 단축할 수 있습니다. 앞서 pdfkit-app-alpine 이미지 빌드 단계에서는 폰트의 설치 과정을 일부 다른 스테이지에서 처리 되도록 분리할 수 있습니다. 폰트 파일의 다운로드 및 배포 프로세스는 다른 (패키지의 설치 등) 절차에 의존하지 않으며 최종 이미지에서도 필요하지 않기 때문입니다.

이러한 처리를 다른 스테이지에서 했을 때 빌드 시간이 단축되는지 시험해 보겠습니다.

Dockerfile을 다음과 같이 준비합니다.

데이터 5-1-6-1 : Dockerfile

```
FROM ruby:2.6.1-alpine3.9 AS gemfiles

# 빌드에 필요한 패키지 설치
RUN apk add --no-cache \
    build-base \
    mariadb-connector-c-dev

WORKDIR /app

# Gem설치
COPY Gemfile Gemfile.lock ./
RUN bundle install && \
  rm -rf "${GEM_HOME}/cache"


FROM ruby:2.6.1-alpine3.9 AS fonts

WORKDIR /tmp


WORKDIR /tmp

# 패키지 설치
RUN apk add --no-cache \
    mariadb-connector-c
RUN apk add --no-cache \
RUN apk add --no-cache \

# Gem 파일 가져오기
```

Chapter 5

```
COPY --from=gemfiles /usr/local/bundle/ /usr/local/bundle/

WORKDIR /app

# 애플리케이션 복사
COPY . ./
CMD ["ruby", "app.rb"]
```

임시 파일을 삭제할 필요가 없어서 처리 과정도 깔끔해졌습니다. 이제 이 내용으로 빌드를 실행해 보겠습니다.

커맨드 5-1-6-3

```
$ time DOCKER_BUILDKIT=1 docker build --no-cache -t pdfkit-app-alpine .
[+] Building 28.6s (18/18) FINISHED
 => [internal] load .dockerignore
0.0s
 => => transferring context: 2B
0.0s
 => [internal] load build definition from Dockerfile
0.0s
 => => transferring dockerfile: 1.12kB
0.0s
 => [internal] load metadata for docker.io/library/ruby:2.6.1-alpine3.9
0.0s
 => [stage-2 1/7] FROM docker.io/library/ruby:2.6.1-alpine3.9
0.0s
 => => resolve docker.io/library/ruby:2.6.1-alpine3.9
0.0s
 => [internal] load build context
0.0s
 => => transferring context: 1.32kB
0.0s
 => [internal] helper image for file operations
0.0s
 => => resolve docker.io/docker/dockerfile-copy:v0.1.9@sha256:e8f159d3f00786604b93c675ee2783f8
dc
194bb565e61ca5788 0.0s
 => => sha256:e8f159d3f00786604b93c675ee2783f8dc194bb565e61ca5788f6a6e9d304061 2.03kB
/ 2.03kB
```

```
0.0s
 => => sha256:a546a4352bcaa6512f885d24fef3d9819e70551b98535ed1995e4b567ac6d05b 736B /
736B
0.0s
 => => sha256:494e63343c3f0d392e7af8d718979262baec9496a23e97ad110d62b9c90d6182 766B /
766B
0.0s
 => [fonts 2/3] RUN wget -q https://oscdl.ipa.go.jp/IPAexfont/IPAexfont00301.zip
9.7s
 => [gemfiles 2/4] RUN apk add --no-cache build-base mariadb-connector-c-dev
14.9s
 => [stage-2 2/7] RUN apk add --no-cache              mariadb-connector-c       4.2s
 => [stage-2 3/7] RUN apk add --no-cache              wkhtmltopdf               11.3s
 => [fonts 3/3] RUN unzip IPAexfont00301.zip &&       mv IPAexfont00301 IPAexfont  1.0s
 => [gemfiles 3/4] COPY Gemfile Gemfile.lock ./                                 0.6s
 => [gemfiles 4/4] RUN bundle install && rm -rf "/usr/local/bundle/cache"       10.8s
 => [stage-2 4/7] COPY --from=fonts /tmp/IPAexfont/*.ttf /usr/share/fonts/TTF/   1.1s
 => [stage-2 5/7] RUN fc-cache                                                   1.2s
 => [stage-2 6/7] COPY --from=gemfiles /usr/local/bundle/ /usr/local/bundle/     0.6s
 => [stage-2 7/7] COPY . ./                                                      0.9s
 => exporting to image                                                           0.7s
 => => exporting layers                                                          0.6s
 => => writing image sha256:aedc188cec3bd448fd12ff986868461f33aaebf4a5686e3e7f43146fef0f6bb4
0.0s
 => => naming to docker.io/library/pdfkit-app-alpine
0.0s

real    0m28.686s
user    0m0.116s
sys     0m0.052s
```

전체 빌드 시간은 기대한 만큼 개선되지 않았습니다. 네트워크 상황에 따라서 오히려 이전 빌드보다 시간이 더 걸리고 있다는 것을 알 수 있습니다.

빌드하는 동안 출력을 확인하면 마지막 부분에 bundle install을 실행하는 곳에서 대기가 발생하는 것을 확인할 수 있습니다.

이미지 5-1-6-2 : BuildKit 빌드

```
● ● ●                    pdfkit-app — docker build --no-cache -t pdfkit-app-alpine . — 160×48
Mac-mini:pdfkit-app moby-d$ time DOCKER_BUILDKIT=1 docker build --no-cache -t pdfkit-app-alpine .
[+] Building 20.6s (14/17)
 => [internal] load build definition from Dockerfile                                                                    0.0s
 => => transferring dockerfile: 1.12kB                                                                                  0.0s
 => [internal] load .dockerignore                                                                                       0.0s
 => => transferring context: 2B                                                                                         0.0s
 => [internal] load metadata for docker.io/library/ruby:2.6.1-alpine3.9                                                 0.0s
 => [internal] helper image for file operations                                                                        0.0s
 => => resolve docker.io/docker/dockerfile-copy:v0.1.9@sha256:e8f159d3f00786604b93c675ee2783f8dc194bb565e61ca5788f6a6e9d304061  0.0s
 => => sha256:a546a4352bcaa6512f885d24fef3d9819e70551b98535ed1995e4b567ac6d05b 736B / 736B                             0.0s
 => => sha256:494e63343c3f0d392e7af8d718979262baec9496a23e97ad110d62b9c90d6182 766B / 766B                             0.0s
 => => sha256:e8f159d3f00786604b93c675ee2783f8dc194bb565e61ca5788f6a6e9d304061 2.03kB / 2.03kB                         0.0s
 => [internal] load build context                                                                                      0.0s
 => => transferring context: 1.32kB                                                                                    0.0s
 => [stage-2 1/7] FROM docker.io/library/ruby:2.6.1-alpine3.9                                                          0.0s
 => resolve docker.io/library/ruby:2.6.1-alpine3.9                                                                     0.0s
 => [fonts 2/3] RUN wget -q https://oscdl.ipa.go.jp/IPAexfont/IPAexfont00301.zip                                       10.9s
 => [gemfiles 2/4] RUN apk add --no-cache        build-base        mariadb-connector-c-dev                            14.9s
 => [stage-2 2/7] RUN apk add --no-cache        mariadb-connector-c                                                    4.2s
 => [stage-2 3/7] RUN apk add --no-cache        wkhtmltopdf                                                           11.4s
 => [fonts 3/3] RUN unzip IPAexfont00301.zip &&        mv IPAexfont00301 IPAexfont                                    1.0s
 => [gemfiles 3/4] COPY Gemfile Gemfile.lock ./                                                                        0.6s
 => [stage-2 4/7] COPY --from=fonts /tmp/IPAexfont/*.ttf /usr/share/fonts/TTF/                                        1.1s
 => [gemfiles 4/4] RUN bundle install &&        rm -rf "/usr/local/bundle/cache"                                       5.0s
 => [stage-2 5/7] RUN fc-cache                                                                                         1.4s
```

즉, 전체 빌드 시간은 gem 설치(및 그에 필요한 패키지 설치) 시간과 관계가 있다는 것을 알 수 있습니다.

BuildKit용 문법 사용하기

BuildKit에서는 Dockerfile 문법도 강화되었습니다.
Dockerfile의 첫 줄에 다음과 같이 기술함으로써 BuildKit로 확장된 구문을 사용할 수 있습니다.

데이터 5-1-6-2 : Dockerfile(일부)

```
# syntax=docker/dockerfile:1.0-experimental
```

사용할 수 있는 구문은 다음과 같습니다.

표 5-1-6-1 : BuildKit로 확장한 구문

구문	설명
RUN --mount=type=bind	다른 이미지의 디렉터리를 마운트하여 접속 (쓰기는 반영하지 않음)
RUN --mount=type=cache	지정한 디렉터리의 내용이 캐시되도록 하기
RUN --mount=type=tmpfs	지정한 디렉터리에 tmpfs 마운트 (쓴 내용이 레이어에 저장되지 않음)
RUN --mount=type=secret	이미지에 포함해서는 안 되는 파일에 접속 가능 (키 같은 인증 정보 등)
RUN --mount=type=ssh	ssh 에이전트의 접속 제공하기 (개인 레포지토리를 git clone 할 때 유용)

구문의 자세한 내용은 다음 링크에서 확인할 수 있습니다.

https://github.com/moby/buildkit/blob/master/frontend/dockerfile/docs/experimental.md

▼ 빌드 시에 사용하는 파일이 캐시되도록 하기

「RUN --mount=type=cache」를 사용해 빌드 시에 컨테이너에서도 파일이 캐시되도록 합니다.
Dockerfile을 다음과 같이 준비합니다.

데이터 5-1-6-3 : Dockerfile

```
# syntax=docker/dockerfile:1.0-experimental

FROM ruby:2.6.1-alpine3.9 AS base

# apk 파일이 캐시되도록 설정하고 인덱스 받아두기
RUN --mount=type=cache,id=apk,target=/var/cache/apk \
  ln -s /var/cache/apk /etc/apk/cache && \
  apk update

FROM base AS gemfiles

# 빌드에 필요한 패키지 설치
RUN --mount=type=cache,id=apk,target=/var/cache/apk \
  apk add \
    build-base \
    mariadb-connector-c-dev

WORKDIR /app

# Gem 설치
COPY Gemfile Gemfile.lock ./

RUN --mount=type=cache,id=gem,target=/usr/local/bundle/cache \
  --mount=type=cache,id=bundle,target=/root/.bundle/cache \
  bundle install

FROM base

# 패키지 설치
RUN --mount=type=cache,id=apk,target=/var/cache/apk \
  apk add \
    mariadb-connector-c \
    wkhtmltopdf
```

```
# Gem 파일 가져오기
COPY --from=gemfiles /usr/local/bundle/ /usr/local/bundle/

WORKDIR /app

# 애플리케이션 복사
COPY . ./
CMD ["ruby", "app.rb"]
```

Alpine Linux에서 /etc/apk/cache에 심볼릭 링크를 만들면 링크된 곳에 패키지 파일을 캐시할 수 있습니다.

심볼릭 링크를 인덱스 파일의 저장 위치와 같은 /var/cache/apk로 하여, 빌드 시에 캐시되도록 하고 있습니다. 또한 bundle이나 gem 같은 파일을 캐시하도록 설정했습니다.

이 Dockerfile을 BuildKit으로 빌드하면 두 번째 이후로 빌드가 가속화되는 것을 확인할 수 있습니다.

커맨드 5-1-6-4

```
$ time DOCKER_BUILDKIT=1 docker build --no-cache -t pdfkit-app-alpine .
[+] Building 14.1s (19/19) FINISHED
 => [internal] load .dockerignore
0.0s
 => => transferring context: 2B
0.0s
 => [internal] load build definition from Dockerfile
0.0s
 => => transferring dockerfile: 1.69kB
0.0s
 => resolve image config for docker.io/docker/dockerfile:1.0-experimental
0.6s
 => CACHED docker-image://docker.io/docker/dockerfile:1.0-experimental@sha256:cbd6491240cc8894d2
5e366ba83da19df11 0.0s
 => [internal] load metadata for docker.io/library/ruby:2.6.1-alpine3.9
0.0s
 => [internal] load build context
0.0s
 => => transferring context: 1.77kB
0.0s
 => CACHED [internal] helper image for file operations
```

```
0.0s
 => CACHED [base 1/2] FROM docker.io/library/ruby:2.6.1-alpine3.9
0.0s
 => [base 2/2] RUN --mount=type=cache,id=apk,target=/var/cache/apk        ln -s /var/cache/apk /etc/
apk/cache &&        0.7s
 => [gemfiles 1/3] RUN --mount=type=cache,id=apk,target=/var/cache/apk        apk add
build-base        mar 3.1s
 => [stage-3 1/5] RUN --mount=type=cache,id=apk,target=/var/cache/apk        apk add
mariadb-connector-c      1.6s
 => [fonts 1/1] RUN --mount=type=cache,id=src,target=/tmp/src        if [ ! -f src/IPAexfont00301.
zip ]; then        2.2s
 => [stage-3 2/5] COPY --from=fonts /tmp/IPAexfont/*.ttf /usr/share/fonts/TTF/
0.8s
 => [stage-3 3/5] RUN fc-cache
0.7s
 => [gemfiles 2/3] COPY Gemfile Gemfile.lock ./
0.6s
 => [gemfiles 3/3] RUN --mount=type=cache,id=gem,target=/usr/local/bundle/cache
--mount=type=cache,id=bundle,   5.9s
 => [stage-3 4/5] COPY --from=gemfiles /usr/local/bundle/ /usr/local/bundle/
0.6s
 => [stage-3 5/5] COPY . ./
0.9s
 => exporting to image
0.8s
 => => exporting layers
0.8s
 => => writing image sha256:663c82903a1c0a12c871595c228e77c8525f44c52da051982f27fae1e11
28e54
0.0s
 => => naming to docker.io/library/pdfkit-app-alpine
0.0s
real    0m14.170s
user    0m0.086s
sys     0m0.046s
```

docker build 할 때 --no-cache 옵션을 지정했다는 점에 주목할 필요가 있습니다.

각각의 단계에서 (레이어의 캐시를 사용하지 않고) 해당 옵션을 항상 실행하고 있지만, 이 컨테이너 환경에서는 apk나 gem 등의 캐시가 남은 상태에서 실행되기 때문에, apk add나 bundle install 같은 처리에 걸리는 시간을 줄일 수 있습니다.

▼ Ubuntu 등 Debian 패키지를 캐시하는 경우

Docker 공식 Ubuntu 이미지 또는 Debian 이미지는 apt 패키지가 매번 삭제되도록 설정되어 있습니다. 따라서 디렉터리를 캐시하는 것만으로는 패키지 파일이 남지 않고 매번 다운로드가 발생하게 됩니다.

다음과 같이 설정을 변경한 후 디렉터리를 캐시해야 합니다.

데이터 5-1-6-4 : Dockerfile(수정)

```
# syntax=docker/dockerfile:1.0-experimental
FROM ubuntu:18.04

RUN rm -f /etc/apt/apt.conf.d/docker-clean; \
    echo 'Binary::apt::APT::Keep-Downloaded-Packages "true";' > /etc/apt/apt.conf.d/keep-cache

RUN --mount=type=cache,target=/var/cache/apt \
    --mount=type=cache,target=/var/lib/apt \
    apt update && apt install -y --no-install-recommends gcc
```

5-2

엔트리 포인트 활용하기

컨테이너 환경뿐만 아니라 처음 실행되는 프로그램이나 실행 장소를 엔트리 포인트라고 합니다. 이러한 엔트리 포인트를 설정하기 위해 Dockerfile에는 ENTRYPOINT 명령과 CMD 명령이 포함되어 있습니다.

특정 커맨드를 실행하는 데에는 CMD 명령으로 충분하지만, ENTRYPOINT 명령을 잘 사용함으로써 편리한 이미지를 제공할 수 있습니다.

5-2-1 ENTRYPOINT와 CMD의 차이점

먼저 Dockerfile의 ENTRYPOINT 명령과 CMD 명령의 차이점에 대해 설명하겠습니다.

ENTRYPOINT의 경우

ENTRYPOINT 명령은 컨테이너에서 가장 먼저 실행할 커맨드를 설정합니다.
Dockerfile에서는 다음의 두 가지 설정 방법이 제공됩니다.

- JSON 표기법(추천 방법)

  ENTRYPOINT ["echo", "a", "b"]

- 쉘 형식의 표기법

  ENTRYPOINT echo a b

쉘 형식의 기법에서는 sh -c를 통해 커맨드가 실행된다는 점을 유의해야 합니다.
간단한 이미지를 빌드하여 테스트해 보겠습니다.

Chapter 5

커맨드 5-2-1-1

```
$ (echo 'FROM ubuntu:18.04'; echo 'ENTRYPOINT ps') | docker build -t test -
Sending build context to Docker daemon 2.048kB
Step 1/2 : FROM ubuntu:18.04
 ---> d131e0fa2585
Step 2/2 : ENTRYPOINT ps
 ---> Running in 9276959744e5
Removing intermediate container 9276959744e5
 ---> 5537bd469267
Successfully built 5537bd469267
Successfully tagged test:latest
$ docker inspect -f '{{json .Config.Entrypoint}}' test
["/bin/sh","-c","ps"]
$ docker run --rm -it test
  PID TTY          TIME CMD
    1 pts/0    00:00:00 sh
    6 pts/0    00:00:00 ps
```

ENTRYPOINT를 쉘 기법으로 했기 때문에 이미지는 ["/bin/sh", "-c", "ps"]로 설정되어 있습니다. 따라서 ps 커맨드가 실행되었을 때의 PID는 6입니다.

이 경우 docker stop이나 docker kill 등으로 신호를 보낼 때 보내는 곳이 sh 프로세스이며, ps 커맨드의 프로세스에는 도달하지 않는다는(종료할 수 없다) 점을 주의해야 합니다. 이를 피하기 위해 JSON 표기법을 사용하거나 ENTRYPOINT exec ps처럼 exec 커맨드를 통해 실행합니다.

CMD의 경우

CMD 명령은 두 가지 역할을 하고 있습니다. 다음과 같이 ENTRYPOINT 명령이 설정되어 있는가의 여부에 따라 역할이 바뀌는 것이 포인트입니다.

- ENTRYPOINT가 설정되어 있지 않은 경우, 컨테이너로 실행하는 커맨드 설정(ENTRYPOINT와 동일)
- ENTRYPOINT가 설정되어 있는 경우, 제공하는 매개 변수의 기본값 설정

CMD와 ENTRYPOINT를 모두 설정한 이미지로 테스트해 보겠습니다.
앞의 예제와는 달리, JSON 표기법을 사용한다는 점을 주의해야 합니다.

커맨드 5-2-1-2

```
$ (echo 'FROM ubuntu:18.04'; echo 'ENTRYPOINT ["ps"]'; echo 'CMD ["--help"]') | docker build -t
test -
Sending build context to Docker daemon 2.048kB
Step 1/3 : FROM ubuntu:18.04
 ---> d131e0fa2585
Step 2/3 : ENTRYPOINT ["ps"]
 ---> Running in 235b96f7119d
Removing intermediate container 235b96f7119d
 ---> d961a04b681e
Step 3/3 : CMD ["--help"]
 ---> Running in f6fc87321427
Removing intermediate container f6fc87321427
 ---> dbb8e697c794
Successfully built dbb8e697c794
Successfully tagged test:latest
$ docker run --rm -it test

Usage:
 ps [options]

 Try 'ps --help <simple|list|output|threads|misc|all>'
  or 'ps --help <s|l|o|t|m|a>'
 for additional help text.

For more details see ps(1).
```

여기에서는 ENTRYPOINT에 ps를 설정하고 CMD에 --help를 설정하고 있습니다.
따라서 컨테이너에서 실행되는 커맨드는 양측을 연결한 ["ps", "--help"]입니다.
docker run 커맨드의 인수가 지정된 경우 그 값으로 CMD 명령의 설정을 덮어씁니다.

커맨드 5-2-1-3

```
$ docker run --rm -it test -ef
UID       PID  PPID  C STIME TTY        TIME CMD
root        1    0  0 04:10 pts/0    00:00:00 ps -ef
```

이 경우 CMD 설정을 덮어쓰게 되지만 ENTRYPOINT에 설정한 ps는 그대로입니다.
따라서 컨테이너 환경에서는 ["ps", "-ef"]가 실행되고 있습니다.
docker run 커맨드에서도 --entrypoint 옵션으로 덮어쓸 수 있습니다.

커맨드 5-2-1-4

```
$ docker run --rm -it --entrypoint '/bin/sh' test -c 'ps -ef'
UID        PID  PPID  C  STIME TTY          TIME CMD
root         1    0  0  04:13 pts/0     00:00:00 /bin/sh -c ps -ef
root         8    1  0  04:13 pts/0     00:00:00 ps -ef
```

이 경우 ENTRYPOINT을 /bin/sh에 덮어쓰고, CMD 설정도 「sh -c」로 실행하도록 덮어쓰고 있습니다. 따라서 컨테이너 환경에서는 ["sh", "-c", "ps -ef"]가 실행되고 있습니다.

5-2-2 docker-entrypoint.sh 준비하기

앞서 언급했듯이, ENTRYPOINT로 가장 처음 실행하는 커맨드를 설정하고 기본값을 CMD에 설정하는 것이 Dockerfile의 일반적인 형태입니다. ENTRYPOINT로 실행하는 커맨드는 쉘 스크립트도 설정 가능하며, 유연한 초기 처리를 제공할 수 있습니다.
이러한 초반 처리를 하는 스크립트 파일의 이름을 docker-entrypoint.sh으로 하는 경우가 많습니다. 이를 ENTRYPOINT로 설정하는 Dockerfile은 다음과 같습니다.

데이터 5-2-2-1 : Dockerfile

```
# ENTRYPOINT 설정하기
COPY docker-entrypoint.sh /
ENTRYPOINT ["/docker-entrypoint.sh"]
```

ENTRYPOINT에 스크립트 파일을 설정할 경우 해당 파일에 실행 권한이 부여되어 있어야 합니다. Linux 또는 Mac 환경에서 빌드할 때는 빌드한 환경에서 할당된 접속 권한이 그대로 부여되지만, Windows 환경의 경우 접속 권한이 부여가 되지 않습니다. 따라서 다음과 같이 권한을 확실하게 부여해 두면 좋습니다.

데이터 5-2-2-2 : Dockerfile

```
# ENTRYPOINT 설정하기
COPY docker-entrypoint.sh /
RUN chmod 755 /docker-entrypoint.sh
ENTRYPOINT ["/docker-entrypoint.sh"]
```

그 밖에 다음과 같이 /usr/local/bin/에 복사하여 심볼릭 링크를 거는 방법도 있습니다.

데이터 5-2-2-3 : Dockerfile

```
# ENTRYPOINT 설정하기
COPY docker-entrypoint.sh /usr/local/bin/
RUN ln -s /usr/local/bin/docker-entrypoint.sh / # backwards compat
ENTRYPOINT ["docker-entrypoint.sh"]
```

이 방법은 Docker의 공식 이미지 등 이전 버전과의 호환성을 중시하는 경우에 볼 수 있습니다. 예전의 Docker에서는 환경에 따라 이미지의 / 바로 아래의 파일을 복사할 수 없는 경우도 있었습니다.

5-2-3 ENTRYPOINT 초안

여기에서는 ENTRYPOINT 스크립트에서 사용되는 예제를 소개하겠습니다.
우선 초안으로 아무것도 하지 않는 docker-entrypoint.sh를 준비합니다.
쉘 스크립트 작성은 배포판에 따라 미묘하게 다르기 때문에 초안에 대해서는 Ubuntu와 Alpine Linux 두 가지를 다루겠습니다.

....
Ubuntu의 경우

Ubuntu의 경우 쉘 bash를 사용할 수 있기 때문에 이를 사용하는 것이 좋고, Debian과 CentOS 베이스 이미지도 bash를 사용하는 것이 좋습니다.
Dockerfile을 다음과 같이 준비합니다.

데이터 5-2-3-1 : Dockerfile

```
FROM ubuntu:18.04

COPY docker-entrypoint.sh /
RUN chmod 755 /docker-entrypoint.sh
ENTRYPOINT ["/docker-entrypoint.sh"]

# FROM으로 지정된 베이스 이미지로 설정하고 있지만 확인하는 의미로 재설정한다.
CMD ["/bin/bash"]
```

docker-entrypoint.sh는 다음과 같이 준비한다.

데이터 5-2-3-2 : docker-entrypoint.sh

```
#!/bin/bash
set -euo pipefail

exec "$@"
```

이 스크립트는 매개 변수로 전달된 내용을 그대로 exec로 실행하고 있습니다.

인수로 지정하고 있는 "$@" 부분은 스크립트에 전달된 매개 변수를 배포하는 특수한 매개 변수입니다.

ENTRYPOINT를 설정할 경우, CMD에서 지정한 커맨드는 매개 변수로 전달됩니다.

이 스크립트에서 아무것도 하지 않고 종료하면, CMD로 커맨드를 지정하더라도 실행되지 않는다는 점을 유의해야 합니다. 또한, 커맨드를 실행할 때 exec를 사용하는 것도 포인트입니다.

앞에서 설명한 쉘 기법으로 설정된 경우와 마찬가지로 exec 없이 실행하면 쉘 프로세스가 남게 되고, 그 결과 실행한 명령어의 PID가 1이 아니게 되어 신호가 전달되지 않는다는 점을 주의해야 합니다.

exec 전에 set 커맨드로 옵션을 설정했습니다. e 옵션을 설정하면 후속 커맨드가 실패할 때 전체 스크립트가 오류로 종료됩니다.

u 옵션을 설정하면, 설정하지 않은 변수 혹은 매개 변수가 사용될 때 (빈 문자로 사용되는 것이 아니라) 오류로 취급됩니다.

마지막 부분의 -euo pipefail 옵션은 파이프 (|) 왼쪽 부분에서 오류가 발생한 경우 커맨드 전체를 오류로 처리하기 위한 옵션입니다.

이 옵션은 오류 처리의 단순화 및 변수명 typo 확인에 도움이 되니 설정하는 것이 좋습니다.

····
Alpine Linux의 경우

Alpine Linux의 경우, 용량을 절약하기 위해 커맨드가 BusyBox 베이스로 되어 있습니다.
Docker 공식 alpine 이미지에는 bash가 설치되어 있지 않기 때문에 다음 중 하나의 대응이 필요합니다.

- 스크립트 파일의 첫 줄을 「#!/bin/sh」로 하여 BusyBox의 sh를 사용합니다.
- Dockerfile에 「RUN apk add --no-cache bash」를 추가하여 bash를 설치합니다.

/bin/bash 대신 /bin/sh를 사용하는 경우, 베이스 이미지의 차이점에 주의해야 합니다
설명한 바와 같이 AlpineLinux 환경에서는 /bin/sh를 지정하면 BusyBox의 sh가 사용됩니다.
CentOS 환경에서는 bash가 사용되기 때문에 차이가 (거의) 없지만 Debian 또는 Ubuntu 환경에서는 ash 베이스 dash가 사용되기에 차이가 있습니다.
간단한 스크립트라면 /bin/sh만으로도 작동시킬 수 있는 경우가 많지만, 각각 섬세한 차이가 있다는 점을 주의해야 합니다.

5-2-4 커맨드 내용 편집하기

컨테이너는 하나의 특정 프로세스만을 움직이는 것이 일반적입니다.
이 경우 기본적으로 원하는 커맨드가 실행되도록 하고, docker run 인수에서 커맨드나 옵션을 추가(혹은 덮어쓰기)하면 편리합니다.

····
특정 커맨드가 실행되도록 하기

컨테이너가 기동될 때 기본적으로 기동되는 커맨드는 CMD로 제어할 수 있지만, docker run에 인수를 주면 이미지 측의 설정을 덮어 버립니다.
위의 docker-entrypoint.sh을 다음과 같이 하면 항상 같은 커맨드를 실행하게 됩니다.

데이터 5-2-4-1 : docker-entrypoint.sh

```
#!/bin/bash
set -euo pipefail

exec top -b "$@"
```

위의 예는 Docker의 레퍼런스에 있는 것을 참고하며 top 커맨드를 배치 모드로 실행했습니다.

이에 대응하는 Dockerfile을 다음과 같은 내용으로 준비합니다.

█ 데이터 5-2-4-2 : Dockerfile

```
FROM ubuntu:18.04

COPY docker-entrypoint.sh /
RUN chmod 755 /docker-entrypoint.sh
ENTRYPOINT ["/docker-entrypoint.sh"]

CMD ["-n", "1"]
```

다음과 같이 이미지를 빌드하여 동작을 확인합니다.

█ 커맨드 5-2-4-1

```
$ docker build -t top .
Sending build context to Docker daemon 3.072kB
Step 1/4 : FROM ubuntu:18.04

                              ... 중략 ...

Successfully tagged top:latest
$ docker run --rm -it top
top  - 10:25:25 up  1:42,  0 users,  load average: 0.00, 0.05, 0.06
Tasks:   1 total,   1 running,  0 sleeping,  0 stopped,  0 zombie
%Cpu(s):  0.2 us,  0.3 sy,  0.0 ni, 99.5 id,  0.0 wa,  0.0 hi,  0.0 si,  0.0 st
KiB Mem : 2046892 total,  205632 free,   268808 used,  1572452 buff/cache
KiB Swap: 1048572 total, 1048508 free,       64 used.  1590268 avail Mem

   PID  USER      PR  NI    VIRT    RES    SHR S  %CPU %MEM     TIME+ COMMAND
     1  root      20   0   36480   3040   2692 R 100.0  0.1   0:00.03 top
```

docker run에게 전달하는 top은 이미지 이름입니다. 이미지 이름을 커맨드 이름과 맞춰, 마치 본래의 커맨드를 실행하는 것처럼 컨테이너를 실행할 수 있습니다.

출력만으로는 알기 어렵지만, CMD 설정에 따라 -n 1 옵션이 추가되어 있기 때문에 한 번만 출력한 뒤 컨테이너(top 프로세스)가 종료됩니다.

이어서 커맨드의 매개 변수를 출력하기 위해 -c 옵션을 붙여 보겠습니다.

┃ 커맨드 5-2-4-2

```
$ docker run --rm top -c -n 1 -w 512
top  - 10:28:31 up  1:45,  0 users,  load average: 0.11, 0.05, 0.05
Tasks:   1 total,  1 running,  0 sleeping,  0 stopped,  0 zombie
%Cpu(s):  0.2 us,  0.3 sy,   0.0 ni, 99.5 id, 0.0 wa,  0.0 hi,  0.0 si,  0.0 st
KiB Mem : 2046892 total,  204492 free,   269144 used,  1572456 buff/cache
KiB Swap: 1048572 total, 1048508 free,         64 used.  1589824 avail Mem


  PID  USER     PR  NI    VIRT    RES    SHR S  %CPU %MEM     TIME+  COMMAND
    1  root     20   0   36480   3032   2692 R 100.0   0.1   0:00.02 top -b -c -n 1 -w 512
```

COMMAND 부분을 보면 실행하는 커맨드가 「top -b -c -n 1 -w 512」임을 알 수 있습니다.
여기에서는 docker run으로 CMD 설정을 덮어쓰고 있기 때문에, Dockerfile에서 지정한 -n 1 옵션
이 포함되지 않았음을 주의해야 합니다.

····
다른 커맨드도 실행되도록 하기

ENTRYPOINT 측의 스크립트에서 커맨드를 명시하면, 다른 커맨드를 지정할 수 없게 됩니다.
CMD에 전달된 매개 변수를 확인하여 필요한 경우에만 기본 커맨드 이름이 설정되도록 하는 것
이 좋습니다.
매개 변수가 비어 있거나 옵션(-)으로 시작하는 경우에만 기본 커맨드가 설정되도록 해 보겠습니
다. 방금 전에 exec했던 부분을 다음과 같이 만듭니다.

┃ 데이터 5-2-4-3 : docker-entrypoint.sh

```
if [ -z "${1+x}" ] || [ "${1#-}" != "$1" ]; then
set -- top -b "$@"
fi

exec "$@"
```

위의 if 커맨드로 스크립트에 전달된 첫 번째 매개 변수 ($1)를 체크하고 있습니다.

첫 부분의 [-z "${1+x}"]는 첫 번째 매개 변수가 정의되었는지 확인합니다.

이 부분은 -z로 평가하고 있기 때문에 이어지는 "${1+x}" 값이 빈 문자열의 경우에 참이 됩니다.

첫 번째 매개 변수가 정의되지 않은(파라미터가 비어 있는 상태) 경우 "${1+x}" 부분이 빈 문자열로 설정되고, 그렇지 않으면 문자열 x로 설정됩니다.

첫 번째 매개 변수가 빈 문자열인 경우, 그 조건은 거짓이 된다는 점을 주의해야 합니다.

또 다른 ["${1#-}" != "$1"]에서는 매개 변수가 비어 있거나 "-"로 시작하는지를 확인합니다.

"${1#-}"부분은 첫 번째 매개 변수가 "-"으로 시작된다면 "-"을 삭제한 문자열로 설정되고, 그렇지 않은 경우에는 원래의 문자열 그대로 설정됩니다.

조건이 이 부분뿐이면 매개 변수가 비어 있는 경우에 정의되지 않은 매개 변수를 참조하게 됩니다. 혹시 set -u로 지정한 경우 매개 변수를 체크한 시점에서 오류가 발생한다는 점에 유의해야 합니다.

두 가지 조건 중 하나가 참이면, set --으로 매개 변수를 다시 설정하고 있습니다.

이 경우는 「top -b "$@"」이며, 원래의 매개 변수 앞에 top -b가 삽입된 것이 새로운 매개 변수가 됩니다.

이 예는 Redis의 공식 이미지에서 사용되고 있는 처리를 참고했습니다.

https://github.com/docker-library/redis/blob/master/5/docker-entrypoint.sh

▌데이터 5-2-4-4 : docker-entrypoint.sh

```
# first arg is `-f` or `--some-option`
# or first arg is `something.conf`
if [ "${1#-}" != "$1" ] || [ "${1%.conf}" != "$1" ]; then
    set -- redis-server "$@"
fi
```

이 처리에서는 조건이 달라 (스크립트 안에서는 set -u하지 않기 때문에) 매개 변수가 정의되어 있는지를 확인하는 부분이 없습니다.

또한 옵션뿐만 아니라 something.conf 등 .conf로 끝나는 파일 이름도 받아들입니다.

5-2-5 사전처리 실행하기

ENTRYPOINT로 지정한 스크립트는 본래의 커맨드를 exec로 실행하기 전에 커맨드를 실행함으로써 어떠한 사전처리를 할 수 있습니다.

....
존재해서는 안 되는 파일 삭제하기

컨테이너 환경에서는 이미지가 같다면 늘 같은 상태로 만들어지게 되어 있지만, 컨테이너를 start, stop한 경우에는 이전 상태가 남아 있습니다.

그런 상태에서도 제대로 움직이게 하려면 파일을 정리하는 등의 작업을 수행해야 합니다.

예를 들어, Rails의 경우는 PID 파일이 남아 있으면 서버 시작 시 오류가 발생합니다.

docker stop으로 컨테이너를 중지하거나 호스트 환경의 디렉터리를 마운트하는 경우에 PID 파일이 종종 남아 있게 됩니다.

다음과 같이 파일을 삭제하면 이러한 경우에도 확실하게 서버를 시작시킬 수 있습니다.

데이터 5-2-5-1 : docker-entrypoint.sh의 예

```
# PID 파일이 있으면 삭제
rm -f /app/tmp/pids/server.pid
```

....
특정 디렉터리에서 처리 내용 읽어 들이기

Docker 공식 mysql 이미지와 postgres 이미지에는 초기화 동작을 커스터마이즈하기 위한 /docker-entrypoint-initdb.d/ 디렉터리가 준비되어 있습니다.

이 디렉터리에 스크립트 파일 또는 SQL 파일을 배치해두면, DB를 초기화할 때 이 파일을 평가하게 됩니다.

디렉터리에서 볼 수 있는 파일을 실행하고 있기 때문에 이미지에 파일 추가뿐만 아니라 볼륨을 마운트하는 것만으로도 초기화 처리를 커스터마이즈 할 수 있어 편리합니다.

여기에서는 mysql 이미지 스크립트에서 해당 처리 부분을 살펴보겠습니다.

https://github.com/docker-library/mysql/blob/master/8.0/docker-entrypoint.sh

데이터 5-2-5-2 : docker-entrypoint.sh의 예

```
#!/bin/bash
set -eo pipefail
shopt -s nullglob



                              ... 중략 ...


ls /docker-entrypoint-initdb.d/ > /dev/null
for f in /docker-entrypoint-initdb.d/*; do
        process_init_file "$f" "${mysql[@]}"
done
```

/docker-entrypoint-initdb.d/ 디렉터리 아래의 각각의 파일 이름에 process_init_file을 실행하고 있습니다. 와일드카드 확장의 경우, 일치하는 파일을 알파벳순으로 정렬해 사용하는 것이 포인트입니다. 파일 이름을 0으로 채운 숫자부터 시작되도록 (00-vars.sh, 01-query1.sql, 99-finalize.sh처럼) 하면, 스크립트의 실행 순서를 쉽게 알 수 있습니다.

스크립트의 앞 부분에서 set 커맨드 외에 shopt -s nullglob를 설정하고 있다는 점을 유의해야 합니다. shopt -s nullglob을 설정하지 않은 상태에서 디렉터리가 비게 되면 와일드카드가 사용되지 않는 /docker-entrypointinitdb.d/이 전달되어 버립니다.

또한, for 커맨드 앞에 ls 커맨드를 실행하고 있는 것도 포인트입니다.

디렉터리에 접속할 수 없는 경우 여기에서 오류 종료하도록 되어 있습니다.

process_init_file의 호출에 있는 "${mysql[@]}" 부분은 배열 변수의 내용을 인수에 사용하고 있습니다. 배열 변수는 bash로만 사용할 수 있는 기법으로 sh로는 사용할 수 없는 경우가 많습니다. Alpine Linux는 sh를 사용하는 일이 많으니 주의해야 합니다.

process_init_file은 같은 스크립트에서 다음과 같이 정의되어 있습니다.

데이터 5-2-5-3 : process_init_file

```
# usage: process_init_file FILENAME MYSQLCOMMAND...
#    ie: process_init_file foo.sh mysql -uroot
# (process a single initializer file, based on its extension. we define this
# function here, so that initializer scripts (*.sh) can use the same logic,
# potentially recursively, or override the logic used in subsequent calls)
process_init_file() {
        local f="$1"; shift
        local mysql=( "$@" )

        case "$f" in
```

```
        *.sh)    echo "$0: running $f"; . "$f" ;;
        *.sql)   echo "$0: running $f"; "${mysql[@]}" < "$f"; echo ;;
        *.sql.gz) echo "$0: running $f"; gunzip -c "$f" | "${mysql[@]}"; echo ;;
        *) echo "$0: ignoring $f" ;;
    esac
    echo
}
```

설명했듯이, 이 처리가 함수로 정의되어 있으며, .sh로 끝나는 스크립트 파일을 .(source) 커맨드로 평가하는 것이 포인트입니다. 평가 대상 스크립트에서 이 함수가 정의된 상태이므로 다른 위치에 있는 초기화 처리도 재귀적으로 호출할 수 있도록 되어 있습니다.

설정 파일 고치기

Docker는 컨테이너의 설정을 환경 변수로 전달하는 방법이 일반적이지만 애플리케이션에 따라서는 환경 변수를 참조하여 설정을 적용하기 어려운 경우가 있습니다. 이 경우 설정 파일 등을 다시 작성해야 합니다.

이와 같이 자주 설정을 바꾸는 경우가 발생하는 애플리케이션이 nginx일 것입니다.

nginx 설정 파일에는 환경 변수의 값을 간단하게 꺼내는 방법이 없기 때문에 (모듈을 조합하는 기술이 필요합니다.) 따라서 프로세스를 실행하기 전에 설정 파일을 고쳐 써 버리는 것이 더 쉬울 수 있습니다.

파일 내용을 바꾸는 방법에는 여러 가지가 있지만, 여기에서는 원시적인 sed 커맨드를 사용한 방법과 envsubst 커맨드를 사용하는 방법을 소개하겠습니다.

환경에 따라 어떤 템플릿 엔진을 사용하는 것이 쉬울 수도 있습니다.

Ruby의 erb, Python의 jinja2 패키지, Go의 template 패키지 등이 있습니다.

▼ sed 커맨드 사용하기

파일의 내용을 편집할 수 있는 원시적인 커맨드로 sed가 있습니다.

sed는 BusyBox에서도 사용할 수 있으며, 사용할 수 있는 경우가 많은 것이 장점입니다.

고치기 위한 해당 파일이 config라면, sed로 다음과 같이 기술할 수 있습니다.

데이터 5-2-5-4 : sed 커맨드의 예

```
sed -i -e "s/_HOGE_/${HOGE:-hoge}/g;s/_FUGA_/${FUGA:-fuga}/g" config
```

이 예에서는 원본 파일에 __HOGE__와 __FUGA__ 부분을 각각 환경 변수 HOGE와 FUGA 값
으로 바꿔 쓰고 있습니다.

환경 변수는 "${HOGE:-hoge}"와 같이 사용하고 있기 때문에 정의되지 않거나 빈 문자열인 경우
에는 ":-"에 이은 hoge가 기본값으로 사용될 수 있도록 되어 있습니다.

-i 옵션은 지정된 파일의 내용을 직접 편집하는 옵션이고, -i.bak과 같이 지정하면 원본 파일이
config.bak으로 저장됩니다.

-e "..."옵션은 스크립트를 추가하는 옵션입니다. 이것은 여러 개 지정할 수 있으며, 다음과 같이
여러 줄의 커맨드로 기술해도 됩니다.

데이터 5-2-5-5 : sed 커맨드를 여러 줄 기술하는 예

```
sed -i \
    -e "s/_HOGE_/${HOGE:-hoge}/g" \
    -e "s/_FUGA_/${FUGA:-fuga}/g" \
    config
```

스크립트에 있는 s/.../.../g는 문자열을 대체하는 커맨드입니다. 이 예에서는 변수의 값을 사용
한 결과가 스크립트의 내용으로 되어 있다는 점을 유의해야 합니다.

즉, $HOGE 값에 /가 포함되어 있으면 스크립트가 제대로 작동하지 않게 됩니다.

이 경우 /를 문자열로 취급하기 위해 /대신 "s!__HOGE__!${HOGE}!g"와 같이 구분 기호에 다
른 문자를 사용해야 합니다.

▼ envsubst 커맨드 사용하기

또 다른 방법으로 envsubst 커맨드를 사용하는 방법을 소개하겠습니다.

envsubst 커맨드는 gettext 툴의 일부로 제공되고 있습니다. Ubuntu나 Debian의 경우 다음과 같이
gettext-base 패키지를 설치해야 합니다.

데이터 5-2-5-6 : Dockerfile로 gettext-base 인스톨하기

```
sed -i \
-e "s/_HOGE_/${HOGE:-hoge}/g" \
-e "s/_FUGA_/${FUGA:-fuga}/g" \
config
```

envsubst 커맨드는 다시 원래의 내용을 표준 입력에서 읽고, 변경 후의 내용을 표준 출력에 기록합니다.

커맨드 5-2-5-1

```
$ echo 'command: "$_", path: "${PATH}"'
command: "$_", path: "${PATH}"
$ echo 'command: "$_", path: "${PATH}"' | envsubst
command: "/usr/bin/envsubst", path: "/usr/local/sbin:/usr/local/bin:/usr/sbin:/usr/bin:/sbin:/bin"
```

다시 쓰는 부분은 쉘 스크립트의 변수 확장과 마찬가지로 $HOGE나 ${HOGE}와 같이 설정합니다. 따라서 위의 예에서는 쉘 측에서 사용하지 않도록 작은 따옴표를 사용하고 있음을 주의해야 합니다.

envsubst 커맨드는 (문서에 따르면 보안상의 이유로) ${HOGE:-hoge}와 같은 고급 기법을 사용할 수 없게 되어 있습니다. 필요에 따라 스크립트 측에서 기본값을 설정해야 합니다.

커맨드 5-2-5-2

```
$ echo 'hoge: "${HOGE:-hoge}"' | envsubst
hoge: "${HOGE:-hoge}"
$ echo 'hoge: "${HOGE}"' | HOGE=${HOGE:-hoge} envsubst
hoge: "hoge"
```

config.in에서 읽어 들여 config로 기록할 경우, 쉘 리다이렉션을 사용하여 다음과 같이 실행합니다. 여기에서 동일한 파일을 지정하면 안 된다는 점에 유의해야 합니다.

데이터 5-2-5-7 : envsubst 커맨드의 예

```
< config.in > config
```

envsubst의 기본 동작에서는 변수 확장 패턴이 있는 부분은 모두 (정의되지 않은 경우 빈 문자열로) 사용하도록 되어 있습니다. 인수로 사용되는 환경 변수를 제한할 수 있습니다.

환경 변수 HOGE와 FUGA 값만 다시 작성하려면 다음과 같이 실행합니다.

데이터 5-2-5-8 : envsubst 커맨드로 환경 변수 찌떵하는 예

```
envsubst '$HOGE' '$FUGA' < config.in > config
```

5-3

볼륨과 네트워크

컨테이너를 움직이는 데 있어 이미지(파일 시스템) 및 엔트리 포인트(프로그램) 이외의 중요한 요소로 볼륨과 네트워크가 있습니다.

볼륨은 컨테이너의 라이프 사이클이나 환경에서 데이터를 독립적으로 유지하는 데 사용됩니다.

네트워크는 Docker 컨테이너 내부에서만 통신할 수 있는 독립적인 네트워크를 구축하는 기능을 가지고 있습니다. 이것을 잘 사용하면 실제로 같은 호스트 환경에서 실행되는 컨테이너가 마치 다른 호스트로 통신하고 있는 것처럼 보이게 할 수 있습니다.

5-3-1 Docker Desktop for Mac에서 볼륨 공유하기

Docker Desktop에서는 Docker 컨테이너가 움직이는 Docker 호스트인 Linux 환경이 가상 머신으로 작동합니다. Docker Desktop for Mac에서는 osxfs라는 파일 시스템을 제공함으로써 가상 머신으로 실행되는 Linux 환경에서 가상 머신의 호스트 환경인 Mac 환경의 디렉터리에 접속할 수 있습니다. 따라서 컨테이너에서 호스트 환경의 디렉터리에 접속하기 위해서는 가상 머신과의 상호 작용이 필요합니다.

간단한 프로그램을 움직이는 정도라면 충분할 수 있지만, 대량의 파일 접속이 발생하는 경우 성능 저하를 피할 수 없습니다.

이 책에서 소개한 Node와 Rails 개발 등에서는 대량의 파일 접속이 매번 발생하거나 파일 변경 알림이 필요할 것입니다.

따라서 이대로의 구성으로는 속도에 관한 문제가 발생할 수 있습니다.

마운트 옵션을 설정하여 캐시가 유효하도록 하기

Docker Desktop for Mac에서 사용되는 osxfs는 컨테이너 환경(가상 머신)과 호스트 환경(Mac 환경)에서 파일의 일관성을 희생함으로써 성능을 개선하는 옵션을 제공하고 있습니다.

이 옵션은 Docker CE 17.06 이후 버전부터 사용할 수 있게 되었습니다.

제공되는 옵션은 다음의 3가지입니다.

표 5-3-1-1 : 볼륨 마운트 지정 옵션

옵션	설명
consistent	완전한 일관성 제공 (호스트 환경과 컨테이너 환경이 항상 같은 내용)
cached	호스트 환경에서 보이는 내용을 참으로 한다. (호스트 환경에서 변경된 내용이 컨테이너 환경에 반영될 때까지 지연될 수 있음)
delegated	컨테이너 환경에서 보이고 있는 내용을 참으로 한다. (컨테이너 환경에서 변경된 내용이 호스트 환경에 반영될 때까지 지연될 수 있음)

기본적으로 사용되는 것은 가장 일관성 있는 consistent이고, cached, delegated 순으로 느슨한 일관성을 가지며 성능도 향상됩니다.

옵션은 마운트할 볼륨 단위로 지정할 수 있으며 docker run으로는 --volume (-v) 옵션을 다음과 같이 지정합니다.

│ 커맨드 5-3-1-1

```
$ docker run -v "$(pwd):/app:cached" ruby
```

Docker Compose의 Compose 파일에서 다음과 같이 지정합니다.

│ 데이터 5-3-2-1 : docker-compose.yml

```
services:
  app:
    volumes:
      - .:/app:cached
```

NFS로 볼륨 공유하기

Docker CE 18.03 이후 버전에서는 NFS를 통해 볼륨 공유도 사용할 수 있게 되었습니다.
이것을 사용하면 osxfs보다 파일 접속 성능을 향상시킬 수 있습니다.

▼ Mac에서 NFS 서버 설정하기

Docker Desktop for Mac에서 NFS 볼륨을 사용하는 경우, 미리 Mac 환경에서 NFS 서버를 설정해 두어야 합니다. NFS로 공유할 디렉터리를 설정하기 위해 편집기에서 /etc/exports 파일을 만듭니다. 여기에서는 vi를 사용했습니다.

커맨드 5-3-1-2

```
$ sudo vi /etc/exports
```

파일의 내용은 다음과 같이 합니다. 이 경우 홈 디렉터리를 마운트할 수 있게 됩니다.

데이터 5-3-1-2 : /etc/exports

```
/Users -alldirs -mapall=501:20 localhost
```

설정에 있는 501:20을 로그인 사용자의 UID와 GID로 변경해야 합니다.
변경한 값은 다음과 같이 확인할 수 있습니다.

커맨드 5-3-1-3

```
$ id -u
501
$ id -g
20
```

-alldirs 옵션을 지정하면 첫 번째 부분에 지정된 디렉터리뿐만 아니라 아래에 있는 모든 디렉터리
(예: /Users/hogehoge/source/app)도 마운트할 수 있습니다.
-mapall 옵션을 지정하면 모든 파일 접속이 지정된 UID 및 GID로 변환됩니다.
즉, Docker 컨테이너에서 root로 쓰더라도 osxfs와 마찬가지로 로그인 사용자로 접속한 것으로 간
주됩니다. 이어서 편집기로 /etc/nfs.conf 파일을 편집합니다.

커맨드 5-3-1-4

```
$ sudo vi /etc/nfs.conf
```

파일의 내용은 다음과 같이 합니다.

데이터 5-3-1-3 : /etc/nfs.conf

```
#
# nfs.conf: the NFS configuration file
#
nfs.server.mount.require_resv_port = 0
```

nfs.server.mount.require_resv_port = 0을 추가하면 Linux 환경에서 NFS 마운트할 수 있습니다.
설정을 반영하기 위해 서버를 다시 시작합니다.

커맨드 5-3-1-5

```
$ sudo nfsd restart
```

▼ NFS로 볼륨 마운트하기

이 NFS 서버로 공개된 장소에 접속할 볼륨을 작성하여 컨테이너에서 볼륨을 통해 접속할 수 있습니다.

NFS를 통해 현재 디렉터리를 마운트한 볼륨을 만들려면 다음 커맨드를 실행합니다.

커맨드 5-3-1-6

```
$ docker volume create --driver local --opt type=nfs --opt o=addr=host.docker.internal,actimeo=1
--opt device=":$(pwd)" nfs-host-app
nfs-host-app
```

addr=host.docker.internal 부분에서 접속할 곳을 설정하고 있습니다.

Docker Desktop for Mac의 경우, Docker가 움직이고 있는 가상 머신에서 호스트 이름 host.docker.internal을 사용하는 호스트 환경인 Mac으로 접속할 수 있습니다. 옵션으로 지정한 actimeo=1은 NFS 서버의 디렉터리나 파일의 상태를 캐시하는 시간(초)입니다.

device=":$(pwd)" 옵션으로 탑재된 위치를 설정하고, pwd 커맨드로는 취득한 현재 디렉터리의 위치를 설정합니다.

작성한 볼륨은 --volume (-v) 옵션으로 마운트할 수 있습니다.

커맨드 5-3-1-7

```
$ docker run --rm -it -v nfs-host-app:/app ubuntu:18.04
```

볼륨을 삭제하려면 docker volume rm을 사용합니다.

커맨드 5-3-1-8

```
$ docker volume rm nfs-host-app
nfs-host-app
```

비슷한 구성을 Docker Compose 파일에서 정의할 수 있습니다.

docker-compose.yml을 다음과 같이 준비합니다.

데이터 5-3-1-4 : docker-compose.yml

```
version: "3"

services:
  app:
    image: ubuntu:18.04
    working_dir: /app
    volumes:
      - host-app:/app

volumes:
  host-app:
    driver_opts:
      type: nfs
      o: "addr=host.docker.internal,actimeo=1"
      device: ":${PWD}"
```

5-3-2 설치 시에 생성되는 네트워크

Docker를 설치한 직후에는 3가지 종류의 네트워크가 생성됩니다.
docker network ls로 네트워크 목록을 확인해 보겠습니다.

커맨드 5-3-2-1

```
$ docker network ls
NETWORK ID      NAME       DRIVER      SCOPE
6c5f283303b4    bridge     bridge      local
3db7b8f6c012    host       host        local
7d986543024f    none       null        local
```

출력에서 볼 수 있듯이 각각 bridge, host, none이라는 네트워크 이름으로 만들어져 있습니다.

bridge 네트워크

docker run으로 컨테이너를 만들 때 기본적으로 bridge가 사용됩니다.

다음과 같이 커맨드를 실행하여 확인해 보겠습니다.

여기에서는 JSON을 알기 쉬운 형태로 출력하기 위해 jq 커맨드를 사용합니다.

커맨드 5-3-2-2

```
$ docker run --rm -d --name network_test nginx:1.15-alpine
3677e99d8e18481e5ff62ca046c8ddc0c9f9fe1e33502ec5131f01bb444e71cf
$ docker inspect --format '{{json .NetworkSettings.Networks}}' network_test | jq
{
  "bridge": {
    "IPAMConfig": null,
    "Links": null,
    "Aliases": null,
    "NetworkID": "6c5f283303b4dd4ba63c01d39b852e1a4805baa4d0872850da5595699210b03c",
    "EndpointID": "7376ee7bc95386b422b259f8fb9c0fc32b89f9cdd994ebcf7321759284df09e0",
    "Gateway": "172.17.0.1",
    "IPAddress": "172.17.0.2",
    "IPPrefixLen": 16,
    "IPv6Gateway": "",
    "GlobalIPv6Address": "",
    "GlobalIPv6PrefixLen": 0,
    "MacAddress": "02:42:ac:11:00:02",
    "DriverOpts": null
  }
}
```

이 컨테이너에서 bridge 네트워크(네트워크 이름)가 사용되고 있으며, 컨테이너의 IP 주소는 172.17.0.2임을 알 수 있습니다.

컨테이너 내부에서 보이는 네트워크 설정도 확인해 보겠습니다.

커맨드 5-3-2-3

```
$ docker exec -it network_test hostname
3677e99d8e18
$ docker exec -it network_test ip address show
1: lo: <LOOPBACK,UP,LOWER_UP> mtu 65536 qdisc noqueue state UNKNOWN qlen 1
    link/loopback 00:00:00:00:00:00 brd 00:00:00:00:00:00
    inet 127.0.0.1/8 scope host lo
```

```
        valid_lft forever preferred_lft forever
2: tunl0@NONE: <NOARP> mtu 1480 qdisc noop state DOWN qlen 1
    link/ipip 0.0.0.0 brd 0.0.0.0
3: ip6tnl0@NONE: <NOARP> mtu 1452 qdisc noop state DOWN qlen 1
    link/tunnel6 00:00:00:00:00:00:00:00:00:00:00:00:00:00:00:00 brd 00:00:00:00:00:00:00:00:00:
00:00:00:00:00:00:00
9: eth0@if10: <BROADCAST,MULTICAST,UP,LOWER_UP,M-DOWN> mtu 1500 qdisc noqueue state UP
    link/ether 02:42:ac:11:00:02 brd ff:ff:ff:ff:ff:ff
    inet 172.17.0.2/16 brd 172.17.255.255 scope global eth0
        valid_lft forever preferred_lft forever
$ docker rm -f network_test
network_test
```

IP 주소가 eth0 장치에 할당되어 있는 것을 확인할 수 있습니다.

····
host 네트워크

이어서 host 네트워크에 연결한 구성을 확인해 보겠습니다.

컨테이너에 연결된 네트워크 이름은 docker run의 --network 옵션으로 설정할 수 있습니다.

| 커맨드 5-3-2-4

```
$ docker run --rm -d --network host --name network_host_test nginx:1.15-alpine
5ba281baa8f7ec28f266308377b9068269c436b43a260aa48bf6af099dd7dde2
$ docker inspect --format '{{json .NetworkSettings.Networks}}' network_host_test | jq
{
  "host": {
    "IPAMConfig": null,
    "Links": null,
    "Aliases": null,
    "NetworkID": "3db7b8f6c0126ec155cba0503c937aba315ba499d6679742acc9739a8a2d1e7e",
    "EndpointID": "f5b1a702c4c39667245cffbf1316ddd22375329604b9a7d3718e19635241990c",
    "Gateway": "",
    "IPAddress": "",
    "IPPrefixLen": 0,
    "IPv6Gateway": "",
    "GlobalIPv6Address": "",
    "GlobalIPv6PrefixLen": 0,
    "MacAddress": "",
    "DriverOpts": null
```

```
    }
  }
```

bridge 네트워크와 달리 IP 주소 설정이 없다는 것을 알 수 있습니다.
컨테이너 내부에서 보이는 네트워크 설정을 확인해 보겠습니다.

커맨드 5-3-2-5

```
$ docker exec -it network_host_test hostname
linuxkit-025000000001
$ docker exec -it network_host_test ip address show
1: lo: <LOOPBACK,UP,LOWER_UP> mtu 65536 qdisc noqueue state UNKNOWN qlen 1
    link/loopback 00:00:00:00:00:00 brd 00:00:00:00:00:00
    inet 127.0.0.1/8 brd 127.255.255.255 scope host lo
      valid_lft forever preferred_lft forever
    inet6 ::1/128 scope host
      valid_lft forever preferred_lft forever
2: eth0: <BROADCAST,MULTICAST,UP,LOWER_UP> mtu 1500 qdisc pfifo_fast state UP qlen 1000
    link/ether 02:50:00:00:00:01 brd ff:ff:ff:ff:ff:ff
    inet 192.168.65.3/24 brd 192.168.65.255 scope global eth0
      valid_lft forever preferred_lft forever
    inet6 fe80::50:ff:fe00:1/64 scope link
      valid_lft forever preferred_lft forever
3: tunl0@NONE: <NOARP> mtu 1480 qdisc noop state DOWN qlen 1
    link/ipip 0.0.0.0 brd 0.0.0.0
4: ip6tnl0@NONE: <NOARP> mtu 1452 qdisc noop state DOWN qlen 1
    link/tunnel6 00:00:00:00:00:00:00:00:00:00:00:00:00:00:00:00 brd 00:00:00:00:00:00:00:00:
00:00:00:00:00:00:00:00
5: docker0: <NO-CARRIER,BROADCAST,MULTICAST,UP> mtu 1500 qdisc noqueue state DOWN
    link/ether 02:42:6a:85:ae:c0 brd ff:ff:ff:ff:ff:ff
    inet 172.17.0.1/16 brd 172.17.255.255 scope global docker0
      valid_lft forever preferred_lft forever
    inet6 fe80::42:6aff:fe85:aec0/64 scope link
      valid_lft forever preferred_lft forever
$ docker exec -it network_host_test ip route show
default via 192.168.65.1 dev eth0
127.0.0.0/8 dev lo scope host
172.17.0.0/16 dev docker0 scope link src 172.17.0.1
192.168.65.0/24 dev eth0 scope link src 192.168.65.3
$ docker rm -f network_host_test
network_host_test
```

이 커맨드는 Docker Desktop for Mac에서 실행했습니다.

eth0 장치에 할당되어 있는 IP 주소가 192.168.65.3인 것을 알 수 있습니다.

이 네트워크 구성은 Docker 호스트 환경에 설정되어 있는 것으로, Docker Desktop for Mac의 경우 아래 이미지의 설정에 있는 IP 주소를 가상 머신에 할당합니다.

이미지 5-3-2-1 : IP 주소 설정

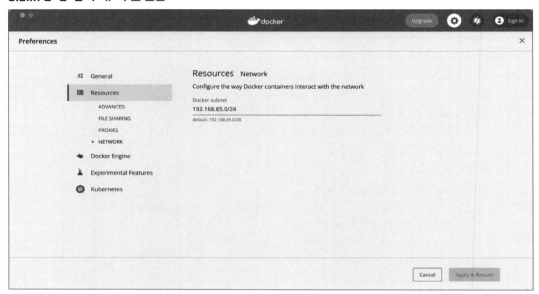

또한 호스트 환경에 docker0 장치가 존재하고 있다는 것도 알 수 있습니다.

이 IP 주소는 172.17.0.1이며, 방금 전의 bridge 네트워크임을 알 수 있습니다.

커맨드 5-3-2-6

```
$ docker network inspect -f '{{json .Options}}' bridge | jq
{
  "com.docker.network.bridge.default_bridge": "true",
  "com.docker.network.bridge.enable_icc": "true",
  "com.docker.network.bridge.enable_ip_masquerade": "true",
  "com.docker.network.bridge.host_binding_ipv4": "0.0.0.0",
  "com.docker.network.bridge.name": "docker0",
  "com.docker.network.driver.mtu": "1500"
}
$ docker network inspect -f '{{json .IPAM}}' bridge | jq
{
  "Driver": "default",
  "Options": null,
```

```
  "Config": [{
    "Subnet": "172.17.0.0/16",
    "Gateway": "172.17.0.1"
  }]
}
```

none 네트워크

none 네트워크는 아무것도 연결하지 않는 네트워크에서 컨테이너의 네트워크 설정을 해제하는
데 사용됩니다.

컨테이너를 시작하여 none 네트워크에 연결한 경우의 구성을 확인해 보겠습니다.

커맨드 5-3-2-7

```
$ docker run --rm -d --network none --name network_none_test nginx:1.15-alpine
6e5d1a17a3d725b00e469fef849aba62127bdbdb69f075aa9208277e8f121714
$ docker inspect --format '{{json .NetworkSettings.Networks}}' network_none_test | jq
{
  "none": {
    "IPAMConfig": null,
    "Links": null,
    "Aliases": null,
    "NetworkID": "7d986543024fcacd4b5f764244f7eb304dee48ce65b52e742a09b598441a07e0",
    "EndpointID": "dc2965fbdeff161719f30237d62fb66d174bfab1d330be1bb8aaf9fdb504a140",
    "Gateway": "",
    "IPAddress": "",
    "IPPrefixLen": 0,
    "IPv6Gateway": "",
    "GlobalIPv6Address": "",
    "GlobalIPv6PrefixLen": 0,
    "MacAddress": "",
    "DriverOpts": null
  }
}
```

host 네트워크와 동일하게 IP 주소 설정이 없다는 것을 알 수 있습니다.
컨테이너 내부에서 보이는 네트워크 설정도 확인해 보겠습니다.

▎커맨드 5-3-2-8

```
$ docker exec -it network_none_test hostname
6eeb5d83d89a
$ docker exec -it network_none_test ip address show
1: lo: <LOOPBACK,UP,LOWER_UP> mtu 65536 qdisc noqueue state UNKNOWN qlen 1
    link/loopback 00:00:00:00:00:00 brd 00:00:00:00:00:00
    inet 127.0.0.1/8 scope host lo
      valid_lft forever preferred_lft forever
2: tunl0@NONE: <NOARP> mtu 1480 qdisc noop state DOWN qlen 1
    link/ipip 0.0.0.0 brd 0.0.0.0
3: ip6tnl0@NONE: <NOARP> mtu 1452 qdisc noop state DOWN qlen 1
    link/tunnel6 00:00:00:00:00:00:00:00:00:00:00:00:00:00:00:00 brd 00:00:00:00:00:00:00:00:00:
00:00:00:00:00:00:00
$ docker exec -it network_none_test ip route show
# 출력없음
```

host 네트워크와는 달리 컨테이너 내부에는 eth0 장치가 존재하지 않고, ip route show 커맨드의 출력이 비어 있어 라우팅 설정도 존재하지 않는다는 것을 알 수 있습니다.

이 경우 컨테이너 내부에서 통신할 수 있는 상대는 127.0.0.1인 localhost 뿐입니다.

다음과 같이 ping 커맨드를 실행해 보면 앞에서 확인한 Docker 호스트 환경의 192.168.65.3에도 통신할 수 없다는 것을 알 수 있습니다.

▎커맨드 5-3-2-9

```
$ docker exec network_none_test ping -c 1 localhost
PING localhost (127.0.0.1): 56 data bytes
64 bytes from 127.0.0.1: seq=0 ttl=64 time=0.038 ms

--- localhost ping statistics ---
1 packets transmitted, 1 packets received, 0% packet loss
round-trip min/avg/max = 0.038/0.038/0.038 ms
$ docker exec network_none_test ping -c 1 192.168.65.3
PING 192.168.65.3 (192.168.65.3): 56 data bytes
ping: sendto: Network unreachable
```

5-3-3 독립적인 네트워크 사용하기

Docker Compose로 서비스를 시작할 때 따로 특별한 설정을 하지 않는 한 프로젝트 이름이 붙은 네트워크가 사용됩니다.

다음과 같이 docker-compose.yml을 준비합니다.

데이터 5-3-3-1 : docker-compose.yml

```
version: "3"

services:
  nginx:
    image: nginx:1.15-alpine
```

준비가 되었다면 docker-compose up으로 움직여 보겠습니다.

커맨드 5-3-3-1

```
$ docker-compose -p network_test up -d
Creating network "network_test_default" with the default driver
Creating network_test_nginx_1 ... done
$ docker network ls
NETWORK ID          NAME                  DRIVER        SCOPE
6c5f283303b4        bridge                bridge        local
3db7b8f6c012        host                  host          local
bef9c933a5e6        network_test_default  bridge        local
7d986543024f        none                  null          local
```

여기에서는 -p network_test로 프로젝트 이름을 network_test라고 하고 있기 때문에 새로 network_test_default 네트워크가 만들어진다는 것을 알 수 있습니다. 이 네트워크는 기본적으로 생성되는 bridge 네트워크와 마찬가지로 bridge 드라이버를 사용합니다.

이어서 컨테이너의 네트워크 설정을 확인해 보겠습니다.

커맨드 5-3-3-2

```
$ docker inspect --format '{{json .NetworkSettings.Networks}}' network_test_nginx_1 | jq
{
  "network_test_default": {
    "IPAMConfig": null,
    "Links": null,
    "Aliases": [
```

```
      "4081ab970a83",
      "nginx"
    ],
    "NetworkID": "bef9c933a5e69c00dfc971ae4d70683d81462354f6d6d06331d583831e634920",
    "EndpointID": "41dca5b82b92a21b19e00b88e41ae8040f1b62b81049a2391b2ebf171d4eb424",
    "Gateway": "172.18.0.1",
    "IPAddress": "172.18.0.2",
    "IPPrefixLen": 16,
    "IPv6Gateway": "",
    "GlobalIPv6Address": "",
    "GlobalIPv6PrefixLen": 0,
    "MacAddress": "02:42:ac:12:00:02",
    "DriverOpts": null
  }
}
```

IP 주소 범위가 아까 bridge 네트워크와 다르게 172.18.0.2로 되어 있는 것을 알 수 있고, 이 컨테이너에 에일리어스(alias)로 4081ab970a83과 nginx가 붙어 있는 것도 알 수 있습니다.

에일리어스로 설정되어 있는 호스트 이름을 사용하여 컨테이너에 할당된 IP 주소로 접속할 수 있습니다.

커맨드 5-3-3-3

```
$ docker-compose -p network_test run --rm nginx ping -c 1 nginx
PING nginx (172.18.0.2): 56 data bytes
64 bytes from 172.18.0.2: seq=0 ttl=64 time=0.060 ms

--- nginx ping statistics ---
1 packets transmitted, 1 packets received, 0% packet loss
round-trip min/avg/max = 0.060/0.060/0.060 ms
```

이 호스트 이름은 연결되어 있는 네트워크 내에서만 유효합니다.

다음과 같이 프로젝트 이름을 달리하여 다른 네트워크에 연결하면 호스트 이름을 해결하지 못하는 것을 확인할 수 있습니다.

커맨드 5-3-3-4

```
$ docker-compose -p network_test_1 run --rm nginx ping -c 1 nginx
Creating network "network_test_1_default" with the default driver
ping: bad address 'nginx'
```

```
$ docker run --rm nginx:1.15-alpine ping -c 1 nginx
ping: bad address 'nginx'
```

5-3-4 사설 IP 대역의 충돌 회피하기

네트워크를 만들어 보면 기본적으로 172.17.0.0/16와 같은 IP 대역이 자동으로 사용되고, 여기에 새 네트워크를 추가하면 172.18.0.0/16과 같이 두 번째 세그먼트의 숫자가 증가된 형태로 만들어집니다.

그 자체는 좋지만, AWS의 VPC 네트워크와 사무실 네트워크를 연결하여 사설 IP로 통신하는 환경에서는 간혹가다 AWS에서 설계한 사설 IP 대역과 Docker 측에서 만든 네트워크의 IP 대역이 충돌하여 컨테이너에서 클라우드 서비스의 서버에 연결되지 않는 문제가 발생하기도 합니다.

이를 막기 위해서는 docker network create를 할 때 자신의 네트워크의 IP 대역을 지정해야 합니다. 지정 방법에는 두 가지가 있습니다.

하나는 docker network create 후 docker run --net으로 컨테이너를 시작하는 방법이며, 다른 하나는 docker-compose.yml에 network 설정을 기술하여 docker-compose up하는 방법입니다.

docker network create 후 docker run --net으로 컨테이너를 시작하는 방법

임의의 IP를 지정할 수 있으므로 이번에는 gateway를 172.12.0.1로, subnet을 172.12.0.0/16으로 하는 bridge 네트워크를 만들어 보겠습니다.

커맨드 5-3-4-1

```
$ docker network create --driver bridge --gateway=172.12.0.1 --subnet=172.12.0.0/16 my_network
baa66c9ae51e9b91afd81cc78815d947a834bc312f33c213eeb25a38525d2e76
$ docker network inspect my_network
[
  {
    "Name": "my_network",
    "Id": "baa66c9ae51e9b91afd81cc78815d947a834bc312f33c213eeb25a38525d2e76",
    "Created": "2018-12-31T06:21:58.527905722Z",
    "Scope": "local",
    "Driver": "bridge",
    "EnableIPv6": false,
    "IPAM": {
```

```
        "Driver": "default",
        "Options": {},
        "Config":
            [{
            "Subnet": "172.12.0.0/16",
            "Gateway": "172.12.0.1"
            }
        ]
    },
    "Internal": false,
    "Attachable": false,
    "Ingress": false,
    "ConfigFrom": {
        "Network": ""
    },
    "ConfigOnly": false,
    "Containers": {},
    "Options": {},
    "Labels": {}
    }
]
```

bridge 네트워크가 만들어졌으면 컨테이너를 그 위에 기동시키고, docker inspect 커맨드를 사용하여 어떤 IP가 할당되었는지 확인해 보겠습니다.

▍커맨드 5-3-4-2

```
$ docker run --name my_network_container --rm --net my_network -d nginx
5076d995d3c2246ad71b22717ff2d97102031a8f68d9435fffd6ee456bfd69ac

$ docker inspect --format='{{range .NetworkSettings.Networks}}{{.IPAddress}}{{end}}' my_network_
container
172.12.0.2
```

주소를 확인하면 172.12.0.2로 되어 있어, 방금 전 만든 IP 대역을 사용하고 있다는 것을 알 수 있습니다.

....
docker-compose.yml에 network 설정을 기술하여
docker-compose up 하는 방법

이것은 docker-compose를 사용하고자 할 때 어느 IP 대역을 사용할 것인지를 지정하는 방법입니다. 다음과 같이 docker-compose.yml을 만들고 services로 정의된 컨테이너의 network 옵션으로 정의한 네트워크의 이름을 쓰면 앞에서 자신이 정의한 IP 대역 브릿지 네트워크와 그 위에서 움직이는 컨테이너가 완성됩니다.

데이터 5-3-4-1 : docker-compose.yml

```
version: '3'

services:
  nginx:
    image: nginx
    networks:
      - my_network

networks:
  my_network:
    driver: bridge
    ipam:
      driver: default
      config:
        - subnet: 172.13.0.0/16
```

그럼 docker-compose up으로 움직여 보겠습니다.

커맨드 5-3-4-3

```
$ docker-compose up
Creating 04_network_nginx_1_e67815fc4b09 ... done
Attaching to 04_network_nginx_1_1ecc28c85699
```

어떤 IP가 할당되었는지 docker ps 커맨드와 docker inspect 커맨드를 사용하여 다시 확인해 보겠습니다.

커맨드 5-3-4-4

```
$ docker ps
CONTAINER ID  IMAGE      COMMAND      CREATED      STATUS      PORTS      NAMES
```

720b83dcacb2   nginx   "nginx -g 'daemon of£" 20 minutes ago Up   20minutes   80/
tcp   04_network_nginx_1_1ecc28c85699

```
$ docker inspect --format='{{range .NetworkSettings.Networks}}{{.IPAddress}}{{end}}' 720b83dcacb2
172.13.0.2
```

주소를 확인하면 172.13.0.2으로 되어 있어, 방금 자신이 만든 IP 대역을 이용하고 있다는 것을
알 수 있습니다.

Docker 도커 실전 가이드

: Web 애플리케이션 개발 환경 구축 노하우

1판 1쇄 발행   2021년 6월 7일

저   자 | 사쿠라이 요이치로, 무라사키 다이스케
번   역 | 박현태
발 행 인 | 김길수
발 행 처 | (주)영진닷컴
주   소 | (우)08507 서울특별시 금천구 가산디지털1로 128
            STX-V타워 4층 401호
등   록 | 2007. 4. 27. 제16-4189호

©2021. (주)영진닷컴

ISBN | 978-89-314-6527-3

YoungJin.com **Y.**
영진닷컴

영진닷컴
프로그래밍 도서

영진닷컴에서 출간된 프로그래밍 분야의 다양한 도서들을 소개합니다.
파이썬, 인공지능, 알고리즘, 안드로이드 앱 제작, 개발 관련 도서 등 초보자를 위한 입문서부터
활용도 높은 고급서까지 독자 여러분께 도움이 될만한 다양한 분야, 난이도의 도서들이 있습니다.

스마트 스피커
앱 만들기

타카우마 히로노리 저 | 336쪽
24,000원

호기심을 풀어보는
신비한 파이썬
프로젝트

LEE Vaughan 저 | 416쪽
24,000원

나쁜 프로그래밍
습관

칼 비쳐 저 | 256쪽
18,000원

유니티를 이용한
VR앱 개발

코노 노부히로, 마츠시마 히로키,
오오시마 타케나오 저 | 452쪽
32,000원

하루만에 배우는
안드로이드 앱 만들기
2nd Edition

서창준 저 | 272쪽
20,000원

퍼즐로 배우는
알고리즘
with 파이썬

Srini Devadas 저 | 340쪽
20,000원

돈 되는
안드로이드
앱 만들기

조상철 저 | 512쪽 | 29,000원

IT 운용 체제 변화를 위한
데브옵스 DevOps

카와무라 세이고, 기타노 타로오,
나카야마 타카히로 저
400쪽 | 28,000원

게임으로 배우는
파이썬

다나카 겐이치로 저 | 288쪽
17,000원

멀웨어 데이터 과학
: 공격 탐지 및 원인 규명

Joshua Saxe, Hillary Sanders 저
256쪽 | 24,000원

바닥부터 배우는
강화 학습

노승은 저 | 304쪽
22,000원

유니티를 몰라도 만들 수 있는
유니티 2D 게임 제작

Martin Erwig 저 | 336쪽
18,000원

'그림으로 배우는' 시리즈

"그림으로 배우는" 시리즈는 다양한 그림과 자세한 설명으로
쉽게 배울 수 있는 IT 입문서 시리즈 입니다.

그림으로 배우는
C++ 프로그래밍
2nd Edition

Mana Takahashi 저
592쪽 | 18,000원

그림으로 배우는
C 프로그래밍

Mana Takahashi 저
504쪽 | 18,000원

그림으로 배우는
자바 프로그래밍
2nd Edition

Mana Takahashi 저
600쪽 | 18,000원

그림으로 배우는
서버 구조

니시무라 야스히로 저
240쪽 | 16,000원

그림으로 배우는
데이터 과학

히사노 료헤이, 키와키 타이치 저
240쪽 | 16,000원

그림으로 배우는
HTTP&Network

우에노 센 저
320쪽 | 15,000원

그림으로 배우는
클라우드 2nd Edition

하야시 마사유키 저
192쪽 | 16,000원

그림으로 배우는
알고리즘

스기우라 켄 저
176쪽 | 15,000원

그림으로 배우는
네트워크 원리

Gene 저
224쪽 | 16,000원

그림으로 배우는
보안 구조

마스이 토시카츠 저
208쪽 | 16,000원